Joséphine Baker

Du même auteur

La Lanceuse de couteaux, roman, Paris, Robert Laffont, 1971.

Paysage avec la chute d'Icare, roman, Paris, Robert Laffont, 1973.

L'Amateur d'images, roman, Paris, Robert Laffont, 1980.

Colette par moi-même, essai, Paris, Ramsay, 1982.

Premières Neiges de l'absence, roman, Paris, Robert Laffont, 1984.

L'Hôtel des Cinq-Continents, roman, Paris, Mercure de France, 1993.

L'Album Gérard Philipe, biographie illustrée, Paris, Seuil/Jazz Éditions, 1999.

Les Renaud-Barrault, biographie, Paris, Seuil, 2000.

Simone de Beauvoir, biographie illustrée, Paris, Seuil/Jazz Éditions, 2001.

Besoin de province, essai, Paris, Seuil, 2002.

Un acteur dans son temps. Gérard Philipe, livre-catalogue, Paris, exposition Bibliothèque nationale de France, 2003.

Colette intime (avec Michel Remy-Bieth), Paris, Phébus, 2004.

Saint-Germain-des-Prés, essai, Paris, Seuil, 2008.

Gérard Philipe, biographie, Paris, Seuil, 2009.

Colette journaliste (avec Frédéric Maget), Paris, Seuil, 2010 ; Phébus, coll. « Libretto », 2014.

Colette (codirection avec Frédéric Maget), Cahier de L'Herne n° 97, Paris, L'Herne, 2011.

Sido, lettres à Colette (texte établi et présenté), Paris, Phébus, 2012 ; coll. « Libretto », 2019.

Un bien grand amour. Lettres de Colette à Musidora (texte établi et présenté), Paris, L'Herne, 2014.

Colette, biographie, Paris, Perrin, 2014.

Des Américaines à Paris, essai, Paris, Tallandier, 2017 ; coll. « Texto », 2019.

Colette et les bêtes, essai, Paris, Tallandier, 2019.

Gérard Bonal

Joséphine Baker

Du music-hall au Panthéon

Tallandier

48, rue du Faubourg-Montmartre – 75009 Paris
www.tallandier.com

Avant-propos

Il y avait chez mes grands-parents, dans le grenier de leur maison, lorsque j'étais enfant, à la fin des années 1940, un phonographe ayant appartenu à ma mère. On le remontait à l'aide d'une manivelle. En se mariant, elle l'avait laissé sur place. Avec le phono, il y avait une mallette en cuir bourrée de disques (78 tours, bien sûr). C'est ainsi qu'au milieu de succès d'époque sans intérêt, je suis tombé sur *J'ai deux amours* et, au verso, sur *La Petite Tonkinoise*. Et que j'ai découvert Joséphine Baker et sa voix d'oiseau des îles. Je ne devais plus l'oublier. Les après-midi de vacances pluvieux, nous montions, ma sœur et moi, dans le grenier ; nous l'écoutions pendant des heures, tandis que la pluie battait le toit.

Deuxième rencontre, en vrai celle-là, la revue *Paris mes amours* en 1959, sur la scène de l'Olympia. Pour l'occasion, Joséphine Baker portait une charmante petite coiffure métallique dorée qui lui seyait à merveille et que je n'ai pas oubliée, si différente des grandes cascades de plumes qu'elle affectionnait d'ordinaire. Mais c'est à la Bibliothèque nationale, au département des Arts du spectacle, en consultant les riches collections, que j'ai pu prendre toute la mesure de son talent soutenu par un travail de tous les jours.

Autre rencontre, en lisant Colette, qui lui a consacré des pages magnifiques en 1936 dans sa chronique du *Journal*, après l'avoir vue sur la scène des Folies Bergère dans la revue *En super folies*. Des pages que j'ai lues et relues passionnément : « Joséphine a l'omoplate effacée, l'épaule légère, mobile, un ventre de jeune fille à nombril haut[1]. » Les deux femmes avaient noué une solide amitié. Ce que m'a confirmé son fils Jean-Claude Bouillon-Baker : « Ma mère considérait Colette un peu comme une sœur aînée. »

Ce n'est que plus tard que j'ai découvert l'héroïne de la Résistance qu'elle avait été durant la Seconde Guerre mondiale. J'ai passé des heures au Service historique de la Défense, au château de Vincennes, à dépouiller les archives la concernant. Des heures aussi à lire le volumineux ouvrage du commandant Jacques Abtey, *La Guerre secrète de Joséphine Baker*, qui retrace fidèlement tout son parcours de résistante en Afrique du Nord et au Moyen-Orient. Abtey à qui elle disait : « Ne suis-je pas devenue l'enfant chérie des Parisiens ? Ils m'ont tout donné, en particulier leur cœur. Je leur ai donné le mien. Je suis prête à leur donner aujourd'hui ma vie. Vous pouvez disposer de moi comme vous l'entendez. » Une héroïne qui trouve aujourd'hui sa juste place au Panthéon. Car pendant les années noires, alors qu'elle choisissait d'être agent secret au service de la France, elle prenait tous les risques, méprisant les dangers qui la menaçaient de toutes parts.

Hélas, notre dernier rendez-vous fut raté. Sa mort brutale m'a privé de son dernier spectacle à Bobino, que j'avais projeté de voir. Mais je m'en suis procuré l'enregistrement intégral sur disque et j'ai pu voir, à la télévision, un échantillon des grands moments de la revue *Joséphine* qui célébrait ses noces d'or avec Paris. C'est l'expression qu'employait le président Giscard d'Estaing dans le message qu'il fit lire par Jean-Claude Brialy, sur scène, le soir de la première : « En rendant hommage à votre talent universel et en vous exprimant la reconnaissance de la France dont le cœur a si souvent battu avec le vôtre, je vous adresse, chère Joséphine, mes vœux les plus amicaux à l'occasion des noces d'or que Paris célèbre avec vous. »

Certes, la salle de Bobino, music-hall de quartier, manquait un peu de prestige pour une rentrée aussi importante que celle d'une artiste internationale de l'envergure de Joséphine Baker. Mais des établissements tels que les Folies Bergère ou le Casino de Paris, où l'on s'attendait à la retrouver, s'étaient défaussés, s'abritant derrière les compagnies d'assurances qui refusaient d'assurer l'artiste, à leurs yeux trop âgée sans doute. Dure loi du music-hall. Joséphine elle-même en avait éprouvé une certaine amertume. « C'est un retour par la petite porte », déplorait-elle.

De plus chanceux que moi m'ont raconté ces soirées exceptionnelles qui déclenchaient l'enthousiasme du public. Ce même public qui l'accompagnait, en larmes, quelques jours plus tard, à travers les rues de Paris, jusqu'à l'église de la Madeleine, tandis que sonnait le glas.

J'ai à présent atteint l'âge où l'on se penche vertigineusement sur son passé et Joséphine m'a semblé réclamer que je lui consacre un ouvrage – non pas une simple biographie, mais un récit biographique enrichi d'une sorte de portrait. C'est ce récit que je livre, du fond du cœur, aux lecteurs.

Ceux-ci voudront bien reconnaître que des mots tels que « nègre », péjoratifs aujourd'hui, étaient couramment utilisés dans les années 1920 et 1930, sans connotation particulièrement négative – *La Revue nègre*, le « bal nègre »… Joséphine Baker elle-même emploie fréquemment ce mot quand elle évoque son enfance pauvre à Saint-Louis (Missouri) et ses camarades d'alors. Ce serait commettre un anachronisme que de substituer à ce mot un autre mot ou une expression à présent admise par tous. Comme « personne de couleur », par exemple. Et ce ne sont pas les chercheurs des *black studies* qui me contrediront, j'en prends le pari.

G. B.

1

Vénus d'ébène

Vendredi 2 octobre 1925, 22 h 30

Elle entre comme l'éclair, tandis qu'autour d'elle explose la foudre du jazz-band. À elle seule, elle occupe déjà toute la scène. Genoux écartés, genoux cagneux, genoux pliés, culottée à la diable d'un caleçon déchiré retenu par des bretelles, elle roule des yeux, louche, gonfle ses joues, met la bouche en cœur, fait le grand écart, marche les pieds en dedans, en dehors, se cambre à la limite du possible, ses bras désarticulés distribuant les K.-O. dans le vide, tel un kangourou boxeur ; elle se tord sous les décharges électriques du black-bottom. Elle est en caoutchouc, elle est en chewing-gum, en pâte à modeler ; elle danse sur des charbons ardents... Et tous les sons heurtés de l'orchestre semblent sortir de ses lèvres, de son sourire aux dents éblouissantes, de ses grimaces, comme les perles, comme les crapauds sortent de la bouche des fées. Elle est trombone, drummer, elle est saxophone, trompette, clarinette ; la musique naît de sa danse. Elle dicte sa partition au drummer ensorcelé, au saxophoniste penché vers elle, au clarinettiste Sidney Bechet… Et le jazz traduit, en le saisissant au vol, mot pour mot, le monologue de ce corps ensauvagé.

Le public du théâtre des Champs-Élysées hésite prudemment, le public mi-figue mi-raisin des soirs de répétition générale. Applaudir, ne pas applaudir ? Siffler, ne pas siffler ? Risquer de se ridiculiser en faisant le mauvais choix ? Ce tourbillon emporté par la musique, est-ce vraiment une femme, n'est-ce pas plutôt un homme, un jeune homme, un gamin de Harlem, vêtu de guenilles ? Non, c'est une femme et sa peau, sous les projecteurs, prend la couleur savoureuse du caramel. Est-elle affreuse ? Est-elle ravissante ? Est-elle noire ? Est-elle blanche ? A-t-elle les cheveux courts et plaqués sur le crâne, ou bien s'est-elle barbouillé la tignasse de peinture noire ? Personne ne sait. On n'a pas le temps de voir ni de comprendre, tout va trop vite, les mouvements des jambes, les mouvements des pieds, les mouvements des bras, le rythme – comme si elle jetait tout son corps en morceaux dans le public, tandis que le ragtime s'emballe, transpercé de coups de trompette aigus. « Ce n'est pas une femme, ce n'est pas une danseuse, mais quelque chose d'extravagant et de fugitif[1]. »

Mais bien sûr que c'est une femme, nul doute ; une femme des pieds à la tête : Joséphine Baker. « Ce joli gavroche café au lait », écrit Paul Achard dans *Paris-Midi*. On sait déjà qu'elle a dix-neuf ans, qu'elle est américaine, née à Saint-Louis, Missouri. Une femme, oui, et ceux qui en doutaient encore s'en aperçoivent lorsqu'elle revient, au septième et avant-dernier tableau, « La Danse sauvage », jetée sur l'épaule robuste de son partenaire Joe Alex – tête en bas, pareille à une proie, un gibier rapporté de la chasse –, nue, sauf une parure de plumes vertes astucieusement disposées. Ses jeunes seins attachés haut, ses cuisses fuselées, longues, ce ventre à la cannelle, où joue une lumière ambrée... Elle glisse souplement entre les bras de l'homme, s'évade et prend pied sur le plateau dans un silence absolu, « magnifique fardeau[2] » dont il se débarrasse, vêtue de sa seule peau brune, de sa musculature délicate ; elle porte sa nudité, diront des témoins, comme une panthère noire sa fourrure. Avec naturel. Un instant, elle reste là, debout, immobile, dans un complet silence, « statue d'ébène inoubliable[3] ». Puis elle se love à nouveau contre Joe Alex, l'enlace, l'appelle de tout son corps avide, d'un frémissement accéléré du ventre, les reins creusés, la croupe saillante, le dos droit, les bras levés en une sorte de « simulacre phallique[4] », semblable à maintes sculptures africaines.

Une grandeur farouche, une sexualité à l'état brut, au bord de l'orgasme, a envahi le plateau. Le public, où l'on reconnaît entre autres Fernand Léger, Blaise Cendrars, Jean Cocteau, Janet Flanner, correspondante en France du *New Yorker*, l'écrivain René Crevel, le peintre Francis Picabia, le poète Robert Desnos, le musicien Darius Milhaud, le public parisien, peu familier de cette violence érotique, vacille, retient son souffle, comme oppressé devant cette « superbe bestialité qui évoque les prestiges de la haute statuaire nègre. La Vénus noire, celle qui hanta Baudelaire[5] ».

Cependant, quelques spectateurs, outrés, se lèvent et font claquer bien fort leur siège, avec hostilité. On entend des voix furieuses : « Une honte ! » Avant qu'une grosse vague d'acclamations, roulant par-dessus les têtes, ne dégringole des balcons, emportant tout sur son passage, les cris hostiles comme les sifflets... La dancing-girl loufoque qui tout à l'heure marchait à quatre pattes sur la scène, le derrière haut, la contorsionniste qui sautait d'un bond sur un arbre du décor, l'étreignait des jambes et des bras et faisait mine de l'escalader, s'est débarrassée de la fragilité et des grâces minaudières de son sexe pour rappeler son public à l'ordre primitif.

Dans son ensemble, le lendemain et les jours suivants, la presse est favorable, certains journalistes se déclarent même impressionnés. « C'est d'une saveur et d'une couleur prodigieuses », affirme André Antoine, l'ex-animateur du Théâtre-Libre, dans sa chronique de *L'Information* ; « La “danse sauvage” est d'une hardiesse qu'aucun de nos metteurs en scène n'eût osée », note René Bizet dans *L'Intransigeant*. Mais Robert de Flers, auteur de vaudevilles à succès, critique dramatique en vue du *Figaro*, académicien, fidèle à la ligne éditoriale conservatrice de son journal, voit dans cette revue l'affront le plus brutal qu'ait jamais reçu le goût français, une sorte de retour aux mœurs primitives des premiers âges de l'humanité. « Un lamentable exhibitionnisme transatlantique qui semble nous faire remonter au singe en beaucoup moins de temps que nous n'avons mis à en descendre ; une noire bacchanale sans Bacchus[6]. » Et il ne se prive pas de comparer

Joséphine Baker à une guenon qui gonfle ses joues pour y cacher des cacahuètes...

Plus perspicace, et surtout beaucoup mieux informé que ses confrères, André Levinson, de son vrai nom Andreï Yacovlev Levinson, Russe passé en Europe de l'Ouest en 1919, critique et historien de la danse, laisse percer d'importantes réserves quant à l'authenticité du show, malgré les louanges qu'il distribue dans son article de *Comœdia*. Si tous les tableaux que propose *La Revue nègre* paraissent venus tout droit du continent africain, souligne-t-il, ils ont d'abord transité par Broadway avant d'arriver avenue Montaigne. Fortement américanisés, avant d'être francisés, ils n'ont plus grand-chose à voir avec l'Afrique. *La Revue nègre* est avant tout un article d'exportation ; son exotisme est adapté au goût européen. Bref, elle a tout pour plaire, mais trop peu pour étonner. Comme une impression de déjà-vu, affirme le journaliste, qui évoque alors des spectacles plus ou moins récents, joués par des Noirs, qui ont marqué les esprits – le duo « Douglas and Jones », danseurs de claquettes, montré à l'Alhambra, la princesse Baïnka et ses danseuses sénégalaises à l'Olympia, les « coloured girls » au Moulin-Rouge –, autant de numéros qui ont préparé l'œil parisien aux effets de Joséphine Baker et de ses partenaires. *La Revue nègre* des Champs-Élysées est sans doute venue quelques années trop tard pour provoquer tout son effet de nouveauté. Quoi qu'il en soit, Joséphine Baker a réussi son rendez-vous avec le public parisien.

C'est plutôt à New York, où les spectacles joués par des Noirs restent cantonnés au quartier de Harlem, qu'elle ferait sensation, suggère Levinson. On n'a encore rien vu, à Broadway, de comparable à cette attraction très parisienne. Quel accueil ferait l'Amérique à un genre de spectacle si ostensiblement calqué sur ceux qu'offrent le Casino de Paris ou les Folies Bergère ? « N'y aurait-on pas exigé des ladies plus colorées et tirant moins sur le blanc[7] ? » Car André Levinson, tout comme Pierre de Régnier, qui relève aussi cette bizarrerie dans sa chronique de *Candide*, s'étonne que toutes les girls, sur le plateau, paraissent presque blanches. Baker elle-même, dans des notes qu'elle a laissées en vue de la rédaction d'un volume de souvenirs, déplore « cette mode des “négresses au visage pâle” » qui fait alors fureur sur les scènes new-yorkaises[8]. Et qui sera importée telle quelle à Paris…

Ce qui n'empêche pas Pierre de Régnier de louer la beauté des jambes des danseuses ; jamais il n'a vu à la fois autant de jolies chevilles fines et de genoux aussi parfaits. Jamais, affirme-t-il, il n'a savouré pareille « qualité de la couleur des différentes peaux », leur suavité, leurs nuances. Elles sont huit et il n'y en a pas deux semblables ; sous les lumières variées des projecteurs, elles semblent être, tour à tour, vertes, mauves, jaunes, marron glacé, crème à la vanille…

Veut-il dire par là que *La Revue nègre* n'est pas assez nègre ?

« L'Icône noire », la « statue d'ébène », « la Vénus noire », comme on l'appelle déjà. Ont-ils compris, les André Levinson, les Pierre de Régnier, les Paul Brach – tous ceux qui la célèbrent dans la presse –, ont-ils compris que

Joséphine Baker cristallisait sur sa personne les attentes d'une société à peine sortie du cauchemar de la Grande Guerre ? Années folles ? Oui, si l'on pense à la trépidation, à la nervosité qui les caractérisent, années portées par le rythme syncopé du jazz. *La Revue nègre* s'est mise au diapason de ces années pour en exprimer le ton, la vibration, la vitesse. Comme le souligne le journaliste Paul Brach, qui retrouve la palpitation nerveuse et désordonnée de l'époque dans ces chants, dans ces danses, dans ces mélodies[9].

Maintenant, il faut oublier les morts, il faut oublier les gueules cassées, les blessés, les gazés, il faut oublier les tranchées, les villes et les villages en ruine, les provinces saccagées, les décombres, les crêpes opaques des veuves, vastes comme des guérites, les orphelins en sarrau noir, les monuments aux morts… Il faut réapprendre à vivre, à rire, à s'amuser. C'est le mot d'ordre.

2

L'âme du jazz ensorcèle le Tout-Paris

Rolf de Maré, le directeur du théâtre des Champs-Élysées, et son directeur artistique, André Daven, tiennent le succès de la saison, le triomphe même. Ils ne le savent pas encore, bien sûr, mais *La Revue nègre* va prendre une place de choix sur la courte liste des grandes premières théâtrales qui ont marqué et souvent régénéré la scène parisienne depuis la fin du XIXe siècle – *Un Ennemi du peuple* d'Henrik Ibsen, *Ubu roi* d'Alfred Jarry, *Cyrano de Bergerac* et *Chantecler* d'Edmond Rostand, Les Ballets russes de Serge de Diaghilev, *Le Sacre du printemps* d'Igor Stravinsky…

Le Tout-Paris est là tous les soirs et s'arrache les fauteuils d'orchestre. On n'a pas vu de salles comme celles de *La Revue nègre* depuis les Ballets russes d'avant-guerre reconnaissent les journalistes. Un succès éclatant. Des spectateurs y sont retournés deux fois, certains six fois – c'est le cas de Jean Cocteau, de Janet Flanner, qui constate que le spectacle n'est jamais tout à fait le même ni tout à fait un autre. Prévue pour durer une quinzaine de jours, du 2 au 15 octobre, *La Revue nègre*, de prolongation en prolongation, tiendra l'affiche pendant six semaines. Et lorsque le 21 novembre elle doit enfin céder la place, par suite d'engagements antérieurs, à la danseuse américaine Loïe Fuller et au travesti Barbette, c'est à deux pas, au théâtre de l'Étoile, aujourd'hui disparu, 136, avenue des Champs-Élysées, qu'elle s'en va poursuivre sa carrière. Avant d'entamer une tournée européenne. Et Joséphine Baker est d'ores et déjà l'enfant gâtée des Parisiens.

Les deux managers reviennent de loin, comme on dit. Le théâtre des Champs-Élysées, édifié avenue Montaigne peu avant la Première Guerre mondiale – véritable bastion de la modernité architecturale, avec sa structure en béton armé recouvert de plaques de travertin blanc, son fronton frappé des trois grands bas-reliefs d'Antoine Bourdelle, *La Méditation d'Apollon*, où les muses entourant le dieu reprennent les poses de la danseuse Isadora Duncan, saisies sur le vif par le sculpteur –, le théâtre des Champs-Élysées, depuis son inauguration, le 2 avril 1913, a accueilli nombre de spectacles prestigieux, souvent dans une atmosphère de scandale, à commencer par *Le Sacre du printemps* d'Igor Stravinsky, dont le sage compositeur Gustave Doret, qui n'aimait guère cette musique, disait assez joliment cependant : « La partition est une grimace perpétuelle ; chaque mesure outrage l'oreille[1]. »

L'immense vaisseau – près de 2 000 places – traverse à présent une mauvaise passe. Le mécène suédois Rolf de Maré, fondateur en 1920 des Ballets suédois, l'a racheté quelques mois plus tôt, en mars 1925 précisément. Mais l'après-guerre a fait monter les prix et les spectateurs se refusent à payer plus cher leurs fauteuils. À dire vrai, le théâtre des Champs-Élysées, transformé en music-hall, n'a pas réussi à attirer un public populaire, celui qui rechigne à s'habiller pour aller au café-concert, au « caf'conc' », comme on dit encore. Un public sans doute intimidé par le quartier élégant, mal à l'aise dans le cadre somptueux du bâtiment et qui lui préfère des adresses plus modestes, enfumées, comme le Ba-Ta-Clan, la Gaîté-Rochechouart, la Cigale, l'Apollo ou les Folies-Belleville…

Rebaptisée d'un nom ronflant, Grand Théâtre des Champs-Élysées-Music-Hall, sous le parrainage de Cécile Sorel et de Jean Richepin – la Comédie-Française et l'Académie française –, la salle peine à attirer les spectateurs, malgré des affiches prestigieuses : le chanteur Dranem, coiffé de son petit chapeau, le danseur Harry Pilcer en frac, Les Gladiateurs chinois, le fakir Tahra Bey – « délégué de l'union psychique "Chvak" », affirme le programme – qui s'enfonce des poignards dans la gorge sans qu'une seule goutte de sang n'apparaisse, et même Anna Pavlova, *prima ballerina assoluta* sur les pointes, dans *La Mort du cygne*…

André Daven cherche en vain le spectacle qui les tirerait d'affaire. Le salut viendra de Fernand Léger. Le peintre, qui a dessiné ici même, en 1923, les décors et les costumes du ballet *La Création du monde*, conçu par Blaise Cendrars à partir de contes et de mythes africains[2] – ou supposés tels –, est un familier de la maison. Il suggère à André Daven de présenter une revue, un show entièrement joué, dansé et chanté par des Noirs : « Donneleur des Nègres, il n'y a que ça pour exciter Paris, des Nègres[3] ! » Et il ajoute : « C'est de la dynamite ! »

Depuis pas mal de temps, en effet, « la folie nègre » – c'est l'expression à la mode – a conquis l'espace artistique français, à commencer par le jazz, arrivé en France en pleine guerre, avec les premiers contingents de combattants afro-américains en 1917. Jusqu'à cette date, mis à part quelques exceptions pittoresques – Buffalo Bill ou Mark Twain –, l'Amérique est considérée par les Européens comme un pays sans culture authentique. Et quand celle-ci montre enfin son vrai visage au grand jour, ce visage est noir. Comme cet orchestre conduit par James Reese Europe – le bien nommé –, engagé avec ses soixante musiciens au 369e régiment d'infanterie, celui des Harlem Hellfighters, qui, à peine débarqué, va donner à Nantes, sur les marches du théâtre Graslin, le premier concert de jazz joué sur le continent européen.

Jazz et charleston vont peu à peu quitter les planches pour conquérir le parquet des dancings de Montparnasse. L'explosion vitale, le déferlement d'énergie qui s'expriment à travers eux, ce sont les mêmes que l'on retrouvera, vingt ans plus tard, à l'issue d'une autre guerre, à Saint-Germain-des-Prés, dans les caves où l'on danse le be-bop. À Montparnasse, c'est « la crise noire », comme le dit Jean Cocteau ; à Saint-Germain-des-Prés, ce sera « l'existentialisme », puisqu'il faut toujours un alibi aux révolutions culturelles. Les jeunes gens de 1925, à peine sortis d'un conflit meurtrier, ont passé leur première jeunesse dans les tranchées boueuses, « tout couverts d'une croûte de boue congelée ; souvent, ils n'ont pu ni se laver ni se changer pendant plusieurs semaines[4] ». Ceux de 1947 auront souffert quatre années, écrasés sous le joug de l'occupant, mal nourris, mal vêtus, mal chauffés. Drôle de XXe siècle… La liberté est maintenant à leurs pieds. Et ils en profitent, comme s'ils voulaient rattraper le temps perdu. Tombent les lacets des corsets, tombent ces robes incommodes, trop longues, trop serrées, qui bridaient les mouvements des femmes, tombent les grandes cordes de cheveux qu'il fallait brosser, natter, nouer, coiffer tous les matins.

Profiter de cette liberté, c'est le mot d'ordre des habitués du « Bal nègre », ouvert en 1924 dans l'arrière-salle d'un bureau de tabac, 33, rue Blomet. Mis à la mode à la suite d'un article de Robert Desnos que publie *Comœdia* – « un véritable bal nègre, où l'on peut passer, le samedi et le dimanche, une soirée très loin de l'atmosphère parisienne » –, le « Bal nègre » ne désemplit pas, rendez-vous des musiciens, des peintres et des écrivains, des artistes du Montparnasse des Années folles et de toute une jeunesse d'après-guerre avide de nouvelles musiques, d'exotisme, de cultures inconnues.

Le charleston et le jazz. Le jazz, et plus largement la musique ; Francis Poulenc compose en 1917 une *Rhapsodie nègre*. La peinture aussi, la sculpture. Francis Carco, dans ses *Mémoires d'une autre vie*, raconte une scène dont il est le témoin, à laquelle participent plusieurs peintres, réunis autour d'une sculpture africaine. « Elle est presque aussi belle que la Vénus de Milo », s'exclame Maurice de Vlaminck. « Non, aussi belle », rétorque André Derain. Picasso, lui, se tait longuement, réfléchit, avant d'affirmer : « Elle est plus belle. »

Picasso n'a jamais considéré la peinture comme un art de simple agrément. Au contraire. Par la couleur autant que par le dessin, ce qu'il veut pénétrer, comme il l'a maintes fois exprimé, c'est la connaissance. La connaissance du monde. Celle de l'homme aussi. Avant tout le monde, il connaît ce que les autres ne savent pas, dit son amie Gertrude Stein. Pablo Picasso toujours en avance d'une trouvaille – « je ne cherche pas, je trouve » –, qui, dès 1907, à l'occasion d'une visite au musée d'Ethnographie du Trocadéro, à une époque où celui-ci, déserté par le public, privé de moyens, ressemble à un vieux cabinet de curiosités poussiéreux, tombe en arrêt devant ses collections défraîchies, ses vitrines remplies d'objets rituels rapportés d'Afrique, d'Océanie ou d'Amérique par des voyageurs du XIXe siècle – plus qu'une découverte, c'est un choc, un éblouissement. « J'ai compris pourquoi j'étais peintre. »

La magie du lieu le fascine, les objets présentés là, en vrac, derrière une vitre : « Je voulais m'en aller. Je ne partais pas. Je restais. Il m'arrivait quelque chose. Les masques n'étaient pas des sculptures comme les autres. Ils étaient des choses magiques [...]. *Les Demoiselles d'Avignon* ont dû arriver ce jour-là mais pas du tout à cause des formes : parce que c'était ma première toile d'exorcisme[5] ! »

Les terribles, les effrayantes *Demoiselles d'Avignon*, peu soucieuses de plaire, faites plutôt pour être détestées et qui le seront unanimement – même par Gertrude Stein : « Petit à petit naquit le tableau *Les Demoiselles d'Avignon* et quand il fut là il était trop affreux. » *Les Demoiselles*, nues, roses et bleues sous les draperies froissées, tachées d'une maison de passe barcelonaise, avec leurs corps anguleux, déformés par l'œil cubiste du peintre, leurs terrifiants regards fixes, et ces masques zaïrois, copiés sur le vif au musée du Trocadéro, dont Picasso musèle au moins deux d'entre elles, rapprochant ainsi laideur et beauté, imposant, dira-t-il, un visage à nos terreurs autant qu'à nos désirs. Comme si la sexualité et l'érotisme que l'Occident associe volontiers au corps noir s'étaient incorporés à ces masques et propagés, par une sorte de contagion, aux *Demoiselles*… *Les Demoiselles d'Avignon,* premier grand manifeste de la peinture du XXe siècle.

Après lui, Henri Matisse, Maurice de Vlaminck, André Derain, Georges Rouault, Juan Gris, Félix Fénéon… Qui sont parmi les premiers à collectionner des objets venus d'Afrique, tandis que Paul Guillaume, marchand d'art africain et fondateur d'une « société d'archéologie nègre », organise des expositions dans sa galerie de la rue de Miromesnil – il donnera même, en 1919, déjà au théâtre des Champs-Élysées, une « Fête nègre » pour le lancement de la première exposition publique « d'Art nègre et océanien ».

Ce n'est pas là une lubie de mécène ni un caprice de collectionneur. Pour lui, l'art africain, dont il se veut le découvreur et même le théoricien, est « le sperme vivificateur du XXe siècle spirituel », comme il ne craint pas de l'affirmer dans son ouvrage *La Sculpture nègre et l'art moderne.* Il se félicite d'avoir contribué à l'émergence artistique de l'antique Afrique, avec « les splendeurs d'une statuaire dont le règne ne fait que commencer ». Le sauvage, explique-t-il, le sauvage qui tailla dans le bois la figure de ses ancêtres, celle du sorcier tout-puissant ou celle du ventre fécond des femmes de sa tribu, n'était bien sûr guidé par aucune préoccupation artistique ; il accomplissait un acte où seules intervenaient et se matérialisaient ses pulsions naturelles, instinctives – la virilité, l'accouplement, la ferveur animiste, l'idée du meurtre, de la magie, la poésie du grand fleuve sous les nuages, de la forêt impénétrable, du tonnerre, de l'éclair, de la pluie bienfaisante, de la lumière du soleil ou de la lune…

Ce que les artistes occidentaux découvrent – ou redécouvrent – dans cet « art nègre » livré à l'état brut, ce sont ces mêmes pulsions essentielles, oubliées, depuis longtemps refoulées, rejetées par nos cultures savantes. À moins qu'elles ne les parent de mille simagrées.

Pierre Mac Orlan ne dit pas autre chose : « Joséphine Baker nous révèle un inconscient qui déplace les lignes, bouscule nos façons de voir, et nous rappelle à l'ordre primitif[6]. » Ainsi apparaît-elle sur la scène du théâtre des Champs-Élysées, rassemblant sur sa personne dénudée tous les fantasmes refoulés de l'homme blanc colonisateur, donnant forme elle aussi « à nos terreurs autant qu'à nos désirs ». L'attrait d'une sexualité noire, exotique, mystérieuse, inquiétante. La même attirance magique, inexpliquée, qu'éprouvait Picasso devant les vitrines du musée d'Ethnographie du Trocadéro. Et la danse d'exorcisme de Joséphine Baker, qui, d'un seul coup de son joli pied, renverse les barrières, les usages et convoque une sexualité des origines, annonce-t-elle aussi, comme le redoutent certains, l'avènement d'un monde délivré de tous ses liens, de toutes ses attaches immémoriales ? Un monde primitif.

Oui, Joséphine Baker pourrait déclarer à son tour, après *La Revue nègre*, ce que disait Picasso devant les masques, les gris-gris et les fétiches africains qui venaient de le révéler à lui-même : « J'ai compris pourquoi j'étais danseuse… »

Joséphine Baker, la « perle noire » du théâtre des Champs-Élysées qu'elle embrase de toute sa violence charnelle, Joséphine, en proie aux « fureurs de l'Éros africain[7] », nous interroge, plus largement, sur la place qu'occupent les Noirs sur la scène artistique des années 1920 et, plus largement encore, dans l'imaginaire du public. Bien qu'elle-même ne semble guère se préoccuper de la question, préférant l'envisager sous l'angle de la plaisanterie, comme elle l'exprime dans ces quelques lignes (l'écrivain Marcel Sauvage lui tient la main pour l'occasion) qui serviront de préface, en 1927, aux *Mémoires de Joséphine Baker* : « On dit à Paris qu'il fait de plus en plus noir depuis *La Revue nègre*. D'ici peu, il fera tellement noir que lorsqu'on allumera une allumette il faudra en allumer une seconde, pour voir si la première n'est pas éteinte. »

Si les Parisiens sont de longue date habitués à la présence d'artistes noirs, au cirque ou au théâtre, c'est d'une présence africaine qu'il s'agit. Dès la fin du Second Empire, Delmonico, « le dompteur noir », sans doute le premier belluaire africain à se produire à Paris, fait passer ses fauves, tigres et lions, à travers un cerceau enflammé sur la piste des Fantaisies Oller, 28, boulevard des Italiens, au grand effroi du public. Le 23 novembre 1866, le comédien afro-américain Ira Aldridge interprète *Othello* à Versailles. Avec un vif succès. Cela est assez inhabituel pour que *Le Figaro* le signale à ses lecteurs ; présent dans la salle, Alexandre Dumas s'écrie en embrassant l'acteur : « Moi aussi, je suis Nègre ! »

La troupe de danseurs zoulous qui se produit aux Folies Bergère en 1878 va faire courir les foules parisiennes, en montrant au public d'« authentiques » combats ; tandis qu'au Champ-de-Mars, cent cinquante « Amazones du Dahomey » créent l'événement jusqu'à tenir l'affiche pendant quatre mois en 1893 et attirer 2 700 000 spectateurs…

La métisse Miss Lala, au cirque Fernando[8], suspendue à son trapèze, soulève, par le seul effort de ses mâchoires, le poids d'un canon dont un comparse allume la mèche. Habib Benglia, d'origine soudanaise, fils d'un chamelier de Tombouctou venu à Paris livrer des dromadaires au Jardin d'acclimatation, crée en 1923 à l'Odéon, sous la direction de Firmin Gémier, le rôle-titre de la pièce d'Eugène O'Neill, *L'Empereur Jones*. On le verra au cinéma, au music-hall.

Si le corps africain se donne à voir sur les scènes de music-hall ou dans des spectacles prétendument ethnographiques, organisés notamment à l'occasion de l'Exposition universelle de 1889 – batailles tribales, danses rituelles, villages indigènes reconstitués, exhibitions de « sauvages » derrière les grilles du Jardin d'acclimatation –, c'est un corps nu, différent, mystérieux, que le public vient admirer. Convoiter peut-être. Même s'il se moque cruellement, par ignorance et par bêtise : « Vous mangez toujours de la chair humaine ? », crient des visiteurs aux figurants du village kanak.

Le fantasme s'incarne. Les pectoraux des Zoulous grisent les femmes européennes, habituées aux bedaines avachies de leurs époux, tandis que les Amazones dahoméennes aux seins nus troublent les hommes[9]. L'imaginaire colonial a trouvé là de quoi s'ancrer durablement.

3

Les débuts à New York

« Donne-leur des Nègres, il n'y a que ça pour exciter Paris, des Nègres ! », lançait abruptement Fernand Léger. Mais où les trouver, ces Nègres ? Caroline Dudley, une Américaine installée à Paris, une sorte d'agent avant la lettre, va s'en charger. Épouse de Daniel Reagan, attaché culturel à l'ambassade des États-Unis en France, elle est la fille d'un médecin libéral de Chicago proche des milieux afro-américains dont il soutient les luttes : « J'ai passé ma jeunesse sur les genoux de Booker T. Washington[1] », a-t-elle coutume de dire. À force de fréquenter avec son père les clubs de State Street, où leurs amis musiciens se produisent, la jeune fille s'est laissée envoûter par cette musique de jazz, ce ragtime fougueux qui n'en est encore qu'à ses débuts. Une passion est née. Qui fait d'elle rapidement une experte en jazz sachant apprécier – fait exceptionnel chez une femme blanche – l'authenticité, la qualité d'une musique.

Appelée en urgence au théâtre des Champs-Élysées, elle va pour la circonstance s'improviser productrice, confiant à son mari le montage financier de l'affaire. « Je voulais amener un spectacle nègre à Paris. Je sentais que j'étais la seule à pouvoir réaliser un tel projet[2]. » Des spectacles comme *Shuffle Along* (1921) ou *Runnin'Wild* (1923) ou bien encore *Dixie to Broadway*, *Chocolate Dandies* (1924), qui ont presque tous remporté un gros succès aux États-Unis.

Firmin Gémier, le grand Gémier, promoteur d'un vrai théâtre populaire, directeur du théâtre de l'Odéon, va la mettre sur la bonne piste. En effet, de passage à New York l'année précédente, en 1924, il a pu admirer une talentueuse troupe noire qui chantait l'opérette et jouait la revue, une troupe dont il lui vante les qualités techniques et artistiques, la fantaisie, l'entrain et la bonne humeur : « Une imagination inouïe. Cela pétille ! Cela étincelle ! C'est du soleil qu'ils cachent sous leur enveloppe noire[3] ! »

Et Caroline Dudley, dépêchée en hâte à New York, où elle passera tout l'été 1925, n'a plus qu'à retrouver, un à un, les membres éparpillés du groupe – tâche difficile. Joséphine Baker a raconté à Marcel Sauvage, dans ses *Mémoires* publiés en 1927 et complétés en 1949, sa rencontre avec Mrs Dudley – Mme Reagan comme elle l'appelle – alors qu'elle se produisait au Plantation Club, une boîte de jazz de Times Square, située exactement 42, Broadway, concurrente du fameux Cotton Club fermé à l'époque pour avoir transgressé la loi – on est en pleine prohibition. « Mme Reagan m'avait vu jouer mon bout de rôle dans la troupe de Broadway. Elle m'avait perdue de vue, elle ne savait où me trouver quand elle vint par hasard au Plantation**. »

Dans les rues de Saint-Louis, sur les trottoirs défoncés du quartier de Chestnut Valley, berceau du ragtime, où elle est née, Joséphine a appris à danser. De son propre aveu, elle a commencé à danser pour se réchauffer, n'ayant ni bas ni chaussettes**. Elle danse sur le seuil des boîtes de jazz de Chestnut Street, dans les concours de danse improvisés en plein air, sur les tréteaux des bonimenteurs. Au « Club des Vieux Chauffeurs », que fréquentent les meilleurs jazzmen de Saint-Louis, où elle a trouvé un emploi de serveuse. Elle a treize ans ; elle gagne sa vie. Tant bien que mal, mais elle la gagne. Coup de tête ? Besoin de liberté ? À moins qu'elle ne supporte plus l'ambiance familiale – sa mère, souvent dure à son égard, son autoritaire grand-tante Elvara, son lourdaud de beau-père… « J'ai quitté ma famille. On ne peut rien faire avec sa famille sur le dos**. » Et elle se marie. Avec un ouvrier fondeur. Noces éphémères, quelques mois à peine. Quand on lui parlait de Willie Wells, ce mari de passage dont on ne sait à peu près rien – en savait-elle plus long sur lui quand elle l'épousa ? –, Joséphine éclatait de rire : « Willie ? Mais c'est tout juste si on a passé une nuit ensemble ! »

Au « Club des Vieux Chauffeurs », elle fait la connaissance d'un curieux trio, The Jones Family Band, une famille de musiciens ambulants qui sillonne la ville – le père joue du piston, la mère de la trompette et la fille du violon. Joséphine les suit dans leurs pérégrinations. Ils jouent, elle danse et chante sur des airs de ragtime avec une conviction qui force l'intérêt des passants, sur les trottoirs de Chestnut Street, de Market Street, devant les salons de coiffure aux portes grandes ouvertes, devant les salles de jeu, les bars, les bordels… Ils se produisent fréquemment au croisement de la 23e Rue et de Market Street, à deux pas du Booker T. Washington Theater, un établissement fréquenté par les Noirs, devant la petite foule qui attend l'ouverture des guichets. Red Bernett, le régisseur du théâtre, remarque Joséphine. Bien des années plus tard, très âgé, il se souvenait encore de la toute jeune fille, presque une enfant : « Elle avait déjà une jolie voix ; on voyait qu'elle était pauvre, très pauvre. Et pour être franc, c'est aussi pour cette raison que je l'ai engagée[4]. »

Première apparition de Joséphine sur une vraie scène, parmi les girls du Dixie Steppers qui lèvent la jambe, remontées comme des mécanismes d'horlogerie. Des filles fatiguées, au regard éteint, qui font et refont le même geste, à la chaîne, comme les ouvrières chez Ford… Et première impression : « Tandis que moi c'était un vrai plaisir, une ivresse physique que j'avais de gesticuler et de rouler mes prunelles[5]. » Elle suivra la tournée des Dixie Steppers, qui se produisent la plupart du temps dans des salles minables, sièges défoncés, rideaux de scène en lambeaux, devant un maigre public. New Orleans, Chicago, Philadelphie. Elle n'ira pas plus loin, car à Philadelphie elle rencontre celui qui va lui donner son nom. Un nom qu'elle rendra célèbre sur les scènes du monde entier : Baker.

Willie Howard Baker – encore un Willie – est porteur à la Pullman Company. Toute la journée, il trimballe sur les quais de la gare les bagages des voyageurs. « Un bon petit gars, toujours de bonne humeur[6]. » On parle mariage. Mais il faut d'abord divorcer d'avec Willie Wells. En outre, la famille Baker n'est pas très favorable à cette union ; à leurs yeux, Joséphine est bien trop jeune, quinze ans à peine, pour songer au conjungo. Et puis, faute majeure, pour eux elle est « trop noire ». Il y a dans les communautés noires américaines, à cette époque, une sorte de hiérarchie de la couleur. Le type idéal, notamment sur les scènes de music-hall, est une peau « café-au-lait ». Rappelons-nous la surprise de Pierre de Régnier et d'André Levinson, assistant à *La Revue nègre*, lorsqu'ils constatent que toutes les girls paraissent presque blanches. Et Mrs Baker mère considère que son fils se marie en dessous de sa condition parce que Joséphine est plus noire que lui. Comme celle-ci le confiera à une amie : « Si quelqu'un venait en visite, la mère de Willie trouvait toujours un prétexte pour me garder à la cuisine[7]. »

Aussi, devant cet ostracisme familial, les amoureux prennent-ils la fuite. Jusque dans le New Jersey, à Camden, où ils se marient en 1921. De retour à Philadelphie, le couple s'installe dans une pension de famille de Broad Street, Mom's Charleston's, fréquentée par des artistes.

C'est alors que Joséphine, toujours aux aguets, apprend qu'un spectacle, *Shuffle Along* – titre que l'on peut traduire approximativement par l'expression « marcher en traînant les pieds » –, premier show musical entièrement interprété par des Noirs, passe au Dunbar Theater, à deux pas, au coin de Broad Street et de Lombard Street. Il s'agit d'une sorte d'avant-première, d'essai – un *try out* – avant la programmation définitive à New York. Dès lors, la jeune femme n'a plus qu'un seul objectif : se faire engager dans la troupe. En vain, malgré ses tentatives répétées auprès des auteurs, Eubie Blake et Noble Sissle. Trop jeune, une fois encore ; une loi new-yorkaise interdit d'engager des danseuses de moins de seize ans. Mais elle va tenir bon, malgré les difficultés.

Dès sa création, le 23 mai 1921, *Shuffle Along*, comédie musicale en trois actes, connaîtra un triomphe durable à Broadway, avec plus de cinq cents représentations. Ses refrains sont sur toutes les lèvres, *I'm just wild about Harry*, *Bandana Days*... *Shuffle Along* marque une date essentielle dans les habitudes du public américain, il s'agit en effet du premier show joué par des Noirs que les spectateurs blancs vont aller voir en masse. « La première grande manifestation nègre », dit Joséphine Baker dans ses *Mémoires*. Si bien que Blake et Sissle envisagent de mettre sur pied une seconde troupe qui jouera le spectacle en tournée.

Joséphine n'a pas renoncé. Sans plus se soucier de Willie, qu'elle laisse à Philadelphie, elle prend le train pour New York, sans un sou en poche. Pendant des jours, elle fait le siège d'Al Mayer, le directeur de scène du 63rd Street Music-Hall, où se joue *Shuffle Along*. Mais Mayer ne veut rien entendre : « Ah ! non ! non ! Vous êtes trop jeune, vous n'êtes qu'une gosse, ce n'est pas possible. Et puis vous êtes laide. Le corps est laid, la figure est laide**. » Mais elle revient à la charge, encore et encore... « J'avais toujours faim. Je suis restée trois jours sans manger. J'étais creuse, creuse à tomber en deux. Je ne savais pas où aller dormir**. » Elle avouera même par la suite avoir passé une ou deux nuits sur les pelouses de Central Park. Elle veut travailler, elle veut danser ; et il faut qu'elle travaille, sinon elle mourra de faim. Elle retourne voir le directeur. « J'ai attendu plus d'une heure devant le théâtre et j'avais envie de pleurer**. » À la fin, elle s'enhardit, toque à la porte, entre dans le bureau. Que dit-elle ? De guerre lasse, sans doute, Al Mayer finit par céder : « Eh bien ! puisque vous y tenez** ! » Et il l'engage dans la seconde troupe. Celle des tournées.

Six mois sur les routes, de ville en ville, dans des wagons bringuebalants, noirs de suie, qui vous scient les reins. Dans les bourgades, le spectacle se joue sous le préau des écoles. Cependant, on commence à remarquer Joséphine, tout au bout du rang des girls, à cause de ses pitreries. Un journal local l'appelle « La vedette inconnue ».

Les spectateurs raffolent de ses grimaces. Pas ses camarades, furieuses : « Vous jouez et vous dansez comme un singe, me criaient-elles au nez**. » Tant et si bien que lorsque la troupe arrive à Brooklyn, sa réputation a précédé Joséphine. Blake et Sissle font le déplacement pour la voir. Et décident aussitôt de la faire passer dans la distribution de Broadway. Les deux auteurs n'ont pas reconnu le petit laideron qu'ils avaient évincé quelques mois auparavant…

Vingt-cinq dollars par semaine. Bientôt trente, puis trente-cinq. « On a joué la revue sans arrêt pendant deux ans, 1923-1924 dans le même théâtre, 63rd Street Music-Hall[8]. Producers : Miller and Lyles, Sissle and Blake. »

Exit Willie Baker. Oublié sur le quai de la gare de Philadelphie, avec ses valises…

C'est donc à Broadway, au 63rd Street Music-Hall, que Caroline Dudley va découvrir Joséphine Baker en 1924, dans ce « bout de rôle », comme elle dit, celui qu'elle tient dans *Shuffle Along.* Pas grand-chose, en effet, guère plus qu'une silhouette, mais on ne peut pas ne pas la remarquer au milieu des filles du chorus. Joséphine, jusque-là trimballée dans des tournées de deuxième catégorie, trouve ici, enfin, l'occasion de se mettre en valeur. Déjà, elle grimace avec talent, fait mine d'hésiter, de se tromper de pas, de trébucher, tandis que les autres danseuses – qui la détestent, bien sûr –, réglementairement impassibles, lèvent la jambe dans un alignement parfait ; elle rit, louche de plus belle, « joue aux billes avec ses prunelles », comme dira plus tard Henri Jeanson, se prête à mille pitreries, à la grande joie des spectateurs. Bref, elle remporte chaque soir un vrai succès comique : « Je suis passée du second plan au premier à force de loucher en musique**. »

Après *Shuffle Along*, il y aura *Chocolate Dandies.* Elle tiendra un rôle un peu plus étoffé dans cette revue créée en septembre 1924 et promise à un joli succès, au Colonial Theater, sur Broadway[9]. Plus de quatre-vingts représentations. Elle y danse frénétiquement, jetant, comme elle le dit avec humour, « ses bras et ses jambes sur la tête des spectateurs** ». Cependant, au dernier tableau, elle apparaît vêtue d'une magnifique robe du soir qui met sa féminité en valeur.

Retrouver Joséphine au Plantation Club, sertie dans la rangée des girls « dont elle se détachait comme un point d'exclamation ! », un vrai coup de chance pour Caroline Dudley, qui fait chaque soir, scrupuleusement, la tournée des boîtes de nuit et des établissements fréquentés par des Noirs, dans l'espoir d'y retrouver enfin tous ces artistes dont Firmin Gémier lui a vanté le brio. Coup de chance pour coup de chance, c'en est un aussi pour Joséphine, à qui la défection de la vedette du Plantation, Ethel Waters, initialement prévue dans la distribution, va permettre d'être du voyage.

« Je suis à la recherche d'artistes de couleur pour monter un spectacle que j'amènerai à Paris », explique la visiteuse en entrouvrant la porte de la loge des filles. Un nuage de criailleries aiguës et de poudre de riz l'accueille, l'odeur sucrée des parfums bon marché, la lourde fragrance ambrée des corps échauffés par la danse. Comment pourrait-elle deviner qu'elle vient de dénicher là, assise devant la tablette à maquillage, occupée à ourler ses lèvres de rouge vif sous l'éclairage cru des lampes, celle qui, quelques semaines plus tard, mettra Paris à ses pieds ?

Mrs Dudley est jeune – trente-cinq ans –, rassurante, plutôt jolie, avec un visage agréable qui inspire confiance ; et Joséphine se dit que cette femme élégante, aimable et sûre d'elle pourrait être la grande sœur qu'elle n'a pas eue. « Avant de rencontrer Mme Reagan, je désirais déjà venir jouer en Europe », affirme-t-elle dans ses *Mémoires*. Avait-elle compris qu'en demeurant aux États-Unis, à errer de chorus line en chorus line, elle se condamnait à n'être jamais qu'une sorte de bouffon grimaçant ?

Tentée, elle va pourtant s'y reprendre à trois fois avant d'accepter de franchir l'Océan. Tandis qu'à chacun de ses refus le montant du cachet augmente. Cent cinquante dollars, propose Mrs Dudley. Joséphine fait la moue. Deux cents dollars – Joséphine hésite encore : « Je vais réfléchir », dit-elle. Finalement, Mrs Dudley lui promet deux cent cinquante dollars par semaine.

4

Traverser l'Atlantique

Mardi 15 septembre 1925, fin d'après-midi

La petite équipe recrutée par Caroline Dudley s'embarque à bord du RMS *Berengaria*, le paquebot de la Cunard Line qui assure la ligne New York-Cherbourg. Prise de guerre, l'ancien SS *Imperator*, confisqué aux Allemands à l'issue de la Première Guerre mondiale, navigue maintenant sous pavillon britannique. Ce qui n'empêchera pas la troupe d'être parquée, comme sur tous les bateaux américains, dans des espaces réservés aux Noirs.

Tandis que les dockers enfouissent dans les soutes les décors et les panières de costumes, une joyeuse cohue s'agite sur le quai[1]. On rit, on crie, on s'interpelle, vingt-cinq artistes piétinant au milieu des malles, des valises et des sacs de voyage – tous noirs, tous bien décidés à conquérir Paris. La chanteuse de blues Maud de Forrest, le danseur Louis Douglas, déjà connu dans la capitale où il s'est produit plusieurs fois, la danseuse Marion Cook, les neuf Charleston Steppers – Marguerite Ricks, Evelyn Anderson, Marie Woods, Mabel Hopkins, Lydia Jones, Sadie Thompson, Beatrice Foote, Jap Salmons, Hazel Valentine ; les douze musiciens de l'orchestre de Claude Hopkins, dont le clarinettiste Sidney Bechet. Et Joséphine Baker, dix-neuf ans depuis le 3 juin, engagée, elle aussi, comme danseuse.

À présent, le paquebot, tiré par quatre remorqueurs vrombissants, glisse lentement sur l'Hudson, où baignent les derniers rayons du soleil couchant. Le crépuscule rouge de septembre descend sur les docks, sur les entrepôts, sur les ferrailles rouillées des grues. Joséphine s'est accoudée au bastingage. L'étrave du *Berengaria* fend doucement l'eau déjà salée du fleuve, chargée de fruits gâtés, de débris divers, de journaux souillés, sous un vol éparpillé de mouettes criardes.

Au loin, la ville s'estompe comme derrière un tulle, et les buildings vertigineux, où s'allument les premières lumières de la publicité, fondent peu à peu sous les brumes du soir. Ce moment du départ, Joséphine ne l'oubliera jamais. Son destin est en train de se jouer, elle le sait. « Une minute où la peur m'a serré la tête, le cœur, le ventre, avec une force à faire tout craquer**. » L'Europe… A-t-elle eu raison de choisir l'exil ? Parce que l'Europe représente une forme d'exil, quoi qu'on en dise. Entre son passé sans gloire de petite girl de seconde catégorie et un avenir incertain, de l'autre côté du globe, une dernière fois elle hésite. Cette rupture avec soi-même dont elle prend conscience tout à coup, alors que le navire s'éloigne, ce grand rond dans l'eau, cet accroc imprévu dans son existence où vient aussitôt se nicher l'angoisse.

Quels lendemains l'attendent là-bas, sur l'autre bord de l'Atlantique, dans un pays dont elle ne parle pas la langue, un pays qu'elle ne peut même pas imaginer ? « Je me débattais comme doivent se débattre les noyés dans la nuit, quand le courant les entraîne, et qu'ils ne veulent plus, soudain**... » Une petite voix malfaisante lui a-t-elle soufflé à l'oreille qu'elle ne reviendrait plus jamais en Amérique, plus jamais près des siens, à Saint-Louis, dans cette communauté noire pauvre où elle s'est épanouie tant bien que mal – et que si malgré tout elle revenait, ce ne serait qu'en simple visiteuse ?

Mais faut-il vraiment la regretter toute cette misère qu'elle laisse derrière elle ? Le taudis familial de Chestnut Valley, entre les cheminées fumantes des grandes manufactures, les abattoirs, les tanneries qui charrient la puanteur grasse des équarrissoirs ? La vieille maison délabrée de Gratiot Street où elle a grandi, près d'Union Station, rafistolée à l'aide de vieux journaux que l'on glissait dans les fissures, infestée de rats et de vermine ? Et celle du 2632 Bernard Street, pire encore ? Les virées matinales à Soulard Market, le marché de gros de Saint-Louis, où elle se glissait prestement sous les étals pour chaparder les fruits et les légumes tombés à terre ? Pauvre, tellement pauvre... L'hiver, elle escaladait à mains nues les wagons de charbon, pleins à ras bord, immobilisés sur des voies de garage, tandis que Richard, son jeune frère, faisait le guet et chargeait dans une vieille carriole les morceaux d'anthracite qu'elle lui jetait.

Pourquoi regretter ça ? Ou son séjour chez Mrs Keiser, chez qui sa mère l'avait placée quand elle avait huit ans. Corvées à la chaîne dès 5 heures du matin : allumer le feu, vider les vases de nuit, éplucher les patates du déjeuner, laver la vaisselle, balayer, frotter les planchers, les escaliers. Et la lessive une fois par semaine dans le grand baquet de bois plein d'eau savonneuse. Elle dormait à la cave, avec le chien. Entre les piles de bois de chauffage. Et ce jour où la Keiser, folle de rage parce que la fillette avait cassé une assiette, l'avait saisie par le bras pour lui plonger la main dans une casserole d'eau bouillante ! Et les émeutes raciales de l'été 1917, quand des bandes de Blancs armés chassaient hors de la ville la population noire de East Saint Louis, brûlant les maisons, tirant à vue sur les fuyards affolés. Beaucoup de morts, beaucoup de sans-abri. Nuits d'épouvante.

Rien à regretter.

C'en est fini de l'Amérique. Oubliée, l'Amérique. Il faut tout recommencer. Ou, plutôt, tout commencer. Aura-t-elle assez de force, assez d'ambition, de courage ? L'Europe, Paris... Ce n'est que lorsque le *Berengaria*, laissant loin derrière lui, au ras de l'eau, la statue de la Liberté, drapée dans sa longue toge vert-de-gris – mais quelle liberté pour une petite Noire américaine ? –, aborde enfin la haute mer, les grands fonds, lorsque la nuit s'épaissit, gommant les distances, les reliefs, ce n'est qu'à ce moment qu'elle se rassérène et sent enfin l'angoisse desserrer son étau...

Première nuit en mer, 2 heures

Elle vient dc s'éveiller dans sa couchette. Demi-sommeil. Le doux mouvement du roulis la berce, l'emporte vers ses premières années. Et soudain, c'est comme une révélation. Brutale. Aussi brutale qu'un éclair. Comment ne l'a-t-elle pas compris plus tôt ? Elle est en train de réaliser le rêve de sa mère. Sur la scène. En dansant, en s'épanouissant sous le regard des spectateurs. En quittant l'Amérique, en tentant sa chance sur les scènes européennes.

Carrie McDonald rêvait d'une carrière d'artiste. C'est au Gaiety Theater de Saint-Louis, où ils jouaient en amateurs un petit rôle dans *Un voyage en Afrique*, une pièce qui n'a pas laissé de souvenir, qu'elle rencontre Eddie Carson. Elle aime la danse, la musique ; lui chante, joue du tambour sur les grands bateaux à aubes qui remontent le Mississippi. Dans les bordels aussi, les bars mal famés de Chestnut Valley. Ils sont faits pour s'entendre.

Grande, bien faite, la peau sombre, Carrie appartient à une lignée d'esclaves qui travaillaient dans les champs de coton en Caroline du Sud ; mais c'est un ancêtre apalache, une tribu indienne du nord-ouest de la Floride, qui lui a légué les pommettes hautes, le nez fin qu'elle léguera à son tour à Joséphine. Eddie, de son côté, descend de lointains colons espagnols ; petit, la peau cuivrée, il aime les cravates voyantes et les vêtements colorés. Il passe le plus clair de ses journées dans les maisons de jeu, dans les bars où il fréquente les souteneurs et leurs pensionnaires[2]. Ensemble, ils ont réglé un numéro dansé et chanté qu'ils font tourner dans les cabarets du coin. Accompagnés parfois de leur fille, « Tumpie », un gros bébé joufflu, ainsi surnommée à cause du personnage de Lewis Carroll, preuve que Carrie et Eddie ne manquent pas de culture[3].

« Tumpie », Freda Josephine McDonald, est née le 3 juin 1906. Seize mois plus tard, Carrie met au monde un garçon, Richard. Les deux enfants n'auront guère le temps de connaître leur père, qui déserte vite le logis familial. Dans son ouvrage *Naked at the feast – a biography of Josephine Baker*, l'Américaine Lynn Haney, qui a pu rencontrer, dans les années 1970, certains témoins de l'enfance de Joséphine, analyse avec beaucoup de pénétration l'attitude de Carrie abandonnée par le père de ses enfants. Grâce à lui, elle avait connu la vie riche, agitée et bohème de la rue et des bars. Elle-même, comme un miroir, n'avait fait que refléter l'éclat de son amant. Seule, elle ne pouvait pas briller. En la quittant, Eddie avait emporté la jeunesse et les aspirations artistiques de sa compagne. Qui, par un étrange retournement de sentiments, fera supporter à sa fille – qui ressemble trop à son père, pense-t-elle – tout son ressentiment : « Maman me disait des choses qu'elle ne pensait certainement pas, qu'elle me détestait et aurait voulu que je sois morte. »

En 1911, Carrie épousera Arthur Martin, de cette union naîtront deux filles, Margaret et Willie-Mae.

Mercredi 16 septembre

« Voyage sur de l'huile », dit joliment Joséphine. Ce soir, elle participe au concert organisé à bord, devant les passagers de première classe. Elle enfile la belle robe, satin rouge, large décolleté en pointe, choisie dans la meilleure boutique de la Septième Avenue, offerte par Mrs Dudley. Elle doit chanter deux chansons : *Brown Eyes* et *If you hadn't gone away*, empruntées au répertoire d'Ethel Waters. Un désastre. La voix trop verte, frêle, mal assurée de la jeune fille se perd sous le plafond bas du grand salon ; on l'entend mal, le trac lui étreint la gorge ; elle déplaît. Furieuse, humiliée… Ça commence mal, la vie d'artiste !

Vendredi 18 septembre

Mer d'huile, encore. Soudain, les sirènes du bateau mugissent ensemble, comme un troupeau de mules affolées. Les officiers de quart ont repéré une mine flottante, vestige de la guerre. On se prépare au pire ; le naufrage du *Lusitania,* paquebot de ligne britannique où avaient pris place cent vingt-huit citoyens américains, coulé par un sous-marin allemand en mai 1915, est encore dans toutes les mémoires. Panique sur le pont, on rassemble les enfants et leurs mères. Cris, bouées de sauvetage, grincements des poulies tandis que l'on s'apprête à mettre les chaloupes à la mer. Plus bas, dans la coursive, la troupe, oubliée de tous, serrée autour de Sidney Bechet et de la clarinette dont il joue doucement, chantonne à mi-voix une de ces vieilles mélopées que l'on se repasse de génération en génération, celles que chantaient les grands-parents, les arrière-grands-parents, et les parents des arrière-grands-parents sur le bateau qui les amenait, esclaves, en Amérique.

La mine passe au large.

Mardi 22 septembre

Cherbourg – la grande rade de Cherbourg est en vue, cernée de coteaux verdoyants. Accoudée une fois encore à la rambarde, Joséphine grelotte, il fait frais ; elle n'a sur elle qu'un manteau de rien du tout. Peu à peu, elle découvre les maisons basses du port, la petite église. On arrive, on est arrivé ; on rassemble en hâte les bagages, on court à la douane, on court à la gare maritime où le train transatlantique spécial, déjà sous pression, tout fumant, attend les artistes. Qui ne sont pas au bout de leurs surprises. Au wagon-restaurant, le personnel les accueille avec le sourire, alors qu'aux États-Unis on leur dit toujours qu'il n'y a plus de place, que toutes les tables sont occupées, même s'ils peuvent constater, par-dessus l'épaule du serveur, que la plupart sont libres. Café-crème, croissants – autres découvertes.

Paris, quatre heures plus tard. Il pleut. Quelle chance ! se dit la jeune femme. La pluie, dans une ville où l'on débarque pour la première fois, porte bonheur. Car elle a traversé l'océan avec, bien serré contre son cœur, un petit trésor de superstitions. « Je sais qu'il y a des signes auxquels il faut croire, qui sont heureux ou qui portent malheur**. » Ces sentences qu'elle entendait dans son enfance, tombées de la bouche de sa mère, de sa grand-mère, de sa grand-tante, des voisines, de plus loin encore... Ne pas manger la tête des animaux pour ne pas avoir mal au crâne ; du fer entre les dents guérit le mal de dents ; malheur à qui chausse le pied droit le premier ; un tison dérangé dans la cheminée attire la malchance ; la cendre est sacrée ; travailler à l'aiguille le jeudi ou le samedi après-midi porte malheur ; un fil tiré un jour de carnaval sera mangé des souris ; un couteau donné coupe l'amitié**. Et cette patte de lapin porte-bonheur, dont elle ne se sépare jamais, que lui a donné un petit homme aux cheveux carotte qui l'attendait un soir, devant le théâtre de la 63rd Street, à New York, où elle jouait...

André Daven, que l'on surnomme dans le métier « le directeur aux yeux de velours », fait les cent pas sur le quai de la gare, vêtu d'un long manteau de pluie en caoutchouc gris et coiffé d'une casquette ; il est venu accueillir la troupe américaine. Non sans quelque inquiétude. Justifiée, la suite le prouvera.

Un bataillon turbulent, criard et bariolé, chargé d'instruments de musique bizarres descend bientôt du wagon et se disperse sous la grande verrière de la gare Saint-Lazare. Des jupes rouges, vertes, safran, des pantalons framboise, des chemises à larges damiers ou à pois. Des chapeaux orange, crème, coquelicot surmontant trente visages d'ébène[4]. Sans oublier les bottines vertes à lacets rouges ou rouges à lacets verts, les cravates à pois, les bretelles de couleur, les robes à carreaux, les appareils photo, les étuis à jumelles…

« *And so this is Paris !* » Une gamine, une gamine longue et souple qui vient de sauter sur le quai, interpelle Daven – jupe à carreaux noir et blanc avec des poches, tenue par deux bretelles à carreaux sur une blouse à carreaux, chaussettes roulées sur les chevilles, talons plats et tout l'équipement du parfait touriste américain, l'appareil photographique, une paire de grosses jumelles. Sourire éblouissant sous un petit chapeau extravagant. « Ce fut la première phrase de Joséphine Baker avant la conquête[5]. »

Dans le car qui emmène la troupe vers l'hôtel de la rue Campagne-Première qui lui est réservé, la jeune danseuse regarde la ville avec une sorte de gourmandise émerveillée. Paris ! Les rues étroites, les maisons basses sous leur toit de zinc – où sont les grandes lignes droites et fades de New York, les buildings de cinquante étages ? Elle découvre les terrasses bondées des cafés du boulevard Montparnasse, les taxis, les boutiques, les passants qui flânent sur les trottoirs… Et les Parisiennes : « En Amérique, on m'avait dit qu'elles portaient des corsets, des robes longues et des manches gigot*. » Et elle s'enchante de découvrir ces femmes à la taille libre, aux jupes écourtées, coiffées d'un chapeau cloche enfoncé jusqu'aux yeux, agiles, pressées de vivre, courant sur leurs talons hauts. Vers quels rendez-vous ?

5

« Toi, tu seras célèbre »

Mercredi 23 septembre

Dix heures du matin, première répétition. Dans la salle du théâtre des Champs-Élysées, éclairée *a giorno*, Rolf de Maré et André Daven ont pris place au premier rang, accompagnés du dessinateur Paul Colin, chargé de concevoir l'affiche de la revue et de retoucher quelques-uns des décors venus avec la troupe, les grandes toiles peintes signées Miguel Covarrubias, un artiste mexicain qui vit à Harlem : un port sur le Mississippi où glisse un de ces bateaux à aubes qui barattent le fleuve, des ballots de coton entassés sur les quais ; une plantation ; un village de Louisiane ; des gratte-ciel new-yorkais ; un night-club…

Sur scène, les tableaux s'enchaînent tant bien que mal. Plutôt mal. Les directeurs se regardent, décontenancés par la désinvolture joyeuse des artistes. L'un des deux – lequel ? – chuchote à l'oreille de l'autre. Une catastrophe, un désastre. Les numéros répétés à New York avant le départ ou sur le *Berengaria* pendant la traversée, les « scènes typiques » déçoivent ; ce qu'elles montrent, c'est un Harlem sans queue ni tête, lâché sur la scène, une suite désordonnée de tableaux décousus. Trop de claquettes, trop de *shimmy*, trop de trémoussements. Et trop peu d'érotisme, un comble au pays des Folies Bergère et du Casino de Paris.

« De l'ordre ! De l'ordre ! », hurle en vain André Daven, qui a quitté son siège. Mais rien ne va. Personne ne l'entend. La grosse Maud de Forrest fait figure de dondon – elle a l'air d'une marchande de tapis, dira Paul Colin – et ses blues, chantés d'une voix sépulcrale, ressemblent, surtout quand elle a bu un verre de gin de trop, à de sombres et rauques negro-spirituals qui donneraient le cafard au public le mieux disposé. Et la grêle interminable, monotone, des claquettes qui frappent les planches sans repos.

Rolf de Maré, découragé devant un tel gâchis, veut résilier tous les contrats et renvoyer la troupe à New York par le premier bateau. André Daven, qui sent confusément, malgré les défauts criants, la nouveauté de l'ensemble, les talents qui s'y expriment, va proposer une autre solution. Sauver ce qui peut l'être, reprendre la mise en scène et la chorégraphie, ajouter des tableaux afin d'épicer le spectacle, en supprimer d'autres qui alourdissent le rythme. Il faut faire vite ; la première est dans quelques jours, le 2 octobre. Il en va de sa responsabilité de directeur artistique. Reste à trouver l'homme providentiel, celui qui remettra l'entreprise sur pied. Là-dessus, il a, comme on dit, sa petite idée.

Cet homme n'est autre que Jacques-Charles, le revuiste en vogue, qui fait la pluie et le beau temps sur les scènes des music-halls parisiens. Jacques-Charles, « bel homme au type un peu oriental[1] », qui a dirigé l'Olympia dès avant la Première Guerre mondiale, est en quelque sorte l'inventeur des luxueuses revues à grand spectacle, plumes écumantes, paillettes d'or et mannequins nus, qui ont fait la gloire du Casino de Paris, des Folies Bergère et du Moulin-Rouge. Où il a monté huit grandes revues en quatre années. Il a notamment lancé l'idée, dès 1911, de ce fameux « grand escalier », échelle de strass vertigineuse que descendront ensuite, dans la fournaise des projecteurs, toutes les meneuses de revue de tous les music-halls. Il est aussi l'auteur de *Mon homme*, de *Ça c'est Paris !*, deux grands succès de Mistinguett.

Daven demande alors à Jacques-Charles s'il est possible de faire un spectacle avec tous ces éléments décousus. La réponse est sans doute positive, puisque le revuiste se met aussitôt au travail. D'abord faire le tri entre ce que l'on doit garder, ce que l'on doit modifier, ce que l'on peut éliminer. Et ce qu'il faut ajouter. Jacques-Charles n'a pas oublié les clubs de Harlem qu'il a naguère écumés longuement, en compagnie de son ami, le musicien Irving Berlin. Ni le jazz, ni les danseurs, ni cette lourde sensualité éparse, nourrie par la musique, par la fumée du tabac blond qui traîne, en nappes épaisses, au-dessus des tables.

Louis Douglas – « le Petrouchka de la troupe », comme le dit joliment le journaliste Paul Brach – va donc reprendre de fond en comble, sous la conduite de Jacques-Charles, la chorégraphie du spectacle : quarante-cinq minutes d'un ragtime forcené comme on n'en a encore jamais vu ni entendu à Paris.

La troupe répète sans relâche, jour et nuit ; une troupe qui s'est étoffée avec l'arrivée du danseur réunionnais Joe Alex et celle de la jeune débutante martiniquaise Darling Légitimus. Quant à Maud de Forrest, rétrogradée sans pitié, elle est rentrée dans le rang.

Crinoline rose, mitaines vertes : l'effet décalé que recherche Jacques-Charles s'installe parmi les savoureuses couleurs mélangées, plus criardes, plus acides les unes que les autres. Rouge, rose, orange, vert, jaune… Une recette qu'il va appliquer à tous les costumes : « Des tricornes Louis XV avec des salopettes, de grands chapeaux de paille avec des manteaux de fourrure[2]. »

« Il ne reste pas grand-chose de notre formule initiale* ! », constate Joséphine Baker. Qui, du même coup, se trouve brusquement propulsée au rang d'étoile de la revue. Paul Colin, le premier, l'a repérée. Sa présence sur la scène, qui efface toute autre présence féminine, ce corps taillé dans un bloc d'ambre, cette grâce agile sous le costume terne des répétitions – une sorte de body, dirait-on aujourd'hui, noir, à large encolure ronde –, ses pieds véloces chaussés de socquettes blanches et de souliers à barrettes. La petite chorus-girl est sortie de sa chrysalide.

Rolf de Maré et André Daven, aussi sensibles que Colin à sa beauté exceptionnelle, vont en faire la vedette du spectacle. Tous sont tombés d'accord – Jacques-Charles, André Daven et même Rolf de Maré, qui pose parfois son index sur la tête de Joséphine tout en la faisant tourner de l'autre main comme une toupie, et qui la jauge, les yeux dans les yeux : « Toi, tu seras célèbre ! »

Cependant, Jacques-Charles, avec son œil de professionnel aguerri, a repéré comme un trou d'air dans le spectacle. Des numéros brillants certes, du rythme, des musiciens et des danseurs talentueux, mais tout est un peu trop « convenable » pour le goût parisien. En fait, pas assez nu… La revue que donne le Moulin-Rouge au même moment et dont il est l'auteur ne s'appelle-t-elle pas *Mieux que nue* ? Il manque ici le clin d'œil « parisien », la touche égrillarde, la pincée d'érotisme gai que recherchent les spectateurs. Et sur-le-champ, inspiré, il met au point cette « Danse sauvage », le brûlant pas de deux qui doit être le clou de *La Revue nègre*. Et le triomphe de Joséphine Baker. Sauf que celle-ci refuse catégoriquement de se montrer nue, ou à peu près, devant deux mille personnes. On la supplie, on l'implore, on la menace, on la harcèle de toute part, mais elle résiste de toutes ses forces. Sur le plateau, elle pleure à chaudes larmes et demande à grands cris de reprendre le bateau. Jacques-Charles reste toutefois inflexible : « D'accord, tu vas reprendre le bateau. Mais seulement après le début des représentations. » On connaît la suite…

Ce charleston, que la troupe vient de tirer de ses bagages, et qui saute au nez des Parisiens comme un diable jaillissant de sa boîte, est encore inconnu dans la capitale. Dissimulés dans l'ombre des coulisses, derrière les décors, les machinistes et les deux pompiers de service assistent aux répétitions, vite rejoints par le personnel administratif, dactylos en tête. Stupéfaits, ébaubis : « Ils ne sont pas habitués à recevoir des coups de trombone dans l'estomac**. »

Dans son billet de *Paris-Midi*, le 27 septembre, Paul Achard, qui est aussi secrétaire général du théâtre, rend compte de l'avant-première de *La Revue nègre* qui s'est tenue la veille, à minuit et demi. Deux tableaux, deux tableaux seulement, choisis parmi les plus significatifs, proposés au jugement d'un petit groupe de spectateurs triés sur le volet. « Le jazz attaque, tour à tour doux, brutal, lubrique ou triste et devant nous paraît cette troupe d'artistes noirs découverte par Gémier. »

Il s'agit d'un test, en fait, auquel participent des journalistes et une vingtaine de personnalités du métier, acteurs, décorateurs, auteurs, metteurs en scène… Des gens qui font la mode, qui l'influencent. Les peintres Fernand Léger et Kees Van Dongen, Paul Guillaume, le marchand d'art africain, Mistinguett, meneuse de revue en chef des music-halls parisiens, Paul Reboux, roi du pastiche littéraire, la comédienne Cécile Sorel, Jane Renouardt, directrice du théâtre Daunou, la princesse Murat, le baron Biedermann… Sans oublier le chanteur-imitateur Saint-Granier, vedette de la première partie de la soirée. Car *La Revue nègre*, qui dure seulement quarante-cinq minutes, n'est programmée qu'après l'entracte[3]. Faut-il que Daven et Rolf de Maré soient peu sûrs d'eux et de la revue pour soumettre ainsi un échantillon du spectacle à quelques personnalités… Qu'attendent-ils de cette présentation ? Des encouragements ? Ou, au contraire, une mise en garde ?

« Bravo », dit sobrement Léger, lorsque la lumière revient dans la salle. « Stupéfiant », s'exclame Cécile Sorel, encore sous le choc. « Cubiste », renchérit Jane Renouardt. Tandis quc, profitant du souper qui suit la présentation, Mistinguett, sans doute mise en jambes par le spectacle qu'elle vient de voir, se joint aux danseurs de la revue qui donnent des *bis*. Et montre ses gambettes – « Je me suis tellement mise dans la peau de ma danse que je me sens toute noire ! », s'écrie-t-elle. Comment la Miss pourrait-elle imaginer une seule seconde qu'elle vient d'assister en direct au sacre de celle qui sera bientôt sa grande rivale ? Une rivale qui a trente ans de moins qu'elle. Sa « bête noire », comme elle dira volontiers.

L'affiche de la *Revue* est maintenant placardée sur les colonnes Morris parisiennes. Elle est signée Paul Colin, rouge, noire et blanche – une fille en jupe courte, l'air décidé, les poings sur les hanches, entre deux godelureaux rigolards, la lippe rouge exagérée, le chapeau rabattu sur l'œil –, une astucieuse transposition de ces personnages qu'on appelle aux États-Unis les *blackface minstrels*[4], des comédiens noirs distribués dans des farces, des comédies burlesques, qui forcent le trait en se maquillant de façon caricaturale en « Nègres ». Bouche outrée, traits accusés par les fards, perruque…

Est-ce la pose de cette fille qui éveille des soupçons ? Exactement l'attitude que décrit Joséphine dans ses *Mémoires*, quand elle évoque ses « bouts de rôle » new-yorkais : « J'ai figuré dans *Chocolate Dandies* avec les poings sur les hanches. » Certains pensent, en effet, que les premières esquisses de « la fille aux poings sur les hanches » ont été faites à New York par Miguel Covarrubias, c'est-à-dire bien avant que Joséphine ne rencontre Paul Colin, et que celui-ci s'est donc largement inspiré du travail de son confrère, bien qu'affirmant ensuite avoir travaillé d'après nature. C'est en tout cas la thèse que défend l'historien Kevin Labiausse dans sa biographie en ligne de Joséphine Baker : « On peut affirmer que Covarrubias a bien peint en 1924 le personnage féminin de l'affiche signée Paul Colin. La fille que tout le monde a toujours prise pour Joséphine et qui n'est peut-être pas Joséphine. »

Paul Colin, lui, dans son livre de souvenirs, *La Croûte*, raconte que Joséphine, dès le lendemain de son arrivée, est venue poser chez lui pour l'affiche de la revue. Sous les grands vitrages de l'atelier, proche de la place de la République, la jeune femme se trouble à l'idée de se déshabiller devant le peintre. Se dévêtir sur une scène devant deux mille paires d'yeux est une chose, devant un homme seul, fût-il peintre, c'en est une autre, l'enjeu n'est pas le même.

Car elle a bien compris ce que l'on attendait d'elle ; au théâtre, tout le monde lui a fait la leçon, tout le monde l'encourageait, à commencer par Rolf de Maré : « En art, Joséphine, il n'y a pas de pudeur » ; tandis qu'une camarade lui soufflait malicieusement : « D'ailleurs, la couleur de ta peau ça fait "habillé"* ! » Elle ne sera ni la première ni la dernière à se dénuder devant Paul Colin. Craintive, mal à l'aise – c'est du moins ce qu'elle prétendra dans plusieurs ouvrages plus ou moins autobiographiques –, elle tente de gagner du temps, fait mine de s'intéresser aux toiles entassées dans un coin de l'atelier. Avant d'ôter son soutien-gorge.

Le témoignage de Paul Colin est tout autre. « Elle savait parfaitement pourquoi elle était là. En deux minutes, elle était nue[5]. » Nue, comme en témoignent les nombreux dessins qu'il va faire d'après elle ce jour-là et les jours suivants, un très bel ensemble de lithographies qu'il réunira, en 1927, sous le titre *Le Tumulte noir*. Cependant, sur le tard, il changera de version et reconnaîtra qu'il a eu beaucoup de peine à lui faire admettre qu'elle devait poser nue.

Elle a dix-neuf ans, il en a trente-trois. Ils sont jeunes, tous deux vigoureux ; elle ne parle pas encore le français, il ignore l'anglais. Des signes échangés, des sourires, parfois un petit papier sur lequel on griffonne un croquis plus explicite qu'une parole. « À l'aide d'innombrables petits dessins, nous arrivâmes à nous comprendre », racontait volontiers le peintre.

Le désir, lui, se passe d'interprète ; debout derrière son chevalet, Paul Colin regarde Joséphine. Passionnément. Colin est un séducteur, il le restera toute sa vie. De temps en temps, il risque un compliment qu'elle ne comprend pas – ce corps splendide, brun, long et fin sous la lumière douce de septembre qui tombe du plafond vitré, la manière unique de se mouvoir qu'elle a lorsqu'il lui demande d'essayer une nouvelle pose, d'esquisser sur place un pas de danse… De son côté, elle sent sa défiance fondre peu à peu, « comme neige au soleil ».

Pour la première fois de sa vie, elle se sent belle, désirable. Le soir même, ils sont amants.

6

Tournée dans l'Europe des Années folles

Le soir du 18 décembre 1925, le rideau du théâtre de L'Étoile tombe définitivement sur *La Revue nègre*. Bientôt va se mettre en route la tournée européenne qui doit, d'étape en étape, mener les artistes jusqu'en Russie. Six semaines au Cirque royal de Bruxelles, six semaines à Berlin, six semaines à Moscou. Sauf qu'à Berlin Joséphine déclare forfait ; elle n'ira pas plus loin. Il est grand temps d'avouer à Mrs Dudley ce qu'elle lui cache depuis deux mois, l'engagement qu'elle a pris avec les Folies Bergère. Et qu'elle doit à présent honorer. « Mrs Dudley me donnait mille dollars par mois. Mais j'ai connu des gens, je suis partie**. »

« Ces gens », comme dit Joséphine, c'est Paul Derval, le directeur des Folies Bergère, qui raconte lui-même l'affaire. Comme tout le monde dans le métier, il n'entend parler depuis plusieurs semaines que de cette *Revue nègre* qui déplace les foules parisiennes en masse jusqu'à l'avenue Montaigne. « J'y vais. Tout de suite, je tombe en extase devant une merveilleuse fille, bâtie comme un tanagra qui mettait le feu aux planches[1]. » Il n'hésite pas et, dès le lendemain, fait porter à la jeune femme un projet de contrat qu'elle accepte, sans souffler mot de la tournée qui se prépare. C'est dit, elle sera, au mois d'avril, la vedette de *La Folie du jour*, le titre de la prochaine revue du music-hall de la rue Richer.

Fin de *La Revue nègre* qui perd sa vedette et du même coup sa raison d'être. Et courroux de Caroline Dudley qui avait tout misé – affectivement, financièrement – sur la jeune danseuse. Qu'elle met aussitôt en garde : « Aux Folies Bergère, tu perdras ton âme ; tu ne seras jamais qu'un mannequin emplumé. » Emplumée, oui, Baker le sera souvent et souvent de manière extravagante.

Ce que craint Mrs Dudley, c'est de voir Joséphine, sa « découverte », perdre son caractère de sauvagerie, cette authentique violence sexuelle brute qui semble se dilater autour d'elle, se propager comme un parfum fort, et qui sur scène se passe de colifichets, de strass et de plumes d'autruche. « Cette superbe bestialité qui évoque les prestiges de la haute statuaire nègre », comme l'écrivait André Levinson dans *Comœdia* au lendemain des premières représentations de *La Revue nègre*.

Que pensent les artistes, qui s'éparpillent alors, de cette défection de Joséphine ? Sidney Bechet, lui, rejoint à Moscou ses amis du Louis Mitchell's Jazz King qui viennent d'achever leur saison au Casino de Paris. D'autres choisissent de rentrer en France. D'autres, enfin, s'en retournent aux États-Unis, aux frais de la productrice, qui se voit contrainte d'emprunter 10 000 dollars afin d'assurer toutes les dépenses. Tandis que son époux, qui s'était chargé du montage financier de la revue, se trouve du même coup quasi ruiné. S'ensuit un procès qu'intente Caroline Dudley à Joséphine pour rupture de contrat. Un procès qu'elle renoncera d'ailleurs à mener jusqu'à son terme, à cause de l'affection qu'elle porte à la danseuse. En revanche, l'affaire se solde pour elle par un divorce, son mari ne lui pardonnant pas de l'avoir ruiné. Quelques années plus tard, en 1930, par l'entremise du peintre Jules Pascin, un des piliers du café du Dôme à Montparnasse, Caroline rencontrera l'écrivain Joseph Delteil qu'elle épousera sept ans plus tard. Loin de l'agitation parisienne, ils s'installeront alors dans une vaste propriété viticole, La Tuilerie de Massane – des dizaines d'hectares, soixante mille pieds de vigne –, à Grabels, aux abords de Montpellier.

D'abord comédien sans grande envergure, c'est presque par hasard que Paul Derval devient à trente-six ans, en 1916, l'adjoint de Raphaël Beretta, un chef d'orchestre qui dirige alors les Folies Bergère, un établissement ouvert en 1869 sur l'emplacement d'un ancien magasin de literie.

Deux ans plus tard, Derval prend à son tour le contrôle du théâtre. Qu'il acquiert en 1924 et qu'il dirigera d'une main ferme jusqu'à sa disparition en 1966, hissant peu à peu l'établissement au rang de mythe parisien. Et imposant une règle à laquelle il ne dérogera jamais (sauf une fois et le spectacle sera un four, *dixit* Derval) : le mot « Folie » et les treize lettres porte-bonheur que devront comporter tous les titres des revues : *En pleine folie, Soir de folie, Cœurs en folie, La Grande Folie, La Folie du jour…* À ceux qui s'effraient d'un tel casse-tête, il répond tout fier qu'il possède déjà plus de cent cinquante titres en réserve. Tous prudemment déposés à la Société des auteurs.

De son propre aveu, il faut plusieurs mois de préparation, de recherches, de travail assidu pour monter des spectacles aussi fastueux que ces grandes revues auxquelles le public est maintenant habitué. Des revues qui ont fait la renommée des Folies Bergère, qui durent trois heures d'horloge avec changement de décor à chaque tableau, des dizaines d'artistes, tout un peuple de girls, de « p'tites femmes » à peine vêtues de quelques touches de strass, de « boys » en frac et haut-de-forme, la canne sous le coude… Et des centaines de costumes – cinq cents kilomètres de tissus, velours, soieries, broderies, rubans sont nécessaires pour habiller une revue –, des cataractes de plumes d'autruche, des quintaux de perles et de paillettes : « Je commande les paillettes, par vingt ou trente millions à la fois[2]. »

Rue Richer, tout le monde s'est mis au travail, auteurs, musiciens, décorateurs, costumiers, couturières, modistes. Les deux ateliers de couture, les magasins de décors où se construit le matériel de scène tournent à plein régime. Tout doit être prêt pour le 24 avril, date de la première.

C'est alors que Paul Derval, averti par un ami qui a croisé la danseuse à Berlin, découvre que celle-ci, malgré l'engagement qu'ils ont signé, a suivi *La Revue nègre* dans la capitale allemande. Là, le metteur en scène Max Reinhardt, séduit par son abattage, veut l'engager au Deutsches Theater qu'il dirige, persuadé, comme il le confiera plus tard au critique américain Alain Locke, que le music-hall « noir », par sa spontanéité, sa fougue, aussi par une sorte d'éloquence physique, peut-être plus explicite que la parole, peut régénérer une production théâtrale européenne dévitalisée.

Joséphine a-t-elle vraiment hésité ? Berlin et le Deutsches Theater ? Paris et les Folies Bergère ? La tournée et *La Revue nègre* ? Enfant gâtée des planches parisiennes, trop vite mûrie sous les projecteurs, trop inexpérimentée sans doute pour endosser un aussi soudain vedettariat, elle n'a pas encore dépouillé la capricieuse désinvolture de la jeunesse ; elle n'en fait qu'à sa tête, comme on dit. Ce qu'elle traduit par : « Je fais ce qui me plaît. » Sans doute étourdie par le succès, les flatteries, les cadeaux, l'argent facile, elle accepte les propositions comme elles viennent, quitte à revenir ensuite sur sa parole. Ce qu'elle avoue à demi-mot : « Mme Dudley tenait beaucoup à moi, ce n'est pas ma faute. » Ou encore : « Ce qui me plaît m'arrête**. »

Et Berlin lui plaît, Berlin l'arrête – le Berlin des années 1920, capitale européenne du plaisir, de la dépravation. « Berlin c'est fou ! Un triomphe ! On me porte en triomphe** ! » Plus d'une fois en effet, des spectateurs enthousiastes la ramènent sur leurs épaules en coulisses. On la reçoit partout comme une princesse : lorsqu'elle entre dans un dancing, l'orchestre s'arrête de jouer, les musiciens se lèvent et la saluent. On la voit dans tous les endroits à la mode – le Romanische Café, La Case de l'oncle Tom, La Kuka, rendez-vous des journalistes, des écrivains et des artistes, qui n'ouvre qu'à 3 heures du matin… Le *Berliner Illustrirte Zeitung*, le grand journal illustré berlinois, qui tire à près de deux millions d'exemplaires chaque semaine, la présente comme une des figures essentielles de l'expressionnisme allemand. Réponse de Joséphine, qui ignore tout, bien sûr, de l'expressionnisme allemand : « Pourquoi pas ? »

Le 18 février 1926, elle est encore dans la capitale allemande où elle préside, au Neue Kunsthandlung, un établissement de la Tauentzienstrasse, à l'occasion du carnaval, le jury d'un bal costumé où l'on doit élire « la plus belle fausse négresse ».

À Paris, Derval s'impatiente, sa vedette n'est pas là ; les couturiers l'attendent pour les premiers essayages. Il envisage un moment de faire établir un constat d'huissier, avant d'y renoncer. La revue est déjà en chantier, impossible de l'annuler ou même de la retarder, trop de frais ont été engagés. En outre, il craint le scandale que provoquerait une telle nouvelle dans les milieux du music-hall. Finalement, il dépêche auprès de Joséphine son agent théâtral, M. Lorett, qui saute dans le premier train en partance pour Berlin, avec mission de la ramener coûte que coûte.

Il fait froid à Berlin, et tandis que Lorett piétine dans la neige fondue, devant l'entrée des artistes du Nelson Theater où se donne chaque soir *La Revue nègre*, la « fugitive », fêtée, acclamée, court de réception en réception. Fugitive rusée, en outre. Qui n'accepte de prendre le chemin du retour, malgré les remontrances et les menaces, qu'en échange d'un supplément de quatre cents francs par représentation.

7

L'enfant chérie des Parisiens n'en fait qu'à sa tête

Folies Bergère. Quatre heures du matin, à quelques jours de la générale. Dernière répétition en costumes. Toute l'équipe est sur le pont, autour de Paul Derval. Louis Lemarchand, l'auteur de la revue, Pierre Fréjol, le metteur en scène, Georges Triel, le régisseur ; Erté, José de Zamora, Umberto Brunelleschi, qui tous trois ont dessiné les costumes, Max Weldy, qui les a réalisés dans son atelier de la rue Saulnier, les couturières, les machinistes, les secrétaires du patron, transformées, l'espace d'une nuit, en script-girls. Et tous les artistes. À commencer par Joséphine ; le danseur noir Féral Benga[1], l'acteur Dorville chargé des sketches comiques, le fantaisiste Alibert, le bataillon gracieux des John Tiller's Folies Stars, les girls, les danseuses, les femmes nues… Plus quelques fournisseurs que la direction veut honorer.

La nuit s'est passée en raccords, en essayages fastidieux – Derval exige de voir tous les costumes portés par leurs titulaires, interminable cortège –, le hall du théâtre est à cette heure nocturne une immense cabine d'essayage jonchée d'étoffes en lamé or ou argent, de costumes à rectifier, de fourrures vraies ou fausses, de grappes de plumes d'autruche qui s'effilochent... Crépitement d'éclairs, au passage d'une habilleuse portant à l'atelier une robe cousue de strass. Derrière elle, la cavalcade des coiffeurs qui transportent les perruques et les chapeaux. Énervements, crises de nerfs, colères, cris, engueulades, fatigue.

On règle à présent la scène de « La Boule de fleurs », clou de la première partie de la revue : une boule de fer doré, une bulle tapissée de roses, suspendue aux cintres par un système de câbles d'acier et de vérins, d'où elle descend lentement avant de se poser à l'avant-scène, au milieu des musiciens. La boule s'ouvre alors comme un écrin, découvrant son précieux contenu – Joséphine Baker, presque nue sauf un grand plastron de pierreries étincelantes et deux ou trois bracelets, Joséphine couchée sur un miroir, qui tout à coup se dresse d'un seul élan. Et danse à perdre haleine, tandis que le jazz se déchaîne... Charleston ! Charleston !

« Parfait ! » crie Derval, tandis que la boule se referme et s'élève, emportant Joséphine dans les hauteurs du théâtre. Un mètre, deux mètres, cinq mètres... Et tout à coup la machinerie se bloque, les treuils manœuvrés à la main, coincés, ne veulent plus rien savoir, laissant la grosse boule fleurie se balancer mollement dans l'air, au bout de ses filins métalliques, tandis que le couvercle, déséquilibré, s'entrouvre dangereusement. À l'intérieur, rien pour s'accrocher, rien pour se retenir, des parois lisses et froides, glissantes. Panique sur le plateau ; tout le monde retient son souffle, les yeux fixés sur l'appareil ; deux girls perdent connaissance. Si la boule s'incline trop, si le couvercle s'ouvre tout grand, Joséphine sera précipitée dans le vide. Les câbles pourront-ils résister longtemps ? Et l'on entend soudain, dans le silence angoissé qui a saisi toute la troupe, une petite voix fragile, vacillante : Joséphine, incarcérée dans sa boule, frissonnant sur le grand miroir glacé, se chante des airs de « là-bas », des airs du Sud, pour se donner du courage[2]. Quelqu'un propose d'appeler les pompiers ; on y renonce, jamais la grande échelle ne pourra pénétrer dans la salle.

Paul Derval a grimpé quatre à quatre le petit escalier qui dessert la plate-forme des cintres. Assez vite pour constater que le treuil actionnant le couvercle fonctionne encore. C'est donc ce treuil qui va devoir à lui seul hisser la boule jusque dans la coupole. Mais la manœuvre est risquée ; le câble, prévu seulement pour guider l'ouverture du couvercle, pourra-t-il supporter tout le poids de la boule et de sa charge humaine ? Tiendra-t-il assez longtemps ? De son poste, là-haut, Derval dirige l'opération : « Doucement, doucement… » Le câble se tend, vibre. La boule remonte, centimètre par centimètre, oscillant sur elle-même, et à chacun de ses mouvements un cri muet d'effroi sort des bouches. « Joséphine, tâchez de vous hisser dans le couvercle. » Trois mètres encore, deux mètres, cinquante centimètres… On entend, à chaque tour du treuil, le claquement sec du mécanisme. Soudain, une petite main sombre apparaît dans l'entrebâillement du couvercle. Paul Derval s'en saisit, puis l'autre main, puis tout le corps qu'il hale d'un seul coup, à la force des bras, jusque sur le palier poussiéreux des cintres. « À ce moment, il me semble qu'aucune force au monde ne pourrait me faire lâcher prise[3]. »

24 avril 1926

Première représentation de *La Folie du jour*, « hyper revue à grand spectacle en deux actes et quarante-cinq tableaux », proclament les affiches placardées à l'entrée du théâtre.

Une revue des Folies Bergère, en 1926, c'est un défilé fastueux où se succèdent, dans un sévère désordre réglé à la minute près, les numéros de music-hall – lutteurs, acrobates, fakirs, gymnastes, magiciens –, les sketches comiques, voire grivois, les tableaux libertins, les grandes fresques pseudo-historiques richement décorées, visant à épater le public, à l'éblouir : « Le Nu à travers les âges », « Le Bataillon des Amazones », « Les Frivolités du Second Empire », « La Parade des éventails »... Une profusion de costumes opulents, de fragiles cache-sexes d'or scellant des secrets – celui de Colette Andris, clouté d'authentiques diamants, véritable pièce d'orfèvrerie, est mis au coffre tous les soirs –, de décors à transformation, de musiques suaves, de lumières colorées. Le tout baignant dans une sorte de candeur, d'ingénuité originelle ; car le nu n'exclut pas la naïveté, au contraire il l'exalte. « La nudité intégrale n'appelle pas la frénésie. À sa vue, les visages ne s'avilissent pas[4]. »

Pas de revue des Folies Bergère sans grand escalier, déployé en quelques secondes jusqu'à la rampe, sous le nez des premiers rangs de spectateurs, raide, vertigineux. À tous ceux qui lui reprochent de placer cet escalier dans chacune de ses revues, Paul Derval fait la même réponse : « Sur un plateau de six mètres de profondeur, comme celui des Folies, un escalier est la seule manière de pouvoir mettre en scène un nombre considérable de personnages afin qu'ils soient visibles de toute la salle[5]. » *La Folie du jour* n'échappe pas à la règle. Quarante figurants se pressent « Sur les marches de l'Orangerie de Versailles », pour le finale, tandis que les favorites royales, Mlle de La Vallière, Mme de Montespan, Mlle de Fontanges, Mme de Maintenon, en grand tralala, précédant un Roi-Soleil vêtu d'argent et d'un manteau de cour bleu semé de fleurs de lys, descendent majestueusement les degrés entre les caisses d'orangers et la foule des courtisans.

Cependant, la presse fait la fine bouche. Le défaut de cette revue, regrette Louis Léon-Martin dans sa chronique de *Paris-Midi*, est de manquer de nouveauté, de recycler jusqu'à satiété des thèmes rebattus : « Il y a belle lurette qu'une "Fête à Versailles" ou qu'une "Parade des éventails" nous a donné en déploiement de faste ou de femmes nues tout ce que de tels tableaux peuvent nous apporter[6]. » Il n'est pas le seul à se plaindre. L'envoyée de *Vogue*, Nancy Cunard, est plus radicale encore ; pour elle, le spectacle serait presque insupportable s'il n'y avait la présence délicieuse de Joséphine Baker. Gustave Fréjaville, le critique de *Comœdia*, quant à lui, déplore l'indigence des dialogues, d'ailleurs à peu près inaudibles.

Et ce n'est pas le sketch dans lequel vient en quelque sorte s'enchâsser le numéro de « La Boule de fleurs » qui relève le niveau. Un vieil académicien myope, un peu gâteux, joué par Dorville grimé comme un auguste, se prend de passion pour Joséphine tandis qu'elle danse. Importunée par ses assiduités, celle-ci demande à Féral Benga de prendre sa place auprès de l'académicien. Qui ne s'aperçoit pas de la substitution et s'empresse de courtiser sa doublure masculine, vêtue, comme Joséphine, d'un court pagne d'herbes sèches.

Tous sont d'accord : Joséphine est la clef de voûte de la revue.

Nudité de bronze parmi des nudités de marbre, nudité gesticulante parmi des nudités immobiles, nudité comique parmi des nudités graves, chacune de ses entrées est sensationnelle. Quand la grosse boule fleurie se pose sur le plateau, s'ouvre et qu'elle surgit sous les ovations. Quand elle danse sur le miroir, reflétée cent fois en ombres gigantesques, déformées – « des ombres cubistes » diront certains –, qui tournoient sur les murs du théâtre et sur le rideau de fond, livrée à une sorte de fièvre panique. Quand elle apparaît dans la pénombre verte d'un sous-bois tropical, à quatre pattes, cette fois, glissant à reculons le long d'un arbre à demi couché. Nue, à part quelques bijoux sauvages, et une ceinture de bananes nouée autour des reins. Fatou, la fille de la jungle, blottie sur la branche maîtresse de l'arbre, comme un petit fauve attentif, penchée sur le campement improvisé d'un voyageur blanc endormi au bord du fleuve ; quelques porteurs noirs tapent doucement sur leurs tam-tams et chantonnent à mi-voix près d'un feu qui s'éteint. C'est l'Afrique des romans d'aventures, l'Afrique des explorateurs, des chasseurs de fauves, une Afrique de carton-pâte, celle de l'imagerie coloniale…

Puis, de nouveau, la frénésie du black-bottom, du « mess around », les gesticulations, la gaieté, les cris, les rires et les pitreries ; la violence aussi. Fatou louche, Fatou danse et les fausses bananes en bourre de coton redorée volent gaiement autour d'elle, comme ensorcelées. Elle danse et, de tout son corps qui s'offre et mime le désir, elle semble appeler un homme qu'on ne verra pas, peut-être celui qui dort. Ou un autre. C'est « La Danse sauvage », version solo, qu'on ressert au public sous un nouvel habillage. Est-ce cette redite qu'il déplore, l'aimable Gustave Fréjaville, lorsqu'il se plaint, dans sa chronique de *Comœdia*, de n'avoir pas retrouvé dans les danses de Joséphine l'étourdissante fantaisie qu'elle avait montrée sur la scène de l'avenue Montaigne, dans le cadre exotique de *La Revue nègre* où sa personnalité se détachait si bien d'un ensemble qui la mettait en valeur, la soutenait, l'expliquait ? N'est-ce pas plutôt la faiblesse de la revue qu'il pointe ainsi du doigt, son manque d'invention, de surprises ? « Tandis qu'ici, livrée à elle-même et toujours quasi nue, sans partenaire de sa race, les contorsions rythmées et la frénésie singulière de ce corps fantasque prennent un tout autre caractère[7]. »

Un tout autre caractère, en effet. Car ces bananes en forme de phallus remuants qui la ceignent sont comme des trophées, pareils aux têtes coupées dont les barbares des premiers siècles harnachaient leurs montures pour terrifier l'ennemi romain, et qui ballaient en tous sens au galop du cheval. Effrayer l'ennemi ou le séduire ? Avec des têtes coupées ou avec des bananes ? À moins qu'il ne s'agisse que de provocation. Sous l'apparence fragile de Joséphine, c'est une femme forte qui danse, la femme forte qu'elle est déjà ; elle s'offre, se refuse, s'offre encore, éclate de rire ; elle grimace et louche en gonflant ses joues, secoue d'un rapide mouvement des reins cette ceinture de phallus pour rire, et c'est son propre personnage qu'elle parodie ainsi. L'autodérision tient à distance tous les fantasmes que soulève Joséphine en dansant. Ce qu'ont parfaitement compris certains critiques, tel André Rouveyre, qui voit dans le charleston une sorte de réplique burlesque au tango. Le corps de la danseuse, explique-t-il à mots couverts (l'époque est encore pudibonde), s'agite sur scène et mime l'accouplement sexuel, mais de manière si moqueuse, si goguenarde que tout érotisme s'en trouve exclu. La blague prend le dessus[8].

« La boule fait de l'effet. On trouve ça "ravissant"*. » Mais ce qui fait encore plus d'effet, le soir de la première – et pendant trois quarts de siècle ! –, c'est la ceinture de bananes. Et bien au-delà des frontières. Cedric Fyson, un étudiant anglais de Liverpool, de passage à Paris, note dans son Journal, à la date du 22 août 1926 : « Ce qui nous a le plus frappés, ce sont les danses bizarres d'une Américaine de couleur, très dévêtue, Joséphine Baker, l'artiste la plus intéressante du spectacle[9]. »

Mais qui a eu l'idée sensationnelle de cette parure de bananes ? Quel modéliste ? Quel costumier ? Paul Colin ?

La lourde porte métallique de l'entrée des artistes claque. Cliquetis précipité de talons dans le couloir. Un chapeau vole, un manteau, des gants, une paire d'escarpins... Dix heures moins vingt, Joséphine entre en scène dans quelques minutes. « Où est Joséphine ? » hurle le régisseur de plateau. « Pas prête ! » répond Alice, l'habilleuse, qui s'affole. « Comment pas prête !, tonne le régisseur. Elle joue à poil ! »

Le lendemain soir : « Où est Joséphine ? » Pas dans sa loge, pas dans les coulisses, pas dans les escaliers ni dans les couloirs. Nulle part. Panique. On cherche dans tous les recoins du théâtre, jusque dans les caves. Cette fois, on la retrouve chez la concierge, attablée devant une assiette de soupe fumante... Une fois, sans prévenir, elle disparaît pendant quatre ou cinq jours. Un voyage amoureux. Derval est au bord de l'apoplexie. « Combien de fois, au moment précis de son entrée en scène, le chef d'orchestre resta la baguette en l'air[10]... » Combien de fois dut-on jouer un morceau supplémentaire ou même deux pour gagner du temps ? Combien de fois dut-on intervertir l'ordre des tableaux, tandis que les girls affolées guettaient fiévreusement, en vain, la sortie des coulisses.

La ponctualité n'est pas son fort, ni la docilité. Joséphine éprouve beaucoup de difficultés à se plier aux exigences d'une revue parisienne à grand spectacle. À cette espèce de bureaucratie monotone qu'est la vie derrière le rideau, à cette oisiveté, cette sédentarité qui ressemblent souvent à une captivité, longues séquences d'inactivité entre les scènes. Que faire ? Attendre. Attendre le signal. Attendre son entrée. Attendre la fin de la représentation.

Attendre… Elle a organisé dans sa loge, entre la tablette à maquillage et la grande penderie où sont rangés ses costumes, une sorte de havre pour ses bêtes, un refuge douillet – bravant ainsi l'interdiction faite aux artistes d'introduire des animaux dans le théâtre –, qu'elle partage avec ses *best friends*, comme elle les appelle : deux chiens, deux chats, un chevreau, un singe, un perroquet, un lapin… Et même un petit serpent inoffensif, Zizi. La direction en sera quitte, après son passage, pour faire remplacer la moquette de sa loge, souillée par les *best friends*.

Commentaire de Paul Derval : « La Perle noire m'a donné beaucoup de cheveux blancs. Ah ! la garce, elle nous en a fait voir ! »

8

Grisante célébrité

« On m'a donné des bagues avec du feu gros comme un œuf ; on m'a donné une paire de boucles d'oreilles anciennes qui avaient appartenu à une duchesse il y a cent cinquante ans. Et des perles de la taille d'une dent, des fleurs conservées dans de la mousse des forêts, venues en un jour d'Italie, six chaises précieuses en vraie laque de Chine, des sujets en ivoire de Russie taillé, des animaux en peluche, une paire de souliers en or, des parfums, des fourrures, des fleurs carnivores qui mangent les mouches et même de la viande**... »

Joséphine habite maintenant une pension de famille cossue, dans la paisible rue Henri-Rochefort, à deux pas du parc Monceau. Deux pièces spacieuses, claires. Une autre pensionnaire partage avec elle la salle à manger, une jeune femme élégante qu'un « très beau garçon blond, grand, raffiné » rejoint souvent à l'heure du déjeuner. Corbeilles de fleurs, bijoux de prix, baisers amoureux au creux du poignet... Attablée seule, Joséphine les contemple rêveusement, non sans une pointe d'envie, même si elle a flairé chez sa voisine un comportement de femme entretenue ; une « poule », comme elle dit. L'homme l'intrigue. « Poliment, en passant, il m'accorde un petit salut. » C'est tout. Il s'appelle Jérôme Donnet, propriétaire d'une marque d'automobiles de luxe. Celui qu'elle appellera « Marcel » dans l'ouvrage posthume signé de son nom.

Juin 1927, dans sa petite Renault décapotable de location, Joséphine, son tout récent permis de conduire en poche, prend la route de Deauville. Un besoin de solitude, de liberté, de grand air, de mer, loin de la ruche surpeuplée et étouffante des Folies Bergère. Il fait beau. Elle roule depuis une cinquantaine de kilomètres lorsqu'elle remarque le comportement inhabituel d'une grosse limousine, une Donnet-Zédel, qui vient de la dépasser. La voiture ralentit, se laisse doubler avant d'accélérer et de dépasser à nouveau la Renault. Et ainsi de suite, deux ou trois fois. Derrière le pare-brise, elle reconnaît l'homme blond de la pension de famille qui lui adresse un grand signe joyeux. Auquel elle répond. Et la course s'engage, de cahot en cahot, sur les mauvaises routes des années 1920. Poursuite qui ne s'arrêtera que devant l'hôtel Normandy. L'équipée s'achève sur la piste de danse du salon de thé. Coup de foudre.

Retour à Paris. Joséphine ne reviendra pas rue Henri-Rochefort. Lui non plus, *exit* la « poule ». Le bel industriel blond l'installe dans un appartement – la cache plutôt –, une luxueuse demeure située sur les Champs-Élysées, au numéro 77. Dont le joyau est une piscine tout en marbre, spécialement creusée pour elle. « Mon palais de marbre », dit la jeune femme. Et des cadeaux, des cadeaux, encore des cadeaux. Les petits animaux qu'elle affectionne – perroquets, souris blanches, un ou deux chiots, un couple de chats –, « des animaux dont la tendresse est pure** ». Et une voiture : « Un cabriolet épatant. Ça va gazer. Conduite intérieure, modèle spécial, entièrement tapissé en peau de serpent**. »

Mais Donnet a ses affaires ; réceptions, déjeuners, dîners auxquels elle n'est pas conviée. S'il l'emmène souper après le spectacle, c'est en cabinet particulier, hors de la vue du public. Parfois dans une auberge campagnarde, où personne ne le connaît. Elle l'attend dans son palais, au bord de sa piscine. « Et sans lui, je m'ennuie, je m'ennuie*. » Les semaines passent. De quoi l'amour se nourrit-il ? D'un manque, souvent. L'imprudente Joséphine n'y tient plus : « Épouse-moi », dit-elle. Elle répète : « Épouse-moi. » À peine prononcées, elle regrette déjà ses paroles. Le silence lui répond, une nappe de silence épaisse, immobile, assez profonde pour s'y noyer. Elle a compris. Noire et danseuse, c'est trop.

La vogue de Joséphine Baker est extraordinaire dans ces années 1926-1927, « la folie des Parisiens », titre le magazine américain *Vanity Fair*. On l'arrête dans la rue pour lui extorquer des autographes ; les reporters-photographes la pourchassent ; on dit qu'elle se peint les ongles avec de l'or fin : « La poudre d'or est une merveille, j'en prends plein mes mains, je m'en frotte les bras. » Un groupe d'artistes surréalistes propose que l'on substitue une statue à son effigie à celle de Jeanne d'Arc – autre héroïne nationale, mais d'un genre différent – qui trône, rue de Rivoli, sur le petit carré qu'on appellera place des Pyramides en 1932. Une nuit Ernest Hemingway la rencontre au Jockey, un bar à la mode du boulevard Montparnasse, au coin de la rue Campagne-Première, où règne la célèbre Kiki. Comme il le racontera une vingtaine d'années plus tard à l'écrivain Aaron Edward Hotchner :

> Le bar fut soudain embrasé par la femme la plus sensationnelle que l'on ait jamais vue. Ou que l'on ne verra jamais. Grande, café-au-lait, des yeux d'ébène, des jambes de paradis, un sourire à tuer tous les sourires. La nuit était très chaude, mais elle portait un manteau de fourrure noire. La fourrure moulait ses seins comme de la soie. Elle jeta un regard sur moi – elle était en train de danser avec le grand sous-officier d'artillerie anglais qui l'avait amenée –, et je réagis à ce regard dans une sorte d'hypnose et l'enlevai à son danseur. Il tâcha de m'écarter, mais la fille le lâcha et se glissa contre moi. Tout ce qui se trouvait dans cette fourrure se mit immédiatement en contact avec moi. Je me présentai et lui demandai son nom, "Joséphine Baker", me dit-elle. Nous avons dansé sans arrêt toute la nuit. Elle n'enleva jamais son manteau. Quand la boîte ferma ses portes, elle m'avoua qu'elle n'avait rien dessous[1].

Elle pose pour Kees Van Dongen, Émile Compard, bientôt pour Picasso, pour Jean-Gabriel Domergue, peintre mondain ; Charlotte Perriand la dessine, crayon, aquarelle rouge et verte sur carton, Alexandre Calder façonne en fil de fer plusieurs silhouettes à sa ressemblance ; le cinéaste

Joe Francis la filme en couleurs sur la scène des Folies Bergère, « le plus beau, le plus riche, le plus troublant des spectacles », dit l'affiche. Elle danse sur « Le Pont d'argent », au Bal des petits lits blancs, soirée de bienfaisance pour les enfants malades qui rassemble à l'Opéra, chaque année, le Tout-Paris des arts, de la politique et de la finance : « M. Poincaré était dans une loge toute petite. J'ai jeté ma jambe dans son œil, de loin. Il riait**. »

Les couturiers l'assiègent ; Paul Poiret crée pour elle une sorte de pantalon de zouave qui va faire florès et une robe qu'il appelle « Un Rien ». Et encore une autre robe, toute rose celle-là, « la robe Joséphine ». Madeleine Vionnet, Elsa Schiaparelli, Jeanne Lanvin, entre autres, font livrer chez elle leurs derniers modèles. Qu'elle laisse traîner en désordre sur les fauteuils. « Range-les dans ta penderie », suggère son amie Bricktop. « Oh, Bricky, répond-elle négligemment, on va venir les reprendre et m'en apporter d'autres demain[2]. » Et après-demain encore et les jours suivants. Sur elle, dont la silhouette élancée, sans chair superflue, annonce avec un demi-siècle d'avance celle de la femme moderne, les vêtements semblent prendre une vie autonome, soudain plus fluides, plus élégants. Car Joséphine joue le jeu. Elle confie à une amie avoir commandé des robes et des ensemble chez Jane[3]. Des pures merveilles, cinq pour la ville et trois pour le soir. « Je suis de nouveau chez Agnès pour mes chapeaux, elles [*sic*] sont aussi très beaux[4]. Toutes les plus grands [*sic*] maisons me font des vitrines spécialement pour moi. Ils disent que je suis la femme la mieux habillée de Paris. Ils sont fous[5]. »

Ce qu'éprouve Joséphine Baker, c'est à peu de chose près cette même sorte de griserie que ressentent beaucoup d'Américains, jeunes pour la plupart, établis à Paris. L'ivresse que procure une vie insouciante, dédiée aux plaisirs et seulement aux plaisirs, facilitée par un taux de change très favorable. Dans un article que publie le *Toronto Star Weekly*, Ernest Hemingway affirme, chiffres à l'appui, qu'un Américain peut vivre confortablement dans le Paris de l'après-guerre avec mille dollars par an. C'est aussi l'opinion que défend Harold Stearns dans ces mêmes années, avec ses « Lettres de Paris » qu'il envoie régulièrement au magazine new-yorkais *Town and Country*. Même s'il constate que beaucoup de ces jeunes gens, doublement libérés de la férule familiale et du puritanisme, se montrent incapables de toute discipline, notamment vis-à-vis de l'alcool. Ou du travail. Paris, dit-il, est l'endroit idéal pour juger de la force d'un caractère : nul reproche n'est fait à ceux qui se laissent aller, personne ne s'en mêle. À chacun de choisir. S'agripper ou s'abandonner au fil du courant… Joséphine, elle, s'est agrippée. Des deux mains.

En 1926, les services officiels de la préfecture de Police estiment à quelque vingt-cinq mille individus le nombre des résidents américains permanents. Ce qui n'est pas toujours du goût des Parisiens. « Les étrangers ont envahi Paris », constate Maurice Sachs, qui s'inquiète de la baisse du franc et craint une inflation comparable à celle que subit alors l'Allemagne[6].

Bricktop – Ada Smith –, Afro-Américaine née en Virginie en 1894, fille d'un Irlandais et d'une métisse, doit son surnom à sa chevelure rousse et aux taches, rousses elles aussi, qui marquent la peau presque claire de son visage. Bricktop est arrivée à Paris un an avant Joséphine dont elle a guidé les premiers pas parisiens : « Elle me questionnait toujours, “Bricky dis-moi ce que je dois faire”, elle n'aurait pas fait trois pas sans me demander conseil[7]. » Bricktop anime un cabaret très fréquenté, Chez Bricktop, 66, rue Pigalle, où se retrouvent à l'aube, à l'heure où ferment les clubs, les musiciens noirs qui travaillent dans les boîtes montmartroises. Et beaucoup de ces Américains qui ont choisi de rester sur le sol français à l'issue de la Grande Guerre, vite rejoints par une génération d'artistes et d'écrivains en devenir, de riches oisifs aussi, qui tous rejettent l'esprit matérialiste et les valeurs puritaines de l'Amérique, son provincialisme intellectuel. La « génération perdue », comme l'a baptisée une fois pour toutes Gertrude Stein – Francis Scott Fitzgerald, Ernest Hemingway, John Steinbeck, John Dos Passos, Ezra Pound, Louis Bromfield, Harry Crosby, Dashiell Hammett, entre autres…

Bientôt, c'est au tour des éditeurs de solliciter Joséphine. À commencer par les éditions Kra qui publient, le 4 juillet 1927, *Les Mémoires de Joséphine Baker, recueillis et adaptés par Marcel Sauvage*, un volume enrichi de trente dessins inédits de Paul Colin. Des *Mémoires*, déjà ! Elle a tout juste vingt et un ans. Un peu tôt, sans doute, pour se remémorer les divers épisodes d'une vie. Mais la célébrité a ses exigences. Et Miss Baker se plie sagement à son nouveau rôle d'autrice, à l'indispensable cérémonial des séances de signatures.

Le 13 juillet, en fin d'après-midi, sobrement vêtue d'une robe de soie grise, elle est au Jardin des Acacias, assise derrière une table, stylo en main, près de Marcel Sauvage ; elle signe son livre avec l'application d'une débutante, tout sourire entre les deux piles de volumes qui l'encadrent et fondent à vue d'œil. Autour d'elle, des admirateurs enthousiastes, mais aussi des journalistes, des critiques littéraires qu'elle accueille avec le sourire et l'air de les connaître tous, absolument tous, d'avoir toujours entendu parler d'eux.

Un article dans *L'Intransigeant*, signé Marcel Sauvage, annonçait, le 26 septembre 1926 : « Joséphine Baker écrit ses Mémoires. » Bien sûr, Sauvage tiendra la plume ; Joséphine, parlant très mal le français, l'écrivant encore plus mal – en fait pas du tout –, se contentera d'évoquer son jeune passé. « Mademoiselle Joséphine Baker éclata de rire quand je lui suggérai, à la fin de l'année 1926, l'idée d'écrire ses Mémoires. […] Il m'a fallu de nombreuses visites, car Miss Baker n'aime guère se souvenir », note Marcel Sauvage dans sa préface.

Ces visites, il les fait vers 16 heures, accompagné d'un interprète. Sa femme de chambre vient tout juste de réveiller Joséphine. Qui reçoit ses visiteurs au saut du lit, en robe de chambre rose et babouches assorties : « Une tête de petite fille sauvage, espiègle et charmante, éclairée par un rire aux trente-deux dents éclatantes et solides, des cheveux huilés à la hâte, plaqués sur le crâne**. » Tandis que dans le salon, où trône sur la commode un buste de

Louis XIV, deux perruches, dans leur cage dorée, jettent insolemment des graines au nez du Roi-Soleil.

Et les souvenirs remontent au fil des rencontres, entre deux éclats de rire, dans un désordre qui est celui de la conversation, où s'entrechoquent des récits d'enfance, des anecdotes récoltées sur les scènes des music-halls américains, des souvenirs de la traversée à bord du *Berengaria*, des recettes de cuisine, des secrets de beauté, des remèdes de bonne femme… Le mérite de Marcel Sauvage est d'avoir su restituer le langage parlé de la jeune femme, son naturel – on croit presque entendre son bel accent américain –, sa naïveté, sa gaité, ses remarques primesautières. Et surtout son intelligence, son sens du comique qui éclatent à chaque page. Comme le souligne le rédacteur de *Comœdia* qui rend compte du livre le 18 août 1927 : « Évidemment elle ne l'a pas écrit, mais le ton de l'ouvrage fait sentir qu'il est composé de conversations fidèlement rapportées. »

Quelques extraits :

> D'abord il s'agit de danser le plus possible et de suer largement ; après on dort comme du plomb. Le sommeil clarifie les yeux.

> L'eau de bananes contre les rides, si vous en avez : faites macérer cinq ou six fruits taillés en rondelles dans de l'alcool ; au bout de six jours l'alcool a diminué ; rétablissez le niveau avec de l'eau bouillie ; laissez reposer ; filtrez ; lavez-vous le soir légèrement.

Écrasez-vous des fraises bien mûres autour du nez, sur le front, dans le cou et attendez que cela sèche. Vous obtiendrez ainsi un teint de fleur. Quand il n'y a pas de fraises, prenez des raisins…

La beauté n'est pas tout. Avez-vous des douleurs ? Un peu de rhumatisme ? Essayez ce remède. Infaillible ! Vous prenez un serpent à sonnette bien gras. Vous le dépouillez *vivant*. Vous tirez ensuite sur la graisse de la même façon que sur la peau. Très facile, elle vient aussi comme un gant. Vous la triturez avec les deux mains, puis vous la pressez dans une passoire. Une légère friction avec cette graisse, et vous n'avez plus aucune douleur. Je répète, le serpent doit être dépouillé vivant. Et il est difficile en Europe de trouver le bon serpent. Tant mieux pour lui, pauvre serpent**.

9

Une rencontre décisive

Tous les soirs, après minuit, en quittant les Folies Bergère, Joséphine s'en va danser dans un cabaret. Charleston jusqu'à l'aube. « Je n'ai que l'embarras du choix, ils me veulent tous » – L'Abbaye de Thélème, place Pigalle, ou L'Impérial Soupers, rue Pigalle, ou bien encore Le Milonga, ou Chez Zelli's, rue Fontaine, un bar tenu par un Américain d'origine italienne, Joe Zelli. Tous situés dans un étroit périmètre montmartrois.

Chez Zelli's. C'est là qu'elle le rencontre. Sur la petite piste de danse, tard dans la nuit, à l'heure du tango, lorsqu'elle n'est plus qu'une danseuse parmi les autres. Un tango sans doute très langoureux, lascif, où les corps, solidement arrimés l'un à l'autre, se cherchent, s'explorent, se devinent… « La danse est la première épreuve des corps », déclare Joséphine.

Giuseppe Abatino, dit Pepito, est un aristocrate sicilien (c'est lui qui l'affirme). Mince, nerveux, il est né le 10 novembre 1898 à Calatafimi, dans la province de Trapani, en Sicile. Il n'a guère que huit ans de plus que

Joséphine (les biographes américaines de Baker l'ont jusqu'ici fait naître fautivement en 1889). Un Italien charmeur, « à l'accent de mandoline, au teint de marbre[1] », une ressemblance flatteuse avec l'acteur américain Adolphe Menjou (en plus fin, rectifie Joséphine) ; plutôt une sorte de Menjou mâtiné de Mazarin, la moustache en virgule, le cheveu d'un noir profond qui bleuit sous les lampes, le monocle vissé à l'œil. Et, sous le monocle, un regard sombre, acéré...

« Ce visage-là, je ne vais pas l'effacer. Au contraire, il s'impose à mes pensées*. » Et des mains, des mains extraordinaires, à la fois fines et singulièrement fortes lorsqu'elles veulent retenir – c'est Joséphine qui parle ainsi. Un bel homme, ses photos l'attestent, élégant, qui s'habille sur mesure chez le bon faiseur. Il occupe encore, à Rome, lorsqu'il rencontre Joséphine, un poste au ministère des Finances.

Très vite, cependant, le bruit court à Montmartre qu'Abatino, malgré ses prétentions nobiliaires, n'est pas plus comte de Calatafimi que Joséphine n'est duchesse de Saint-Louis... Que tout cela n'est que sornettes et mensonges. Ses origines sont plus modestes, encore que fort honorables.

Lorsque Giuseppe vient au monde, Tommaso Abatino, son père, est capitaine au 14e régiment d'infanterie, stationné à Trapani. Pas pour longtemps, puisque c'est à Palerme que l'enfant grandira, où son père est nommé lieutenant-colonel. À l'âge de dix-huit ans, en 1916, le jeune homme intègre l'académie militaire de Modène, où étudie déjà son frère Emanuele, son aîné de deux ans.

Son nom apparaît, pour l'année 1916, dans l'annuaire des anciens élèves, sous l'intitulé *VIe corso pratico degli allievi ufficiali di complemente* (VIe cours pratique des élèves officiers de complément)[2]. Et disparaît ensuite, mystérieusement, des dossiers scolaires. A-t-il été renvoyé au terme de cette première année, par suite de mauvais résultats ? Ou pour indiscipline ? A-t-il décidé d'arrêter là ses études ? Les archives de l'académie sont muettes sur ce point. Il reste, de ce bref passage à Modène, une photo prise en janvier 1917 – mise en vente à Drouot en novembre 2015, elle appartient désormais à une collection privée. Le cliché montre un Pepito âgé de dix-huit ans, tout fiérot dans son uniforme.

Regrettait-il, devenu adulte, d'avoir abandonné, pour une raison ou pour une autre, ses études d'élève officier ? Certainement. D'autant que son frère, lui, les avait poursuivies brillamment. Engagé dans le régiment d'assaut des Arditi – un corps d'élite – avec le grade de lieutenant d'active, Emanuele tombera glorieusement devant l'ennemi, à la bataille de Montello, le 15 juin 1918. Deux médailles d'argent venant récompenser sa bravoure à titre posthume.

Pepito a vingt ans et suit à Palerme un apprentissage de *scalpellino* (tailleur de pierre). Que se passe-t-il alors dans la tête du jeune homme, déjà très enclin à la mythomanie ? Quelle idée germe dans son cerveau ? Toujours est-il que lorsqu'il quitte la Sicile quelques années plus tard, fuyant les chantiers poussiéreux des carrières de marbre, pour s'en aller tenter sa chance à Rome et bientôt à Paris, le scénario qu'il a inventé est déjà en place : le comte de Calatafimi est un héros italien. En endossant le destin inaccompli de son frère, Pepito s'est fabriqué un passé glorieux. C'est lui qui s'est battu au front, c'est lui qui a obtenu les deux médailles d'argent venues couronner son courage. De toutes pièces, il s'est construit une solide légende. Une légende qui résistera aux années. Lorsqu'il meurt, en 1936, le journal *Comœdia* souligne son appartenance à l'aristocratie sicilienne et ses faits d'armes dans les tranchées du Carso, en Istrie... Cette noblesse italienne, dont il a soigneusement appris les codes, les alliances, les habitudes. Jamais il ne sera pris en défaut.

Selon le témoignage de Vincenzo Maria Zito, caricaturiste palermitain et globe-trotter, qui le rencontrait régulièrement Chez Zelli's, Abatino est arrivé à Paris en 1926, les poches vides. Exerçant ses talents sur la piste de danse exiguë du Zelli's. Danseur mondain, susurrant des banalités sucrées à des dames mûres esseulées ? Gigolo ? Un peu des deux, sans doute. C'est du moins ce que l'on murmure dans le quartier. Avec, en outre, quelques fréquentations douteuses dans les milieux montmartrois.

Cette chance qu'il a pourchassée en vain, de Rome à Paris, Pepito va la croiser en la personne de Joséphine Baker, dont il devient rapidement l'amant. Et tout aussi rapidement le manager. Un emploi où il donnera toute la mesure de son flair artistique et de son talent d'homme d'affaires. Beau résultat pour un petit tailleur de pierre ! Disons-le d'emblée : c'est à lui que Joséphine Baker devra son succès international ; en suivant ses conseils, elle posera le pied sur le premier barreau de la grande échelle qui conduit au mythe. Où peu d'artistes peuvent s'aventurer.

D'ailleurs, elle reconnaissait volontiers qu'il l'avait soutenue à une époque où elle ne savait pas encore se débrouiller avec les offres d'engagement, les contrats et leurs avenants, « les pièges que l'on vous tend avec le sourire et des boîtes de chocolat plus grandes que des valises. Durant neuf années, qui furent les plus difficiles pour mon travail, il s'est dévoué à mes intérêts** ».

Le producteur de films tunisien Arys Nissotti, ancien directeur du Casino de Tunis, qui le connaissait bien pour avoir travaillé avec lui, et qui deviendra son ami, le décrit en quelques mots : terrible, extrêmement intelligent, très dur en affaires, mais très correct aussi[3]. Avec, chevillée au corps, une inextinguible soif de réussite. Car la réussite est aussi une revanche.

On les voit partout ensemble. Chaque soir, Abatino vient attendre Joséphine à la sortie des Folies Bergère, il l'accompagne dans sa tournée nocturne des clubs de jazz, ouvre la porte de son automobile, l'aide à en descendre avec des manières de gentleman ; au restaurant, il tient sa chaise lorsqu'elle s'assoit. Il sait se rendre irremplaçable : « Pour la première fois, je ne suis plus seule au monde, pour la première fois, je n'ai plus à me battre seule*. » Une épaule solide sur laquelle elle peut enfin poser sa tête en toute confiance. Un homme qui n'a pas honte de l'aimer au grand jour. Donnet, le constructeur d'automobiles, la cachait aux yeux de tous, princesse captive au bord de sa piscine, dans son « palais de marbre » des

Champs-Élysées. Pepito, au contraire, la montre, s'affiche fièrement à son bras, l'accompagne en toute occasion.

Bricktop, sans doute un peu envieuse, voit d'un très mauvais œil cette histoire et met son amie en garde ; pour elle, Abatino est un bon à rien, un parasite, autrement dit une sorte de maquereau – même si elle ne prononce pas le mot – qui n'en veut qu'à l'argent de Joséphine, à la célébrité de Joséphine. « Qu'est-ce que c'est que ce fainéant ? Il n'a même pas de quoi te payer un verre de bière[4]... »

En quoi Bricktop se trompe lourdement. Même si Pepito prend grand soin de mêler inextricablement leurs finances respectives. Ce qui n'échappe pas à Joséphine : « Il s'est dévoué à mes intérêts comme aux siens**... »

Mais Pepito doit bientôt repartir pour l'Italie, où l'attendent son métier, sa famille, ses amis – comme il l'affirme. Reviendra-t-il ? Cet amour si jeune, encore mal accroché, qui n'est peut-être qu'un feu de paille, une amourette sans avenir, qui sait ? Cet amour résistera-t-il à l'absence, même provisoire ? Joséphine craint le pire, car elle l'aime déjà ; Pepito lui manque. Amoureusement et sexuellement : « Tout mon désespoir passionné, je le fais passer dans ma danse sur le miroir et tout mon désir érotique dans la danse des bananes*. »

Elle s'étourdit de fatigue pour oublier sa peine. Elle danse, elle danse, elle danse... En plus des Folies Bergère et des clubs de nuit, elle a pris un engagement au Jardin des Acacias, une adresse en vogue, 49, rue des Acacias, où elle se produit l'après-midi, à l'heure du thé. Le Jardin des Acacias, qui a eu dans un passé récent des propriétaires célèbres – Maurice Chevalier ou le chansonnier Saint-Granier –, a depuis peu été repris par l'Américaine Elsa Maxwell[5]. Maurice Sachs, lorsqu'il décrit en 1926 la journée type d'un Parisien à la mode, prévoit une escale au Jardin des Acacias à l'heure du déjeuner. Avant le polo de Bagatelle à 16 heures, le dîner au Pavillon d'Armenonville vers 20 heures. Et le souper à minuit au Grand Écart, 7, rue Fromentin, le cabaret que vient d'ouvrir Louis Moysés, fondateur du légendaire Bœuf sur le toit[6].

Certains jours, le dimanche surtout, il arrive à Joséphine de danser plus de dix heures d'affilée… Un matin, à l'aube, tandis qu'elle rentre épuisée, les membres douloureux, les pieds rompus, après une nuit passée sur les pistes de l'Impérial, du Milonga ou de Chez Zelli's, l'enveloppe est là, qui l'attend depuis la veille, avec son timbre italien. Blanche, éblouissante dans la faible clarté du petit matin, posée bien en évidence sur une commode.

Pepito écrit en français, sur une feuille à en-tête du *Ministere delle Finanze, Direzione generale delle pensioni di guerra* – travaille-t-il vraiment au ministère des Finances ou bien s'est-il procuré ce papier à lettres ? Un français quelquefois maladroit, comme sa grande écriture nerveuse, comme son orthographe, un français traduit directement de l'italien, où demeurent enchâssées quelques savoureuses expressions siciliennes qu'elle ne comprend pas toujours, mais suffisamment pour deviner qu'il pense à elle.

« 24 septembre 1926. Joséphine my love, c'est avec grand plaisir que j'ai reçu votre lettre, heureux de voir que vous n'oubliez pas votre petit amour Pepito. En regardant nos photos je pense à tous les moments gentils que nous avons passés ensemble. Vous dites que vous m'aimez un peu, c'est vrai ? » Suit une véritable déclaration, où se devine, comme en filigrane, la crainte d'échouer à transformer ce fragile amour débutant en amour sérieux. Il cherche du travail, dit-il, de préférence à Paris, « comme ça je pourrais retourner dans la ville lumière que j'adore parce qu'elle vous tient comme une prisonnière, my sweetheart Joe. Dites-moi s'il y a toujours une place pour moi dans votre cœur ».

Début octobre, il s'interroge : les sentiments de sa petite Joe à son égard dureront-ils ? « Mon caractère est un peu drôle, quand j'aime je suis un peu jaloux, c'est pas de ma faute mais c'est un joli cadeau naturel que mon pays, avec ses fleurs d'orangers, m'a donné. » En Sicile, ajoute-t-il, lorsqu'on est amoureux, les sentiments sont sacrés. Et il embrasse bien fort « my love, my wonderful baby ».

Le 13 octobre 1926, on passe au tutoiement et aux grands aveux décisifs : « Joe my sweetheart, hier j'ai reçu ta dernière lettre qui m'a fait beaucoup de plaisir. Et qui m'a fait rêver pour longtemps. Tu es mignon[ne] et maintenant je crois vraiment que tu es sincère [en]vers moi. Tu me désires beaucoup, et moi ? Je voudrais, my love, te serrer à mon cœur [*sic*] et je voudrais t'embrasser bien fort en te disant les choses les plus folles et les plus douces. Je t'aime aussi ma poupée adorée et je désire avec tout [*sic*] mon âme de réaliser notre rêve. À toi, mon grand amour, mon cœur, mon âme, mes lèvres. Ton Pepito qui t'aime, que tu aimes et qui t'aimera pour s'aimer toujours[7]. »

Sa décision est prise. Il va quitter le ministère des Finances, ce poste de gratte-papier qui ne lui offre aucun avenir, pour s'installer définitivement à Paris. Où il est prêt à accepter n'importe quelle tâche, n'importe laquelle, insiste-t-il, même modeste, même astreignante, pourvu que ce travail lui permette de vivre auprès de son « great love ». Au passage, on apprend que Joséphine boit trop de champagne, ce qu'il lui reproche gentiment mais fermement : « Si tu m'aimes davantage, je préfère que tu m'aimes sans champagne. »

Et puis un matin il est là, devant elle. Sans prévenir de son retour. Il a voyagé toute la nuit : « Je ne pouvais pas vivre sans toi, Joséphine. » Et comme elle s'inquiète : « Mais que vas-tu devenir ? » Il a une réponse toute prête, qui tient dans un éclat de rire : « Le manager de Mlle Joséphine Baker. »

Comme on pourra bientôt le lire sur ses cartes de visite : « Pepito Abatino, manager exclusif de Mlle Joséphine Baker. »

10

L'épisode Simenon

Pepito souffle à Joséphine l'idée d'ouvrir un cabaret, plutôt que de passer ses nuits à danser chez les autres. Le cabaret est à la mode, des artistes, et non des moindres, ont déjà sauté le pas – la chanteuse Lucienne Boyer se produit chez Les Borgia, rue Laferrière, Yvonne George au Grand Écart, rue Fromentin.

Reste à trouver un commanditaire. Pepito s'en charge, il a de nombreuses accointances dans le quartier. Un médecin, le docteur Gaston Prieur, « admirateur » empressé de Joséphine – a-t-elle eu pour lui des bontés, comme on dit ? –, accepte le marché et se porte acquéreur d'un local, situé rue Fontaine.

Prieur, propriétaire de plusieurs cliniques privées, à Paris et en banlieue, toutes spécialisées dans le traitement des accidents du travail, d'une luxueuse villa rue Oudinot, à Joinville-le-Pont, et d'une écurie de chevaux de course, est à la tête – Pepito le sait-il ? – d'une fructueuse combine d'escroquerie à l'assurance dans laquelle se trouvent compromis avec lui une quinzaine de praticiens véreux.

Le principe est simple, il suffisait d'y penser. La loi de 1898, en effet, permet aux accidentés du travail de choisir librement leur soignant. Le blessé, qui ne touche plus alors que la moitié de son salaire, a droit à la prise en charge, par sa compagnie d'assurances, de ses frais médicaux qui sont versés directement au praticien. Or, pour que celui-ci puisse percevoir l'intégralité de ces sommes, il faut que le traitement se prolonge au-delà de onze jours. Qu'à cela ne tienne… Le docteur Prieur et ses acolytes accueillent dans leurs cliniques de nombreux blessés – la plupart du temps recrutés directement sur les chantiers par des équipes de rabatteurs – et, avec l'aide d'infirmiers complices, « traitent » les blessures de manière à faire durer les soins. La fraude connaît un tel succès que Gaston Prieur pourra déclarer au fisc 1 200 000 francs de revenus, au titre de l'année 1926, et près d'un million de francs en 1927.

Le dénouement de l'affaire fera la une de deux ou trois quotidiens, entre autres celle du *Petit Parisien*, le 8 décembre 1928 : « Le docteur Gaston Prieur, un médecin bien connu dans les milieux montmartrois, car il fonda, rue Fontaine, le cabaret Chez Joséphine, vient d'être arrêté et conduit au dépôt. » L'histoire ne fera pas grand bruit ; ce n'est qu'une escroquerie de plus dans une époque propice à toutes les manigances financières, petites ou grandes.

La presse assiège Joséphine. « Et votre ami Prieur ? », questionne le journaliste de *Paris-Midi*. Pepito s'empresse de répondre : « C'est un pauvre bonhomme affolé par les courses. Il n'a jamais commandité Joséphine[1]… »

En attendant, le 14 décembre 1926, quelques jours avant Noël, on inaugure Chez Joséphine. « Le cabaret élégant, disent les encarts publicitaires diffusés dans *Comœdia*, 40, rue Fontaine, Trudaine 07-11. Soupers, tango, charleston, black-bottom. » Élégant et cher, très cher même : 45 francs une douzaine d'huîtres, 40 francs quelques grains de caviar[2].

« Ils veulent voir de près la Vénus d'ébène, cela se paye », décrète Pepito, qui a fermement pris en main les destinées de Joséphine. Ses destinées et ses intérêts. Comme cet accord passé avec un chimiste argentin qui vient de mettre au point la formule d'une pommade conçue pour lisser et maintenir les cheveux en place. Joséphine va la rendre célèbre sous le nom de Bakerfix : « Je fixe mes cheveux avec Bakerfix, comme ça toujours bien », lui font dire, dans un français approximatif, les slogans collés sous les photos publicitaires qui la montrent flatteusement coiffée, comme d'un casque de bitume luisant. Bakerfix, un gel, dirait-on aujourd'hui, un mélange de gomme adragante extraite de l'astragale, d'eau distillée, de glycérine, d'un dérivé de cétone, le tout parfumé d'un zeste de bergamote, de quelques gouttes d'essence d'ylang-ylang et d'un soupçon d'essence absolue de jasmin.

Elle fait mieux encore en utilisant Bakerfix comme un fard à paupières, si l'on en croit le journaliste Maurice Verne qui la surprend dans sa loge des Folies Bergère tandis qu'elle étend sur ses cils, pour les étoffer, « une sorte de goudron épais qui lui fait un regard d'idole sauvage[3] ».

Chez les coiffeurs, les pots de Bakerfix, agrémentés de l'effigie de Joséphine, s'alignent sur les étagères, à côté des flacons de brillantine Roja. Le fabricant avait d'abord pensé confier cette « réclame », comme on dit à l'époque, à Tino Rossi, le beau chanteur corse, calamistré selon les canons de la mode capillaire masculine. Mais Pepito va réussir à emporter l'affaire, et les royalties qui vont avec. Le produit rencontre en effet une faveur exceptionnelle auprès des femmes. La mode est aux cheveux courts, des cheveux avec des guiches collées sur la tempe, des accroche-cœurs plaqués sur le front, à grand renfort de Bakerfix.

Voilà Joséphine enfin débarrassée de toute cette « paperasserie » envahissante qu'elle déteste tant, les contrats, les salaires à payer, les factures, les lettres, les négociations… Désormais, Pepito s'occupe de tout. Il n'est pas le premier ; d'autres avant lui s'y sont essayés. En vain. À commencer par Marcel Sauvage que la besogne a vite rebuté.

Georges Simenon, un tout jeune écrivain belge – vingt-quatre ans, déjà marié – rencontré à l'époque de *La Revue nègre*, alors qu'elle habitait Montmartre, rue Henry-Monnier, a bien tenté, à sa demande, de gérer son courrier, ses comptes, de mettre un peu d'ordre dans son désordre. Mais Simenon – qui signe alors Georges Sim ou Jean du Perry ou d'un autre de ses dix-sept pseudonymes – n'est encore qu'un débutant qui place des textes dans les journaux ou chez les éditeurs[4]. Comment trouverait-il le temps de s'occuper des affaires de Joséphine, cet enragé de l'écriture, ce forçat des lettres qu'on ne va pas tarder à comparer à Balzac. Huit romans pour la seule année 1926, vingt-cinq en 1928 – en attendant la création du personnage du commissaire Maigret –, tous publiés sous divers noms de guerre, sans préjudice de multiples collaborations journalistiques.

« Georges Simenon, un de mes soupirants, un jeune journaliste très gentil », note Joséphine dans son volume posthume de souvenirs. Soupirant, ce joli mot suranné qui évoque un amoureux timide cache une tout autre réalité. Le soupirant est son amant. Et même son amant insatiable. Comme il l'avouera lui-même, en 1974, en dévoilant ce qu'il est convenu d'appeler son « tableau de chasse », résultat d'une implacable comptabilité : 10 000 femmes dont 8 000 professionnelles[5]. Explications : « Je sortais des bras d'une femme pour tomber dans ceux d'une autre. Puis j'allais dans une maison de rendez-vous pour recommencer deux fois encore dans le même après-midi[6]. » Les femmes, les livres, un appétit d'ogre… Joséphine n'est pas en reste, elle se prête au désir impérieux, sans cesse renaissant de Simenon, le provoque au besoin[7]. Qui pourrait soupçonner ce lien charnel, brûlant, qui les unit ?

Georges Simenon n'est-il qu'un homme de plus au palmarès bien rempli de Joséphine ? Et lui, est-il épris ou bien n'est-elle qu'un chapitre supplémentaire dans le grand livre comptable de ses bonnes fortunes ?

Sur de nombreuses photos de l'époque, on les voit tous deux Chez Joséphine, dans l'effervescence gaie d'une boîte de nuit, assis côte à côte sur la banquette, devant un seau à champagne et des coupes. Sur l'une d'entre elles, elle louche comiquement, hilare, les poings sur les hanches. On imagine le bruit, la musique, les rires. À la même table, Régine, qu'on appelle Tigy, l'épouse de Georges, l'air singulièrement absent – elle qui menaçait son mari : « Si tu me trompes je me tue », et qui n'a rien vu, semble-t-il, rien deviné de cette liaison –, l'écrivain Marcel Sauvage, et Pepito, le Sicilien jaloux, qui n'a rien vu lui non plus – ou, plutôt, qui n'a rien voulu voir, rongeant son frein en silence. La jeune femme lui a-t-elle fait lire la lettre que Simenon lui avait adressée ? Ce qui expliquerait alors le silence prudent que s'impose Abatino. « Je te dis que ton Pepito est un imposteur. Il n'est pas plus comte que moi je ne suis le président des États-Unis. » Il confie à Joséphine avoir mené sa propre enquête. Qui démontre qu'il n'y a jamais eu d'Abatino pouvant se prévaloir du moindre quartier de noblesse en Italie. « Tu veux savoir sous quelle profession il est enregistré à la préfecture de Police ? Plâtrier ! C'est un maçon, ton comte ! Ça me fait vraiment mal de te savoir dans les mains de ce type[8]. » En fait de mains, d'excellentes mains.

Mais, au fond, Joséphine se moque bien de tout cela ; peu lui importe que « son » Pepito ne soit pas un authentique aristocrate. Elle l'aime ; il la protège, il mène parfaitement ses affaires ; elle a confiance en lui ; une confiance qu'il ne trahira jamais, malgré les hauts et les bas d'une association professionnelle doublée d'une relation intime.

Même, elle va prêter main-forte aux fables promotionnelles que Pepito ne cesse d'inventer. Depuis qu'elle le connaît et qu'elle partage sa vie, la tentation de travestir la réalité qu'elle a toujours eue, de s'inventer au besoin un autre passé, a été décuplée. Ainsi, au mois de juillet 1927, le *New York Herald Tribune* annonce, dans son édition parisienne, le mariage de Joséphine Baker avec un comte italien ; les jeunes gens se sont mariés au consulat d'Italie le 3 juin 1927[9] – le jour des vingt et un ans de la danseuse, précise le journal. Qui ajoute que la bague de la fiancée s'orne d'un fabuleux diamant de seize carats... Et Joséphine, au cours d'une conférence de presse, avec un aplomb que rien ne démonte, révèle aux nombreux journalistes présents qu'elle a en outre reçu « tous les bijoux qui sont dans la famille de [s]on époux depuis plusieurs générations[10] », et qu'elle a remonté l'arbre généalogique des Abatino jusqu'au « célèbre cardinal Celesio », grand-oncle de Pepito, établissant ainsi avec certitude la filiation aristocratique de son mari.

Déjà, de l'autre côté de l'Atlantique, la nouvelle a fait son chemin. Notamment dans la presse afro-américaine. *The Chicago Defender* cite les commentaires du père de Pepito, Tommaso Abatino, tout à fait favorables à ce mariage. La jeune femme a été accueillie à bras ouverts dans sa nouvelle famille. « D'ailleurs, ma belle-fille n'a pas le teint plus foncé que bien des femmes d'Europe méridionale[11]. » *The Pittsburgh Courier* publie des photos du couple, tandis que *The New York Amsterdam News* titre son article « La nouvelle comtesse ».

L'Irlandais Ean Wood, dans son ouvrage *The Josephine Baker Story*, rapporte les propos tardifs du chanteur Bobby Short, né en 1924, qui commença tout enfant à jouer du piano dans les « thés » des dames de la bonne société de

Danville (Illinois), et qui se rappelait très précisément l'événement qu'avait constitué pour la communauté noire américaine l'annonce de ce mariage ; on en parlait encore des années plus tard[12]. Des dizaines de jeunes filles se prirent à rêver. Quoi ! Une pauvre petite Noire de rien du tout pouvait donc épouser un comte italien ! Comme ces riches héritières qui, au XIXe siècle, franchissaient l'Atlantique pour se marier au dernier rejeton d'une longue lignée aristocratique, « la chasse aux titres », comme on disait alors – Anna Gould accompagnée d'une dot de quatre-vingt-cinq millions de francs, Liliane Price apportant la fortune au duc de Marlborough, Winnaretta, l'héritière multimillionnaire des machines à coudre Singer, promise au prince Edmond de Polignac… Sauf que Joséphine, elle, était partie sans un sou en poche. Pour toutes ces filles, elle était devenue un symbole.

Mais le pot aux roses ne va pas tarder à être découvert. Et le conte de fées tourner à la farce. Cette histoire est un leurre, un coup publicitaire monté de toutes pièces. Pas de mariage, pas de diamant de seize carats, pas de comte italien, ni de cardinal Celesio ni de bijoux de famille… Et lorsque les journalistes, qui veulent en avoir le cœur net, demandent à Joséphine si elle s'est vraiment mariée ou si c'est une blague, elle s'en tire par une pirouette, dans un grand éclat de rire strident : « C'est sans importance ! »

Fin de l'épisode matrimonial.

Et bientôt, fin de l'épisode Simenon.

Le lancement du *Josephine Baker's magazine*, un mensuel bilingue – « mondain, moderne et mondial », dit la publicité – dont Georges Simenon assume la responsabilité est-il un cadeau d'adieu ?

Quelques pages, à la gloire de la danseuse. Celle-ci s'adressant d'emblée aux lecteurs[13] : « Hello ladies and gentlemen… Public parisien, le plus spirituel du monde et public cosmopolite si parisien qui avez été si gentils pour moi. Je veux vous faire une surprise. Vous avez dit que j'étais jeune – that is real – Que j'étais gaie – I suppose – Que j'étais jolie – I can't say. Je vous apporte un nouveau magazine à mon enseigne qui possède toutes ces mêmes qualités et qui sera en même temps un trait d'union between the smart public and the high class business. Ai-je raison ? Ai-je tort ? Vous êtes tous trop galants pour me donner une désillusion, puisque vous êtes mes amis chers et que je suis your old young friend. »

Simenon signe les textes. De son nom ou d'un pseudonyme, encore un : Patrick O'Donogan. On peut lire aussi une contribution de Georges Courteline – le vieux dramaturge, touché par la Bakermania, s'est mis au goût du jour lui aussi : « La cacophonie essoufflée du jazz assourdit la salle et crée l'atmosphère. Et voici Baker arborant son sourire, deux rangées de dents blanches qui paraissent prêtes à croquer cette vie comme un fruit. » On y trouve des publicités pour des voitures de luxe ou pour des marques de champagne. Le tout illustré par Paul Colin et Louis Babelay, dans une mise en page très Art déco. La revue, domiciliée au 40, rue Fontaine, autrement dit Chez Joséphine, vantant les faits et gestes de la danseuse, paraît promise à un bel avenir. Pourtant, elle ne connaîtra qu'un seul numéro, celui d'avril 1927. Date qui correspond à peu près à la fin de la relation des deux amants.

Bref commentaire de Joséphine : « Georges disparaît un jour comme il est arrivé*. »

Chez Joséphine, le succès est immédiat. Quand elle pousse la porte du cabaret, vers 1 heure du matin, la petite salle est déjà bondée ; un souffle chaud, presque brûlant, lui saute au visage, où se mêlent les rires, les parfums forts des femmes, l'odeur des cigarettes… Un coup d'œil en passant aux grandes poupées de chiffon façonnées à sa ressemblance, des Joséphine assises sur toutes les tables, dans leur écrin de plumes roses, l'accroche-cœur sur le front – une idée de Pepito –, que les dîneurs peuvent emporter en souvenir, contre quelques pièces de monnaie.

Phyllis Rose, biographe américaine de Joséphine Baker, a pu retrouver aux États-Unis le témoignage du journaliste de *Vogue* John MacMillan, venu interroger la danseuse un soir de l'hiver 1927.

Elle entre, raconte-t-il, et se faufile vivement entre les tables, saluant au passage les convives, précédée de sa femme de chambre et de son chauffeur, celui-ci tenant en laisse un grand chien esquimau blanc. Pas de manteau sur ses épaules, malgré la saison froide, la femme de chambre le porte et, d'ailleurs, Joséphine n'a fait que traverser le trottoir en sortant de sa voiture – pas de manteau, mais une robe de tulle bleu au corsage en peau de serpent dont le profond décolleté, qui découvre son dos, s'orne à la taille d'un gros bijou serti de diamants. Ses animaux familiers, la petite chèvre Toutoute, à qui elle donne le biberon entre deux danses, les chiens et même un cochonnet, baptisé Albert, circulent en liberté sous les guéridons… Pour la plus grande joie de ses hôtes.

Soirées en liberté, soirées endiablées : une coupe de champagne à portée de la main, Joséphine, qui a revêtu son uniforme de danseuse, avec plumes, strass et bracelets de cheville, danse, louche, roule des yeux, grimace, parle à ses clients, les taquine, les entraîne sur la piste pour trois pas de charleston, fait mille pitreries en riant aux éclats, caresse le crâne des chauves… « Vous savez : tirer la barbe à de bons vieux messieurs, chatouiller les grosses dames, faire danser des redingotes et des habits raides. Les gens ont tellement besoin de s'amuser maintenant**. »

Un jeu fait fureur, imaginé par Pepito – des balles en papier mâché que l'on s'envoie d'une table à l'autre à coups de raquette. Et tout le monde – convives, serveurs, maîtres d'hôtel, caissière, Freddy le cuisinier, « qui est un nègre formidable, deux mètres de haut, une toque blanche et des yeux de lapin russe** » –, tout le monde danse le charleston, au milieu des serpentins, des ballons, des lumières clignotantes… « Je ne me suis jamais autant amusée », se souvenait Baker dans ses dernières années.

Ici, chaque soir, elle prend sa revanche. Sa voix aigrelette, qui se perdait dans le grand salon du *Berengaria*, sous le plafond des premières classes, sa voix que Paul Derval estimait bien trop frêle pour affronter la salle des Folies Bergère – le micro n'existe pas encore –, sa voix s'est étoffée et monte à présent sans effort jusqu'aux notes les plus hautes, claire, aisée et trouve, dans la chaude ambiance du cabaret, soutenue par le petit ensemble du Jacob's Jazz, son écrin idéal[14].

Une nuit, à la demande de Pepito, elle accepte de fredonner « des vieilles chansons nègres », des airs du Sud. Il est tard, bientôt l'aube, le cabaret s'est vidé, ils sont presque seuls ; quelques intimes seulement, un reste de champagne tiédit au fond des coupes, la fumée du tabac, comme une brume lourde, pèse sur la fin de la nuit. « J'en étais sûr !, s'exclame Pepito. Tu as une voix pour le blues*. » Elle chante – en anglais – et bientôt enregistre ses premiers succès sous le label Odéon : *Who ?, That Certain Feeling*, *Dinah*, *Sleepy Time Gal*, *I wonder where my baby is tonight*, *Bam Bam Bamy shore*, *I want to yoddle*, *You Are the Only One for Me*, *Feeling Kind of Blue*…

11

Se faire oublier pour se réinventer

Un vent de Folie. Titre de la nouvelle revue des Folies Bergère, à l'affiche depuis le 26 mars 1927. Ce vent de folie n'est pas un vent nouveau. Toujours le faste, les geysers de plumes, l'escalier escamotable, les femmes nues par douzaines, le strass, les lumières… Et toujours Joséphine, dansant le charleston comme elle le dansait déjà dans *Shuffle Along*, dans *Chocolate Dandies*, dans *La Revue nègre* et dans *La Folie du jour*.

Ce qui n'échappe pas à la critique. L'historien britannique de la danse Arnold Haskell n'y va pas par quatre chemins – Miss Baker, dit-il, ne cesse, par ses danses, d'acquiescer à l'idée que le public blanc se fait des Noirs. Tandis qu'un autre affirme qu'il faudrait plus qu'un vent de folie, un véritable cyclone, pour dissuader Joséphine de toujours danser de la même façon. Même Gustave Fréjaville, d'ordinaire si bienveillant à son égard, semble manquer de conviction : « Les danses fantaisistes de Miss Joséphine Baker sont un intermède agréable[1]. »

Agréable… Le message est clair. Ce qu'ils disent tous, plus ou moins ouvertement, c'est que le style, le jeu, les manières de Joséphine commencent à faire long feu. Qu'elle n'a pas du tout évolué depuis ses débuts parisiens dans *La Revue nègre*, à l'automne 1925, répétant inlassablement, à quelques variantes près, le même numéro endiablé de charleston. Cependant, sa cote d'amour auprès du public reste intacte. Les Français l'adorent.

21 mai 1927. En coulisses, tandis qu'elle change de costume, harcelée par les habilleuses, plus vite, encore plus vite, on avertit Joséphine qu'à 22 h 22, à l'aéroport du Bourget, l'avion de Charles Lindbergh, *Spirit of Saint-Louis*, s'est posé après trente-trois heures et trente minutes de vol sans escale entre New York et Paris. Depuis la veille on l'attendait, sans nouvelles de lui on craignait qu'il ne se fût abimé dans l'océan ; une foule immense campait sur les pistes du Bourget. *Spirit of Saint-Louis*, Saint-Louis, sa ville ! Emportée par une vague d'enthousiasme, elle se précipite à l'avant-scène, d'un geste fait taire l'orchestre, interrompt le spectacle et, dans son français approximatif, s'écrie : « Mesdames, Messieurs ! Soyez heureux ! Charles Lindbergh est bien arrivé ! »

La salle entière des Folies Bergère s'est levée d'un seul élan ; un ouragan d'acclamations. Seule sur la scène, Joséphine, entre rire et larmes. Larmes de joie, d'émotion, d'énervement – elle, « la négresse américaine[2] », qui vient d'annoncer au monde blanc qu'un Américain, un Blanc, le premier, vient de réussir l'exploit de relier l'Amérique à la France par la voie des airs.

La soirée se terminera mal, pourtant. Joséphine, accompagnée de quelques amis, s'en va souper à l'Abbaye de Thélème, le cabaret de la place Pigalle où elle se produit régulièrement. À toutes les tables on boit joyeusement à la santé de « Lucky Lindy ». Quand une voix, haute et claire, tout à coup domine le brouhaha. Celle d'un homme au fort accent anglo-saxon, assis non loin de Joséphine, qui interpelle le serveur : « Chez nous, les Négresses sont à la cuisine. » Un froid. Le directeur aussitôt accouru rappelle-t-il au butor américain les lois de l'hospitalité française ? Le chasse-t-il ? Mais le mal est fait : « Je me dis que si le sol avait pu s'ouvrir et m'avaler, ç'aurait été une bénédiction. » En un instant, Joséphine vient de comprendre que nulle part au monde elle ne sera à l'abri de la haine, du racisme.

Et voilà qu'on lui propose un rôle dans un film, le rôle principal, écrit tout spécialement pour elle : *La Sirène des tropiques*. Un scénario signé Maurice Dekobra, l'auteur de la célèbre *Madone des sleepings*, best-seller du moment. Scénario qu'elle n'a pas lu, la production n'ayant pas pris la peine de le faire traduire en anglais. L'aurait-elle fait d'ailleurs que Joséphine ne l'aurait pas lu davantage : « Il n'y a que les romans policiers qui m'intéressent. Là, au moins, il se passe des choses*... » Robert Mallet-Stevens aux décors ; Luis Buñuel assistant metteur en scène aux côtés des réalisateurs Henri Étiévant et Mario Nalpas. Au générique, Pierre Batcheff – on le retrouvera dans le *Napoléon* d'Abel Gance et dans *Un chien andalou* de Buñuel –, Georges Melchior, qui jouait en 1913 le rôle du journaliste Fandor dans le *Fantomas* de Louis Feuillade, Joe Alex partenaire de Joséphine dans *La Revue nègre*… L'histoire ? Papitou, jeune Antillaise, sauve d'une odieuse machination un jeune ingénieur dont elle tombe secrètement amoureuse. Elle le suit à Paris, où un directeur de music-hall l'engage – charleston bien sûr ! Après mille rebondissements, Papitou renonce à son amour caché et choisit de retourner au pays. Touchée par son geste, la fiancée de son amoureux lui offre alors une Bible…

Les Antilles sont loin, les voyages chers et longs, les rochers et les gorges de la forêt de Fontainebleau feront l'affaire pour le tournage des extérieurs – ce qui ne passe pas inaperçu à l'image. Le village de Papitou est reconstitué aux studios d'Épinay ; un village flambant neuf dont les habitants, en guise de cérémonie rituelle, dansent tous le charleston… On tourne aussi au studio Nathan de la rue Francœur, au Havre, pour les prises de vues maritimes ; les scènes de music-hall sont filmées au théâtre Mogador.

C'est en novice que Joséphine arrive sur le plateau, personne pour la conseiller, personne pour guider ses premiers pas devant la caméra – les deux metteurs en scène semblent, à cet égard, étrangement indifférents. Elle ne sait ni se tenir devant l'objectif ni maîtriser ses gestes ; les projecteurs l'éblouissent douloureusement : « Je ne voyais plus rien, j'étais au milieu d'un incendie. Je ne pouvais plus même fermer les paupières. J'ai souffert pendant des jours et des jours**. » Maladroite, livrée à elle-même, elle se tire comme elle peut des quelques scènes de comédie que prévoit le scénario. Un scénario qu'on modifie d'ailleurs en cours de tournage, en fonction du caprice des réalisateurs, de la présence du soleil ou de son absence.

Réaction de la débutante à l'issue de la première projection : « Je ne me trouve ni belle ni bonne. » Une histoire de rien du tout, ajoute-t-elle, faite par des gens qui n'ont rien compris à sa nature. De ce pénible tournage, elle conservera longtemps une profonde amertume.

Le public est un homme, pense Pepito : il veut bien rester fidèle à la même femme, sous réserve que celle-ci ne soit pas toujours la même. Il a pris sa décision, *exit* Joséphine. Au moins pendant quelques mois. Se faire oublier tant qu'elle est au sommet de la vague, s'éloigner pour mieux revenir ensuite. Différente. Désirée. Attendue. Une sorte de quarantaine. On ferme le cabaret[3]. Plus de folles nuits au champagne, plus de danseuse qui louche et gonfle ses joues, plus de charleston, plus de black-bottom, plus de ceinture de bananes, plus de plumes d'autruche, plus de gavroche en short déchiré.

Une autre Joséphine Baker va naître. Cette Joséphine-là, « une toute nouvelle Joséphine Baker », dit Pepito pour appâter la presse, va se façonner peu à peu sur les routes d'une longue tournée mondiale. Sur des scènes étrangères, dans les salles de répétition, dans les trains, les automobiles, les paquebots… Vienne, Prague, Stockholm, Copenhague, Oslo, Bucarest, Budapest, Dresde, Berlin, Leipzig, Munich, Berne, Madrid, Huesca, Séville, Gênes, Buenos Aires, Rosario, Mendoza, Córdoba, Montevideo, Santiago du Chili, São Paulo, Rio de Janeiro. Quinze pays, vingt-quatre villes. Un itinéraire que Pepito a soigneusement établi, au prix de multiples négociations avec les producteurs – télégrammes, lettres, dépêches, communications téléphoniques… À chaque étape, il est prévu qu'après la représentation Joséphine se produira dans un cabaret rebaptisé pour l'occasion Chez Joséphine. À Stockholm, ce sera le jardin d'hiver du Grand Hôtel qui l'accueillera, à Vienne le Wolf Pavillon, sur la Walfischgasse, la boîte de nuit la plus chic de toute la ville.

On peut, rétrospectivement, saluer le courage, la conscience professionnelle, l'humilité de Joséphine Baker, vedette déjà consacrée, qui accepte de remettre en question son style, son répertoire chorégraphique afin de donner au public l'image d'une artiste au goût du jour.

Deux ans et demi d'un épuisant vagabondage – elle perdra dix kilos en cours de route –, heureusement coupé de plus ou moins longs séjours parisiens durant lesquels elle peut souffler. Des aventures, cocasses ou dramatiques parfois, des rencontres, des voyages, des découvertes, des fatigues, des déconvenues, dont Marcel Sauvage tirera un récit, *Voyages et aventures de Joséphine Baker*, qui paraîtra d'abord en feuilleton dans *L'Intransigeant*, avant sa publication aux éditions Kra, en 1931.

Dur apprentissage – cours de danse, de chant – d'où sortira une artiste rompue aux meilleures techniques vocales, à un style de danse élaboré, maîtrisé et non plus seulement fondé sur l'instinct, le rythme et l'improvisation. « Une artiste plus civilisée », comme l'écriront les journaux. Et une femme raffinée, mesurée. Cours de langue française, leçons de maintien… Joséphine reconnaissait volontiers tout ce qu'elle devait à Pepito – « il m'a appris à me servir des couverts à poisson, à manger la bouche fermée, à m'habiller sobrement à la ville, à parler, à sortir ma voix, à me tenir*... ».

Cette nouvelle Joséphine, on peut d'ores et déjà la deviner, une Joséphine « in progress », lors du concert d'adieux qu'elle donne le 28 janvier 1928, salle Pleyel, quelques jours avant le départ ; ce soir-là, elle partage l'affiche avec les fameux duettistes de piano jazz Wiener et Doucet. Elle apparaît dans une élégante robe de couturier, assise sur le piano à queue, apaisée, souriante. Elle chante en français une mélodie sentimentale, *Mon cœur blessé*, simplement accompagnée d'un piano. Avant de remercier le public parisien d'avoir fait d'elle la star internationale qu'elle est devenue. Et de recevoir en retour l'ovation attendue.

12

Adorée et conspuée

Le manager et son étoile voyageront seuls, recrutant sur place danseurs et chanteurs. Le Jacob's Jazz, le petit ensemble qui accompagne Joséphine, fera la route de son côté. « C'est l'ennui de cette tournée, déplore-t-elle, j'ai signé partout en vedette, mais on ne sait jamais ce que le directeur du cru a engagé en première partie*. » Ce sera le cas à Copenhague, au Dagmar Theatre – où une nuée de Tiller Girls, réglée comme un mécanisme d'horlogerie, dévorant tout sur son passage tel un vol de criquets, envahit la scène, avant de céder la place à « une horrible chanteuse viennoise, un orchestre militaire et des acrobates* ».

En Autriche, où elle arrive le 2 février 1928, les ennuis commencent pour de bon ; dès la première halte, à Vienne, où les ligues de vertu catholiques mènent campagne contre elle, « suppôt de Satan ». L'Autriche ne s'est pas encore remise du dépeçage de l'Empire austro-hongrois, à l'issue de la Première Guerre mondiale. Le pays est en crise profonde, crise économique, vie chère, crise sociale, crise politique ; le racisme rampe partout, les groupuscules nazis gagnent chaque jour du terrain…

Pourtant tout avait fort bien commencé. Dès les derniers jours de janvier, le quotidien viennois *Die Stunde* dépêchait auprès d'elle son correspondant à Paris, André Adorjan, directeur d'une petite agence de presse parisienne. « Une brocante fantastique », note-t-il dans son article, en découvrant l'appartement qu'habite Joséphine sur les Champs-Élysées. Un bric-à-brac de luxe. Des tas de vêtements et de lingerie luxueuse jonchant les sièges ou enfournés pêle-mêle dans les valises que s'apprête à boucler la femme de chambre. Et des chiots, des chatons courant sur les tapis, des perroquets bavards, tous ces petits animaux dont aime à s'entourer la jeune femme. « Vienne et moi, nous serons de bons amis, explique-t-elle au journaliste. Je pense qu'on va me comprendre là-bas[1]. » Et elle insiste sur le bon climat artistique qui règne, à son avis, dans la capitale autrichienne.

Pleine d'espoir elle est donc montée à bord de l'express Paris-Vienne. La désillusion n'en est que plus forte à l'arrivée, quand les cloches de l'église Saint-Paul donnent l'alerte, sonnant le glas pour annoncer l'arrivée du « démon noir » : « Je représente la lubricité, la luxure, le sexe. Je suis désignée comme la preuve vivante de la décadence des mœurs[2]. » Et cette musique de sauvage qu'elle traîne après elle, ce jazz tonitruant, fossoyeur des belles valses viennoises à la crème fouettée…

Une poignée de bruyants protestataires s'est massée devant le Grand Hôtel, sur la Ringstrasse, où un appartement lui a été réservé. Le lobby anti-Joséphine n'a pas chômé ; un tract circule : « Recevra-t-elle le châtiment qu'elle mérite ? » Car les nationalistes ont menacé de semer le désordre si la revue devait être maintenue. Dès le lendemain, Joséphine est informée officiellement que son engagement au Ronacher Theater est annulé. Cela pour éviter, lui dit-on, de créer une concurrence trop vive entre les différentes salles affichant un spectacle de variétés. Qui peut croire à une telle explication ? En fait, le coup vient du clan des conservateurs, ceux qui font le siège du ministère de l'Intérieur et prétendent recevoir chaque jour des centaines de lettres réclamant l'interdiction des « exhibitions pornographiques » de Miss Baker. Commentaire du journal *Die Stunde*, qui tente de rattraper la stupidité des attaques : « Joséphine Baker, métisse, est presque une créature de lumière par rapport à l'obscurité de nos lois et règlements surannés[3]. »

Mais le débat n'est pas clos pour autant, car le bruit a couru que la fermeture du Ronacher Theater était en fait une publicité déguisée, une manière d'appâter la curiosité des Viennois, ce que dément vivement le rédacteur du *Die Stunde*. Qui s'étonne par ailleurs de ces protestations à l'encontre de la danseuse, celle-ci n'étant pas « une vraie négresse puisque son père est espagnol, ce qui explique sa peau claire. De plus, il n'est pas vrai qu'elle danse entièrement nue[4] ».

Sitôt averti de l'interdiction, Pepito, sans perdre un moment, s'est mis en quête d'une autre salle. Mais le Johann Strauss-Theater, qui accepte de les accueillir, ne sera disponible que dans quatre semaines. Quatre semaines que le couple va mettre à profit pour découvrir la capitale et ses environs, les Alpes et la station de ski ultra-chic du col de Semmering.

Ce que les Viennois reprochent aussi à Baker – et qu'on lui reprochera d'ailleurs dans tous les pays d'Europe ruinés par la guerre qu'elle traverse –, c'est son luxe, ses cachets fabuleux. Interrogée sur ce point par André Adorjan, elle s'en tire comme souvent par une pirouette. Oui, un cachet colossal, un cachet qu'il faut garder secret, insiste-t-elle, afin de ne pas attiser la jalousie des artistes blancs qui se grimeraient alors tous en noir… Toutefois, elle ne pourra éviter la colère populaire. Ce qu'elle gagne en un jour, dit-on, pourrait faire vivre une famille tout un mois. À Zagreb, un jeune Croate assis au poulailler ne craindra pas d'interrompre le spectacle : « Dehors !, hurle-t-il. Le peuple crève de faim et tu es payée une fortune[5] ! »

Le report du spectacle n'a pas calmé l'esprit échauffé des manifestants viennois. Malgré le soutien du comte Adalbert Sternberg, membre du Parlement autrichien, qui, devant ses pairs, affirme solennellement que seuls les Noirs ont su préserver le caractère à la fois sacré et humain de la danse, les attaques ne cessent pas pour autant. Le 1er mars, de grand matin, à quelques heures de la première représentation de *Schwarz auf Weiss – Noir et Blanc*, la revue dont elle est la vedette –, une messe est célébrée par un prêtre jésuite en l'église Saint-Paul, à deux pas du Johann Strauss-Theater, une messe destinée à sauver « l'âme en grand péril de Joséphine Baker ». Assortie d'un prêche bien senti, clouant au pilori nudité, charleston, black-bottom et toutes les danses diaboliques.

Le parti des anti-Baker croyait bien avoir sonné l'hallali. Cependant, le soir même, il suffira d'une poignante berceuse pour retourner une opinion changeante, un doux chant d'esclave, *Pretty Little Baby*, qu'elle interprète d'une voix tremblante d'émotion, vêtue d'une robe du soir fermée jusqu'au cou. Avant de reparaître seins nus, ceinturée de bananes pour la séquence du « charleston », puis de plumes vertes pour « La danse de l'autruche ». Le public viennois, versatile comme la plupart des publics, et la presse sont conquis. On oublie les reproches, les criailleries. Dès le lendemain, Rafael Qualla, le critique de *Der Tag*, dans sa chronique, vante la beauté, le corps souple et élancé de « la Joséphine café-au-lait, merveilleuse, irrésistible, miraculeuse[6] ». Tandis que le caricaturiste du journal crayonne sa silhouette en quelques traits vifs.

Pendant trois semaines, *Schwarz auf Weiss* se donne à guichets fermés. Et chaque nuit, Chez Joséphine, elle danse jusqu'à l'aube sur la piste du cabaret. Mêmes méthodes qu'à Paris, mêmes pratiques – s'asseoir familièrement à la table des clients, parfois même sur leurs genoux, rire très fort, plaisanter avec eux, se moquer d'eux, les bousculer gentiment… Sait-elle qui est Sándor Ferenczi lorsqu'elle accueille le chef de file de l'école hongroise de psychanalyse, ami de Freud, et se livre avec lui à un tour de magie pour rire – comme elle le faisait déjà à Paris, dans son cabaret, avec tous les chauves –, passant sa main sur ses propres cheveux puis sur le crâne lisse de son interlocuteur, en disant : « Et maintenant ça va pousser » ?

Quinze malles, plus de deux cents paires de chaussures, cent trente-sept costumes de scène, des fourrures, zibeline, chinchilla et vison, un manteau d'hermine, des robes de couturiers, des chapeaux... Et soixante-quatre kilos de poudre de riz ! Des fards, des dizaines de pots de Bakerfix. Ainsi va la tournée. Entre insultes, acclamations et menaces. Mais Joséphine fait face : « Les manifestations ne m'ont jamais fait peur**. »

Jamais, en effet. Même pas à Berlin où elle arrive fin septembre 1928, après de nombreux atermoiements – Hohenberg, le tourneur avec lequel elle a signé pour l'intégralité de la tournée, connaît alors des difficultés financières – qui font craindre une interruption brutale de la tournée.

Mais tout s'arrange. Courant septembre, le *Badener Deutsch* annonce l'arrivée prochaine de Baker à Berlin. Où elle aurait l'intention de s'installer durablement, précise le journal[7]. Et d'ouvrir un cabaret Chez Joséphine sur le Kurfürstendamm, l'artère chic de la capitale. Cependant, lorsque la danseuse arrive enfin à Berlin – où ses débuts ont lieu le 1er novembre au Theater des Westens, haut lieu de l'opérette et de la comédie musicale –, rien n'est prêt. Ni la musique ni les sketchs du spectacle. « J'ai dû passer dans une revue – une mauvaise revue, laide, bête et prétentieuse, montée en moins d'un mois**. »

Chaque soir des groupes nazis viennent perturber le spectacle, relayés par une certaine presse qui ne l'épargne pas elle non plus : « Comment ont-ils osé mettre une négresse sur scène ? » Si elle quitte le Theater des Westens avant l'heure – au bout de quelques semaines –, ce n'est pas par crainte, mais parce que le directeur tente de l'escroquer. Comme Pepito l'expliquera au journaliste Pierre Lazareff : « Le directeur du théâtre de Berlin voulait nous tromper, nous sommes partis[8]. » Baluchon sur l'épaule, emportant pêle-mêle costumes de scène, chaussures et boîtes de fards. Comme des baladins reprenant la route. Tandis que dans la salle le public s'impatiente, trépigne, réclame la vedette…

Il est bien loin le Berlin de 1926 qui fêtait Joséphine, la portait en triomphe, criait : *« Alles für Josephine ! »* Où sont-ils ces orchestres enchantés qui la célébraient, ces violonistes qui se levaient, l'archet à la main, et cessaient de jouer en guise d'hommage lorsqu'elle entrait dans un restaurant ou dans un bar ?

Conspuée à Berlin, à Zagreb, à Budapest, purement et simplement interdite à Munich, Joséphine aura sa revanche : à Copenhague, la famille royale danoise la convie à se produire au palais d'Amalienborg. De cette représentation, elle retiendra surtout une vision charmante : les petites princesses blondes et roses et leurs jeunes amies, assises en rond sur de gros coussins, et elle, au milieu, dansant. Le plus beau souvenir de toute la tournée, dira-t-elle.

À Prague en délire, cernée de tous côtés par une marée d'admirateurs déchaînés venus l'accueillir à la gare, sans aucune possibilité de repli, Joséphine doit se résoudre à faire un tour de ville juchée sur le toit d'une limousine, saluant la foule comme une reine en visite. Le soir même, au gigantesque théâtre Lucerna – huit mille places, un chef qui mène l'orchestre à tombeau ouvert –, une pluie de pattes de lapin s'abat sur la scène, aux pieds de la jeune femme. Les Praguois ont lu ses *Mémoires*, ils savent qu'elle possède une patte de lapin porte-bonheur et qu'elle ne s'en sépare jamais : « Alors, pour me faire plaisir et pour que j'aie toujours de la chance, ils m'ont envoyé des centaines et des centaines de pattes**... »

Et le théâtre Scarabus, à Bucarest ! Une immense salle en plein air, une sorte de préau découvert, trois mille spectateurs, noyés sous le déluge d'un orage d'été. Et tandis que Joséphine, indifférente à son maquillage qui coule en longues éclaboussures noirâtres, à son Bakerfix qui fond et l'aveugle, danse sous des trombes d'eau, devant des parapluies grands ouverts, tenant elle-même, comme un accessoire de scène, celui qu'on vient de lui glisser dans la main, ses bananes, sous l'effet de la pluie tiède, se détachent les unes après les autres avec un petit « ploc ! » en touchant le sol.

La tournée s'emballe. Chez Joséphine, à Budapest, Pepito, ivre de jalousie, gifle théâtralement et provoque en duel André Czlovoydi, un officier de cavalerie, bellâtre trop empressé auprès de Joséphine. La rencontre a lieu à l'aube, près du vieux cimetière Saint-Étienne – après qu'un émissaire a prudemment averti Czlovoydi qu'il ne fallait pas prendre ce combat trop au sérieux, qu'il s'agissait plutôt d'un duel pour la galerie... Un duel publicitaire. Pepito s'en tirera à bon compte, avec une petite écorchure à l'épaule. Et la satisfaction d'avoir contribué à la publicité du cabaret, devant un parterre de journalistes convoqués pour l'occasion.

Surprise ! Mistinguett occupe une loge d'orchestre au Royal Orfeum, où se produit Joséphine. Qui, magnanime, fait applaudir sa rivale en improvisant un petit discours avec les quelques mots de hongrois qu'elle connaît. Mais la Miss reste sur son quant-à-soi et s'abstient de paraître Chez Joséphine.

À Zagreb, un jeune dessinateur, Alexius Groth, tente de se suicider pour elle en s'enfonçant un poignard dans le ventre. Une sorte de hara-kiri. Elle se souviendra longtemps des visages qui se détournent sur son passage, dans le hall de l'hôtel, « comme si je portais malheur », des soupçons qu'elle lit dans les yeux jaloux de Pepito. L'affaire fait grand bruit en ville et bien au-delà des frontières. Une dépêche de l'Associated Press, publiée quelques jours plus tard dans le *New York Times*, relate l'événement. Et conclut : la blessure d'Alexius Groth ne met pas sa vie en danger. « Personne ne saura combien de temps me hantera le regard étrange du peintre* », avoue la danseuse.

Stockholm – une nuit dans le train royal, lancé à toute vitesse, en compagnie du prince Gustav, héritier de la couronne de Suède. Amours ferroviaires qu'elle racontera avec force détails au chorégraphe Stephen Papich, qui s'en fait l'écho en 1976 dans son ouvrage *Remembering Joséphine* : « Je n'oublierai jamais ce lit qui avait la forme d'un cygne. Je me croyais dans une superproduction hollywoodienne, dans un rêve… Je ne portais rien sous ma robe, je n'ai eu qu'à la laisser glisser. Je ressemblais à un garçon avec mes cheveux plaqués et mon petit corps dur de danseuse[9]. »

Faut-il la croire ? Joséphine aime embellir la réalité. Voire la retoucher. L'inventer même. D'une « autobiographie » à l'autre, de Marcel Sauvage à André Rivollet et jusqu'à Jacqueline Cartier, les récits qu'elle fait de sa vie changent parfois du tout au tout. Selon l'époque, selon son humeur… Ainsi, elle ne craint pas d'affirmer à la journaliste londonienne du *Sun* Susan Barnes, qui l'interroge en 1967 : « Mon père était juif, ma mère africaine. Les ancêtres de ma mère étaient des esclaves venus du Soudan. » D'autres fois, elle affirme que son père et sa mère se sont connus à l'école…

Cependant, la belle aventure du train royal nous rappelle que depuis l'enfance rois et reines l'ont toujours fascinée. Même s'il ne s'agit souvent que d'une royauté de music-hall et de couronnes de carton-pâte ; une royauté rêvée. Alors, se retrouver dans la couche d'un prince ! Comme elle le raconte dans ses *Mémoires*, au moment d'évoquer sa jeunesse pauvre : « J'aurais voulu, moi aussi, devenir une reine. Les reines étaient blondes, elles descendaient de grands escaliers. Il y avait toujours des marches après les marches. Ainsi les rois et les reines n'arrivaient jamais jusqu'à moi. »

Enfant, à Saint-Louis, lorsqu'elle improvisait des spectacles dans la cave du taudis familial de Gratiot Street, descendant l'escalier comme elle descendra plus tard ceux des music-halls, c'est en princesse qu'elle s'imaginait, richement costumée, couverte de bijoux. Même si le public se limitait à quelques camarades vêtus de loques, le décor à un mur sale et les projecteurs à deux ou trois bougies tremblantes.

13

Sur les scènes d'Amérique du Sud

Avril 1929. La tournée fait relâche à Paris. Quelques jours de repos. Cependant Pepito, sans perdre une minute, entraîne Joséphine dans une visite des rédactions parisiennes.

Le 19 avril elle est à *Paris-Midi*, 25, rue Royale, « habillée à la dernière mode de la rue de la Paix », comme l'écrit Pierre Lazareff dans l'article qu'il lui consacre dès le lendemain : « Plus belle que jamais, coiffée d'un bibi dernier cri, croyez-vous qu'elle se civilise notre Joséphine ! » Avant d'ajouter qu'à présent elle maîtrise parfaitement la langue française. Ce qu'elle-même revendique d'ailleurs : « Le charleston, les bananes, tout ça est fini. Compris ? dit-elle. Je veux maintenant être digne de Paris. Je veux devenir une artiste[1]. »

Devant la presse, Pepito est intarissable : « Demain soir nous partons pour Berne où nous attend un engagement. Puis nous devons partir en Amérique du Sud pendant trois mois. » Il a atteint son objectif : faire de Joséphine non plus une curiosité exotique, mais une véritable artiste de music-hall. « Elle chante à ravir et joue très bien la comédie[2]. » Comme Gaby Deslys naguère, comme Mistinguett aujourd'hui. Une Joséphine Baker « new-look ». Plus sage, plus « civilisée », comme le souligne sans malice Pierre Lazareff. Avec un risque cependant, celui que signalait déjà Caroline Dudley lorsque la danseuse, en pleine tournée, abandonnait *La Revue nègre* pour rejoindre la troupe des Folies Bergère : le risque de devenir « un mannequin emplumé », une sorte de vedette passe-partout dont on a pris soin de gommer toutes les pointes, toutes les aspérités, en un mot les particularités, pour la faire entrer dans le moule… C'est ce que veut dire Paul Colin quand il déclare abruptement : « À partir du moment où elle s'est plantée des plumes dans le derrière et qu'elle s'est mise à imiter Mistinguett, elle a perdu tout intérêt pour moi. » Mais quoi qu'en dise Colin, Joséphine est assez forte maintenant, assez singulière, assez sincère et habile pour frôler tous les dangers sans jamais risquer d'y succomber. Baker ne sera jamais la doublure de Mistinguett.

Et la tournée repart. Après l'étape suisse, c'est au tour de l'Italie. Gênes, où le couple s'embarque à bord du SS *Conte-Verde*. Destination l'Argentine, l'Uruguay, le Chili, le Brésil… Là-haut, sur la plus haute passerelle du paquebot, Joséphine regarde s'éloigner l'Europe. Comme elle regardait de la coursive du *Berengaria*, quatre ans plus tôt, le cœur serré, l'Amérique disparaître à l'horizon. A-t-elle une pensée pour la petite danseuse d'alors ? L'émigrante pauvre qui jouait son va-tout en choisissant l'exil, celle qui laissait derrière elle sa famille, ses quelques amis et se demandait avec angoisse si elle aurait assez de force, assez d'ambition, assez de cran et de courage pour tout recommencer à Paris.

Mais la situation a changé. Cabine de première classe, cette fois. Quatorze jours de traversée. Une croisière de luxe. Chaises longues sur le pont, avec les coups d'éventail du vent du large. Déjeuners et dîners à la table du capitaine. Et, au bar, les cocktails multicolores où tournoient des cubes de glace. À la soirée costumée qui fête le « passage de la ligne », Joséphine remporte un gros succès comique. Un oreiller ficelé sur le ventre, un autre sur les fesses, deux grosses baudruches glissées tant bien que mal dans un vieux corsage, le visage barbouillé de noir de bougie, les joues bourrées de coton hydrophile, du papier noir collé sur les dents, un foulard noué en turban. Et des amoncèlements de fichus superposés. « Pieds nus, les genoux en dedans, obèse et édentée, parfaite mama noire, je fais mon entrée dans le salon. » Le commissaire de bord annonce : « Premier prix de laideur, Mlle Joséphine Baker* ! »

Mais elle n'est pas au bout de ses peines. Le climat d'hostilité qui l'avait accueillie à Vienne, au début de la tournée, Joséphine Baker va le retrouver, quasi intact, à plus de onze mille kilomètres de distance, de l'autre côté de l'Atlantique. Dès son arrivée à Buenos Aires, elle se trouve emportée malgré elle, comme par un maelström, dans les luttes politiques d'une rare violence qui déchirent le pays. Des luttes qui ne la concernent d'aucune manière, mais dont elle semble pourtant être le ferment. Une campagne de presse s'organise autour de son nom. Le plus important des quotidiens argentins, *La Calle*, s'en prend ouvertement à elle, bientôt imité par le président de la République en personne, Hipólito Yrigoyen – d'origine française, basque plus précisément –, figure importante de l'Union civique radicale (mouvement progressiste, pourtant !) qui la voue aux gémonies, à la honte. Toujours et partout le même discours : « J'étais ici, comme en Europe centrale, un être de perdition, une femme fatale, un objet de scandale, un démon atroce nourri de cœurs humains et de verre pilé**. »

On raconte même qu'elle dévore vivants les lapins dont elle conserve les pattes ensanglantées en guise de porte-bonheur… Une sauvage. Le journal d'opposition *La Crítica*, saisissant l'opportunité, semble voler à son secours, faisant d'elle le symbole éclatant de son propre combat. Et l'enferme ainsi, un peu plus, dans le conflit. Dans les mensonges.

Ici, dans ce désordre, dans cette violence déchaînée dont les enjeux lui échappent, elle sent obscurément, au fond d'elle-même, que la France est maintenant sa vraie patrie. Sa seule patrie, son seul recours. Et c'est ce sentiment qui va désormais guider sa conduite – notamment durant la Seconde Guerre mondiale. Comme elle le confiera à Pierre Lazareff : « La France est le seul pays où l'on peut vivre tranquillement. » Ce dont ne doutent pas les Français expatriés à Buenos Aires qui la fêtent : « Ils me considèrent comme leur compatriote. Pour eux je suis Paris, les Champs-Élysées, les Folies Bergère en balade*… » Et elle se réfugie dans cette chaude certitude, cette tendresse.

Le théâtre, certains soirs, se change en champ de bataille. On se bat à l'entrée, on s'affronte au foyer ; les partisans des deux camps allument des chaînes de pétards qui courent bruyamment sous les fauteuils ; on crie « *Abajo Yrigoyen !* », on crie « *Viva Yrigoyen !* », on s'insulte d'un balcon à l'autre, des femmes se trouvent mal, des hommes se giflent ; la pétarade couvre les cris… Le chaos est à son comble lors de la cinquantième représentation, quand des barricades s'improvisent dans les travées. Et tandis que l'orchestre déroule tango sur tango pour couvrir le vacarme, Joséphine, derrière le rideau fermé, attend l'accalmie. « Je ne voulais à aucun prix quitter la scène. »

L'Uruguay la consolera de tous ces déboires. Montevideo. Le théâtre Urquiza où les femmes, séparées des hommes, se tiennent à l'étage, sur une grande galerie, la *cazuela* (la casserole), qui fait le tour de la salle, les protège et les dérobe aux regards, comme une sorte de moucharabieh… « Chaque jour, elles se penchaient vers moi et me jetaient des fleurs, des bouquets de violettes, de grosses violettes odorantes**. »

Étape suivante, le Chili. Le mystérieux Chili, caché de l'autre côté des montagnes. Il faut d'abord franchir la cordillère des Andes, ce qui n'est pas une mince affaire. Comme elle le racontera bientôt à Marcel Sauvage : « On se faufile entre des montagnes porcs-épics, c'est-à-dire plantées de haut en bas de cactus énormes. Puis le train tourne, monte, descend, regrimpe. Tout à coup des femmes s'évanouissent dans les compartiments. Nous sommes à trois mille deux cents mètres d'altitude. Les employés courent d'un bout à l'autre du train en portant des bonbonnes d'oxygène. Je regarde par la portière. À gauche, au-dessous des rails, c'est un abîme plein de nuages ; à droite, au-dessus de nous, un mur de pierre lisse. Là, j'ai vu un aigle, il tournait en rond, à l'avant des locomotives essoufflées**. »

Noël 1929. Ni messe de minuit, ni sapin, ni dinde. Au menu, mouton de Patagonie rôti – *cordero patagonico* –, patates sucrées. Un village perdu, sur les contreforts de la Cordillère. Dehors le vent souffle, secouant le petit bâtiment construit de bric et de broc. Un restaurant-dancing ; les pieds des tables sont fixés au plancher : « Cela évite de se les jeter à la tête. » Quelques lampes à huile éclairent pauvrement la salle. Peu de monde. On regarde Joséphine à la dérobée, on murmure... Pepito traduit : « Ils disent que tu ressembles à Joséphine Baker, que tu veux l'imiter avec tes cheveux plaqués, mais que tu es plus grasse qu'elle et moins noire. Le patron t'a vue à Mendoza*. » Et quand Pepito, à la fin du repas, un verre à la main, se lève pour porter la santé des convives et, montrant sa compagne, déclare : « Je vous présente la señorita Joséphine Baker », un formidable éclat de rire lui répond. « *Bufón*[3] ! », s'écrie le patron en lui décochant une grande tape entre les omoplates.

« Mon plus beau réveillon* ! »

À Rio de Janeiro, fin novembre 1929, le couple embarque pour la France, sur le SS *Lutetia*. Partis pour un trimestre, ils sont finalement restés sept mois en Amérique du Sud. Dans leurs bagages, des sacs de café à trois francs le kilo, des montagnes d'ananas dont Joséphine raffole. Elle n'a oublié qu'une chose, la douane. « Ma petite affaire de café fut un désastre. Mon bon café du Brésil me revint à cinquante francs le kilo**. »

À bord se trouve aussi l'architecte Le Corbusier, retour d'un long séjour au Brésil où il a mené une importante étude sur l'urbanisation de Rio. « Nous sommes devenus des amis », dit-elle. Des amis, et même un peu plus… « Elle glisse sur les rugosités de la vie », note Le Corbusier dans ses Carnets, après avoir vu le spectacle qu'elle donne pour les passagers dans les salons du *Lutetia*. « Une petite enfant pure, simple, limpide. Elle a un bon petit cœur. Quand elle chante, c'est une artiste admirable ; quand elle danse, elle vous transporte dans un autre monde. » Elle, de son côté, le trouve « gai et simple ». Mais lorsque le paquebot jette l'ancre à Bordeaux, l'idylle s'achève net. L'architecte retrouve son agence parisienne de la rue de Sèvres et la femme qu'il va bientôt épouser ; Joséphine reprend sa vie d'artiste. Après un détour par la littérature…

Au cours de cette longue traversée est née l'idée du livre. Au fil des conversations. Sur le pont des premières, allongée dans son transat, Joséphine regarde au loin l'océan défroisser inlassablement ses vagues. Spectacle hypnotique qui délie une parole enfouie. Elle parle. Pour Pepito, elle évoque son passé américain, ses humiliations d'enfant noire pauvre, la haine des Blancs, la violence des

Blancs, le racisme meurtrier, les émeutes de Saint-Louis… Toutes ces blessures mal fermées qu'ont rouvertes les sarcasmes nazis, alors qu'elle les croyait cicatrisées depuis longtemps. Et les colères, les hontes remontent peu à peu au grand jour, s'échappent des gisements de l'oubli. Des souvenirs que son compagnon note aussitôt de sa grande écriture désordonnée, et d'où naîtra, quelques mois plus tard, *Mon sang dans tes veines*. Un ouvrage naïf, mélodramatique même, maladroit, où, cependant, se devinent déjà, comme en germe, tous les choix futurs de Joséphine Baker. À commencer par la lutte contre le racisme, l'horreur du racisme. Tous les espoirs, toutes les utopies auxquels elle s'accrochera. Même si le livre passe à peu près inaperçu lors de sa publication, en janvier 1931.

Mon sang dans tes veines, « roman d'après une idée de Joséphine Baker » indique la couverture, paraît aux éditions Isis, sous la double signature de Giuseppe Abatino et de l'écrivain tchèque Félix de La Cámara, embauché pour la circonstance[4]. Ira Cushman, un industriel fortuné du Massachusetts, meurt prématurément, laissant à son épouse un jeune enfant, Fred. Bientôt, la domestique noire de Mrs Cushman donne le jour à une petite fille, Joan. Les deux enfants seront élevés ensemble. Amitié ? Amour qui ne dit pas encore son nom ? La guerre, la Grande Guerre éclate et Fred part se battre en Europe. C'est un homme fait qui rentre au pays, un homme mûri par l'épreuve, qui prend alors en main les affaires paternelles. Les jeunes gens s'avouent leur amour ; mais la pression sociale est trop forte et Fred s'éloigne de Joan. D'autant qu'une jeune femme, Clarence, est entrée dans le jeu, une fille du Sud profondément raciste, méprisante à l'égard des Noirs, de Joan particulièrement en qui elle a deviné une rivale ; le mariage est décidé. Joan, qui se voit ainsi rejetée, se désole. Suit alors un long développement sur l'injustice, l'arbitraire de la discrimination raciale qu'inspire à Joan le spectacle des deux chiens de la maison, un noir et un blanc, qui jouent ensemble, mangent dans la même gamelle, dorment dans la même niche… Pourquoi cela est-il impossible chez les humains ? Fred fait une grave chute de cheval ; inconscient, il est transporté dans une clinique où l'on décide de pratiquer une transfusion sanguine. Joan offre spontanément de donner son sang, en faisant promettre au médecin de ne jamais révéler son rôle à Fred. Sans doute lui a-t-on prélevé trop de sang : épuisée, elle meurt peu après. Tandis que Fred, fouillant dans son dossier médical, découvre l'identité de celle qui l'a sauvé. Du sang noir coule donc dans ses veines… Les fiançailles avec Clarence sont rompues. « Tu es devenu un nègre blanc », déclare celle-ci, horrifiée.

Fortement inspiré des polémiques qui entourent à l'époque les techniques de transfusion sanguine, les risques courus par les donneurs – l'Autrichien Karl Landsteiner obtient le prix Nobel de médecine en 1930 pour sa découverte des groupes sanguins et ses recherches décisives sur la transfusion sanguine –, le roman, placé de bout en bout sous la symbolique du sang, veut toutefois transmettre un tout autre message. Un message de fraternité entre les races, un message de paix. Ici entre en jeu l'utopie, doublée d'une bonne dose de naïveté. Joséphine Baker, en imaginant ce récit, ne fait-elle pas de son héroïne, une femme noire qui se sacrifie pour un homme blanc, une sorte d'épigone du Christ, lui qui s'est sacrifié pour sauver l'humanité tout entière ? Hypothèse renforcée par l'illustration de Georges de Pogedaieff qui orne la page de couverture : le Christ en croix, dont on ne voit que les jambes – des jambes qui pourraient bien être celles de Baker, tant elles paraissent androgynes –, tandis que trois Noirs se prosternent à ses pieds. « Cette image éclaire parfaitement la pensée de Joséphine. Elle était persuadée que toute sa vie les Blancs avaient essayé de la crucifier, de tuer son âme[5]. »

Malgré ses faiblesses manifestes, malgré l'incompréhension – ou, plutôt, l'indifférence – qui accueille sa publication, *Mon sang dans tes veines* peut être considéré comme le premier pas de Baker sur le chemin qui sera désormais le sien et dont elle ne s'écartera plus guère. Le chemin de la fraternité humaine.

La tournée de 1928-1929 n'avait qu'un but : faire de Joséphine Baker une artiste de premier plan. Le pari a été tenu. Tenu au-delà de toutes les espérances, car derrière l'artiste accomplie qu'elle est devenue, une autre femme est apparue.

Quelle femme ? La châtelaine du Vésinet, dans la belle maison qu'elle vient d'acquérir ? La jolie fille toute simple, dans son jardin, en robe de coton imprimé, la bêche à la main, entourée de ses animaux familiers ? La créature de rêve, l'inaccessible vedette des Folies Bergère dans son halo doré de strass, de plumes et de lumière ?

La réponse est peut-être dans le livre que signe Pepito, *Joséphine Baker vue par la presse française*, une plaquette in-quarto sous couverture argentée, publiée aux éditions Isis quelques mois après *Mon sang dans tes veines*. Une sorte de collage qui rassemble les différentes critiques de ses spectacles parues dans les journaux, accompagné des meilleurs croquis de presse représentant la jeune femme, certains anonymes, d'autres signés des plus grands caricaturistes – Pietri, Zyg, Tigre (pseudonyme de Pierre de Régnier), Élie Anatole Pavil, Carlo Rim… Et de quelques-uns des autographes conservés dans son livre d'or. Colette : « À la plus belle panthère, à la plus charmante femme, avec mon amitié » ; Erich Maria Remarque : « À Joséphine Baker, qui a rapporté le souffle de la jungle, la force et la beauté élémentaires, sur les scènes fatiguées de la civilisation de l'Ouest » ; Luigi Pirandello : « À la grande artiste avec toute mon admiration. »

Cette petite brochure ne serait toutefois qu'un objet promotionnel de plus si elle ne contenait un texte de la main même de Joséphine – ou du moins inspiré par Joséphine au journaliste Roger Féral. Une sorte de commentaire de sa vie passée, d'abord façonnée par le malheur, le racisme, la pauvreté, mais aussi illuminée par l'espoir. Dans *Joséphine Baker vue par la presse française*, le lecteur découvre, à côté de la femme qu'elle a été, celle qu'elle est et celle qu'elle sera bientôt[6].

Patience…

À l'âge de huit ans, j'ai travaillé déjà
pour calmer la faim des miens.......................... Fatalité
J'ai souffert : faim, froid...................... Misère de la vie
J'ai une famille.................................. Le Monde

On dit que j'étais laide.................................. Nature
J'ai dansé comme un singe.................. Zoologie humaine
Enfin j'étais moins laide............................... Cosmétique
On m'a sifflée................................... Les admirateurs
On m'a applaudie.. La foule
J'ai continué à danser................................ J'aime le jazz
J'ai continué à chanter...................... J'aime la tristesse
J'ai eu de la chance..................................... Destinée
J'ai une mascotte, une panthère......... Superstition ancestrale. La jungle
J'ai tourné le monde................ En troisième et en sleeping
Je suis morale... Conviction
On me juge le contraire.. ?
Je ne fume pas........................ J'aime les dents blanches
Je ne bois pas................................ Je suis américaine
J'ai une religion.. J'ai la foi
J'aime les enfants..................... On prononce « Maman »
J'aime les fleurs.................................. Couleurs, parfums
J'aide les pauvres......................... J'ai souffert beaucoup
J'aime les animaux.................. Ils sont les plus sincères
Je chante et je danse toujours........................ Persévérance
Je gagne beaucoup d'argent............... Je n'aime pas l'argent
J'économise mon argent......... Pour quand je ne serai plus une attraction[7].

14

Villa Beau-Chêne

Le Vésinet, à quelques kilomètres de Paris, dans une boucle de la Seine. Là où s'élevait jadis une forêt, lotie et urbanisée au XIXe siècle. Des jardins, des lacs, un réseau de ruisseaux artificiels qui glougloutent délicieusement. Et de magnifiques demeures, cachées par les arbres, au fond d'immenses parcs verdoyants. Le Palais rose qu'habite Robert de Montesquiou, la villa des Rives, somptueuse propriété de la chanteuse Jeanne Aubert, Les Vieilles Tuiles, où se retire la couturière Jeanne Lanvin. Et la villa Beau-Chêne qu'acquiert Joséphine Baker au retour de sa longue tournée. Les deux auteurs de *Mon sang dans tes veines* vont d'ailleurs se retrancher au Beau-Chêne afin de développer et mettre au point le gros paquet de notes rapporté de son voyage par Pepito. Mis au courant du projet, les journaux ne se privent pas de charrier « Joséphine Baker et ses deux nègres ». Autre époque, autres mœurs.

Dessinée par l'architecte Louis Gilbert, la villa Beau-Chêne, 52, avenue Georges-Clemenceau, doit son nom à l'allée de grands chênes centenaires qui mène, à travers le parc, à l'imposante bâtisse, construite en 1891 dans le style pseudo-Renaissance qu'aimèrent les dernières années du XIXe siècle – un corps de bâtiment central, en pierres et briques rouges, flanqué de deux pavillons carrés, eux-mêmes coiffés de deux hautes flèches. « Ma bicoque », comme dit Joséphine.

Quand elle l'achète, c'est plutôt une sorte de château de la Belle au bois dormant, assoupi depuis longtemps derrière sa grande grille ouvragée. Une trentaine de pièces « sombres et lugubres », à l'abandon, qu'elle va s'attacher à réveiller. Avec la plus grande fantaisie. En mélangeant les styles, les couleurs, les proportions. « J'aime les couleurs pour elles-mêmes, disait-elle, le rouge sang, le jaune d'œuf. Les couleurs ont sur moi un effet physique étonnant, elles me grisent, elles m'exaltent**. » Jaune d'œuf, rouge sang… Ce sont précisément ces deux couleurs-là qu'elle choisit pour l'agencement de fleurs – des coléus – qui dessinent sur la pelouse, au pied de la terrasse, les quatorze lettres de son nom : JOSÉPHINE BAKER. Ce qui n'est peut-être pas du meilleur goût…

Bicoque. Va pour bicoque, mais bicoque de luxe. Une grande marquise vitrée, déployée en éventail dans le goût de la Belle Époque, abrite la volée de marches qui conduit au vestibule ; dès le seuil, une armure du XVe siècle, bien fourbie, accueille le visiteur. Avant une enfilade de salons plus ou moins vastes, une salle de billard, un bureau, un studio de répétitions, un fumoir oriental où l'on a rassemblé une collection de clochettes venues tout droit d'un temple bouddhiste. Une chambre Louis XVI accablée de dorures, avec un lit dont la légende prétend que

Marie-Antoinette y dormit. Une véranda d'un bleu-vert très doux où Pepito aime à se tenir l'après-midi...

Une photo signée des frères Séeberger, photographes mondains de l'entre-deux-guerres, montre Joséphine et Pepito, occupés à consulter des partitions, assis dans leur salon turc au sol dallé de marbre. Un grand plateau de cuivre, fixé sur un piétement de bois sculpté, supporte des aiguières, des brûle-parfums... Quelques sièges bas et, derrière eux, la profusion d'un jardin d'hiver débordant de palmes.

Mais le chef-d'œuvre, c'est la salle de bains – la salle de bains privée de Joséphine –, aux murs de haut en bas tapissés de miroirs, avec sa baignoire encastrée dans un bloc de métal chromé ; elle y passe des heures diront ses femmes de chambre, des heures à contempler dans les glaces, reflété cent fois et sous tous ses aspects, ce corps dont elle prend grand soin – n'est-il pas après tout son instrument de travail ?

Ce n'est pas qu'elle se trouve particulièrement belle. Et même, si l'on en croit ses déclarations au journaliste de *Marseille-Matin* qui l'interrogera en 1931, après le triomphe qu'elle a remporté au Pathé-Palace, sur la Canebière, elle se juge sans complaisance aucune : « Je n'ai pas la prétention d'être jolie, j'ai les genoux pointus et les seins comme un garçon de dix-sept ans. Mais si mon visage est maigre et laid, si les dents me sortent de la bouche, mes yeux sont beaux et mon corps intelligent[1]. »

Non, cette image d'elle-même qu'elle scrute dans les miroirs, sans doute avec une sorte d'anxiété, c'est une image qui la rassure. Nul narcissisme dans cette contemplation, bien au contraire. Elle est là, elle est bien là, elle existe. Ce corps, si différent des autres corps, cette peau ambrée, elle aussi différente, Joséphine a encore et toujours besoin, quoi qu'elle dise, de se persuader qu'ils sont beaux, désirables, que le public, longtemps encore, les aimera. Elle n'oubliera jamais ce qu'écrivait le quotidien danois *Berlingske Tidende*, en 1931 : « Une petite fille avec une paire de grands yeux. » Mais, poursuivait le rédacteur, quand elle est sous les feux de la rampe, on peut voir qu'au coin de ses paupières des pattes d'oie se sont déjà incrustées… Les yeux d'une biche aux abois. « Ils expriment l'angoisse et deviennent durs. On dirait une esclave qui va être vendue aux enchères et se demande quel prix elle atteindra. »

Ces coups de griffe du temps, même légers, ces marques qu'elle dissimule du mieux qu'elle peut sous un fond de teint ocré ne datent pas de la veille ; ils se sont peu à peu accumulés sur son visage au cours des années. Comme le souligne Lynn Haney dans son *Naked at the feast – a biography of Joséphine Baker*, la jeune danseuse, chose étrange – elle n'a pas encore vingt-cinq ans –, a déjà des rides sur le front, de fines rides que l'on voit distinctement lorsqu'elle se tient en pleine lumière, sous les projecteurs du théâtre, par exemple. Un témoignage, s'il en fallait un, des dures conditions de vie de son enfance. De la misère, du manque d'amour. De toutes les batailles qu'elle a dû livrer pour survivre et qui l'ont endurcie.

Tout autour de la maison, des bosquets touffus, de larges et grasses pelouses taillées où courent librement les poules, les canards, les lapins, les dindons et les oies, les chiens, les chats… Et le cochon Albert, la chèvre Toutoute, ex-vedettes de Chez Joséphine.

A-t-elle acclimaté dans la grande serre tiède, sous le plafond de vitres, au milieu des orchidées mauves et blanches, ces mystérieuses fleurs carnivores, « avec de la colle et des grands poils dans le cœur** », qu'elle aime tant, ces fleurs presque vivantes, cruelles, affamées de mouches et de viande crue hachée menu ? Dans une volière ronde bavardent perroquets, cacatoès et perruches ; des cages, aménagées dans un local chauffé, abritent les singes. Un fil de rivière circule en méandres à travers des petits bassins et des cascades, se glisse sans plus de bruit qu'une couleuvre sous des petits ponts rustiques. Plus loin, à l'est du domaine, cerné d'arbres, le court de tennis. Plus loin encore, dissimulé dans les taillis, s'ouvre le bel œil clair d'un bassin de marbre couvert de nénuphars, où tournent les poissons rouges. Et où Joséphine, aux beaux jours, n'hésite pas à se baigner nue. Sans crainte des regards indiscrets.

Trois jardiniers, engagés à l'année, l'aident à entretenir le domaine. On la trouve le plus souvent dans le verger, dans le potager, où dix fois par jour elle s'en vient surveiller la pousse et le mûrissement des fruits et des légumes, *dixit* Marcel Sauvage, occupée à jardiner ou même, par temps de pluie, à ramasser des escargots dont ses canards dorés sont friands…

Les visiteurs s'étonnent de voir Joséphine Baker, l'inaccessible idole du music-hall, la « Vénus d'ébène », bêcher avec amour son lopin, retourner la terre, respirer l'odeur de l'humus à plein nez, y plonger ses belles mains aux longs doigts – des doigts manucurés, aux ongles peints de rouge ou d'or, parfois de vert épinard –, décoiffée, sans maquillage ni Bakerfix, vêtue n'importe comment d'un simple caraco à col rond et d'une petite jupe de confection. Un naturel, une gaîté, une fraîcheur intacts qui désarçonnent les plus aguerris des journalistes : « Comment rendre la spontanéité, la vitalité, la gentillesse, la simplicité de Joséphine Baker ? », s'exclame Jean Guyon-Cesbron après avoir été reçu au Beau-Chêne[2].

Les soirs où elle donne congé au personnel, elle s'occupe personnellement du repas : « J'ai un appétit formidable », dit-elle. Son plat préféré ? Des spaghettis qu'elle recouvre d'une couche épaisse de poivre rouge… « Je m'y connais, parce que je sais faire la cuisine. Je prépare souvent à dîner à mes amis. Je sais faire des gâteaux épatants. »

Le gâteau chaud au sirop, le flan Joséphine Baker (kirsch, bananes coupées en rondelles, zestes de citron, trois œufs frais, trois cuillérées de sucre en poudre), les tartes aux fruits. Elle fait elle-même ses glaces – citron, vanille, « il faut des œufs très, très frais et vous jetez la vanille dans le lait bouillant[3] ». Et toute une gamme de plats qu'elle prépare avec amour. Petits pains fourrés américains, poulet à la crème, lapin aux confitures, patates douces à la créole, crêpes au caviar – « j'ose dire que mes crêpes au caviar sont de premier ordre** ».

Elle qui depuis ses premiers succès parisiens n'a pas cessé de déménager, changeant d'adresse selon son caprice – rue Campagne-Première, rue Henry-Monnier, rue Henri-Rochefort, avenue des Champs-Élysées, avenue

Pierre-Ier-de-Serbie, rue Fromentin... –, vient enfin de trouver son refuge, celui auquel, contre vents et marées, elle demeurera fidèle pendant près de dix-huit années.

Le Beau-Chêne ne désemplit pas, amis, artistes, chorégraphes, décorateurs, couturiers, écrivains. Colette, Pirandello (qui veut écrire une pièce pour elle), Jean Cocteau. Des Américains de passage aussi, comme le musicien Duke Ellington, la chanteuse Libby Holman, Smith Reynold, le fils du roi du tabac, le producteur Eddie Cantor. Bricktop, toujours un peu malveillante, c'est plus fort qu'elle, ne peut s'empêcher de railler son amie, montrant une Joséphine déambulant dans sa maison, de pièce en pièce, comme si elle avait toujours vécu dans un château : « Je crois qu'elle se prenait pour la Joséphine de Napoléon[4]. »

Le soir de Noël, elle réunit ses amis sous un immense sapin tout scintillant de givre et de fausse neige, chargé de légers cheveux d'ange, de boules blanches. Tout est blanc, même le tapis sous l'arbre, dans le grand salon ; même la robe de la maîtresse de maison. Dans la cheminée, un grand feu de bûches crépite. La salle à manger resplendit sous les lumières ; une longue table, nappée de blanc, chargée de cristaux et de porcelaine, avec des bougies roses, des petits sapins en bois peint ornés de pendeloques en perles... Le Beau-Chêne est plein pour toute la nuit. Les camarades des Folies Bergère, des couturiers, un impresario arrivé le matin même de Budapest, un joueur de banjo cubain, un acrobate de Broadway... La grande famille errante du music-hall[5]. « Il y a des musiciens, des danseurs, des chiens conviés à la fête et qui griffent ma robe*. » Et tout à coup, sortant du salon turc, Pepito apparaît ; sur sa veste de smoking il a agrafé la fameuse ceinture de bananes de Joséphine et se déhanche en grimaçant comiquement. « Non, s'écrie-t-elle, en lui retirant prestement l'accessoire, non, on ne joue pas avec les instruments de travail* ! »

À la fin des années 1970, tandis qu'elle enquêtait au Vésinet, l'Américaine Lynn Haney a retrouvé les derniers témoins qui avaient connu la danseuse quarante ou quarante-cinq ans plus tôt. Et c'est une femme de cœur, une sorte de « bonne dame du Vésinet » que dépeignent leurs déclarations. On se souvenait encore à l'époque des visites affectueuses qu'elle avait coutume de faire à l'orphelinat Saint-Charles, rue d'Alsace-Lorraine, où elle arrivait les bras chargés de cadeaux, de friandises.

Henriette Levoisier, la marchande de charbon, se rappelait, à plus de quatre-vingt-dix ans, que Mlle Baker insistait pour payer les factures des familles nécessiteuses du Vésinet. Et même demandait, à l'approche des fêtes de fin d'année, qu'on livre à ces personnes le double de leur commande habituelle. « Elle était la générosité même », disait Mme Levoisier.

Georges Guignery, l'électricien de la place du Marché, avait refait, à la demande de la propriétaire, toute l'installation du Beau-Chêne. La maison et les jardins. Où des projecteurs, la nuit, illuminaient *a giorno* la façade et la frise fleurie proclamant : « JOSÉPHINE BAKER. » Tandis qu'un éclairage romantique, plus doux, mettait en valeur, au fond du parc, au milieu des frondaisons épaisses, le temple d'amour qu'elle avait fait édifier, cinq ou six colonnes de marbre disposées en demi-cercle, quelques statues – Aphrodite, Circé, Artémis – contre lesquelles venait mourir le flot léger de la petite rivière serpentine. « La nuit la maison brillait, et les oiseaux de la volière chantaient encore dans l'obscurité », racontait avec émotion Mme Guignery. Qui ajoutait : « Je crois que lorsqu'elle-même chantait, elle imitait les oiseaux… »

15

Reine des colonies au Casino de Paris

La nouvelle lui parvient au Beau-Chêne. Par la voix de Pepito : « Varna est d'accord. Nous signons tout à l'heure*. » Varna, c'est Henri Varna. Le directeur du Casino de Paris.

Né à Marseille, en 1887, d'un père courtier en produits exotiques sur le Vieux-Port, Henri Vantard monte à Paris en 1908 pour commencer une carrière de comédien. Est-ce le mot rapporté par Jean Prasteau, dans son ouvrage *La Merveilleuse Aventure du Casino de Paris*, qui le persuade de changer de patronyme ? Recommandé au doyen de la Comédie-Française, Eugène Silvain, il se présente chez le maître, annoncé par un serviteur : « Le jeune Vantard de Marseille… » Désormais, il s'appellera Henri Varna, nom sous lequel il va se constituer un véritable empire de salles de spectacle : Concert Mayol, Bouffes-du-Nord, Ambassadeurs, Palace, Mogador, Casino de Paris, qu'il achète en 1929 avec son associé Oscar Dufrenne[1].

Cette année-là, le 12 novembre, le rideau se lève, rue de Clichy, sur la revue *Paris-Miss*, tandis que Mistinguett, dans une apothéose flatteuse de lumière rosée – le fameux « rose Mistinguett » –, harnachée de plumes et de satin, entreprend la périlleuse descente du célèbre escalier, avant de fouler, d'un pied assuré, le sol du commun des mortels.

Pas facile de succéder à une pareille artiste. Six mois à guichets fermés et des producteurs américains qui proposent cinq millions de francs pour filmer le spectacle. Joséphine va pourtant relever le défi. Défi à plus d'un titre. En effet, le Casino, c'est le fief de l'intraitable Mistinguett (qui a fait savoir, par des voies détournées, qu'elle n'appréciait guère l'engagement de sa « bête noire »).

Au Casino, Mistinguett est chez elle. En terrain conquis. Et ne tolère aucune concurrence. Déjà, en 1920, elle se produisait dans la salle de la rue de Clichy, alors sous la direction de Léon Volterra, dans la revue *Paris qui jazze*, avec des costumes signés Paul Poiret. Et créait *Mon homme*, chanson reprise ensuite par des dizaines d'interprètes internationales, mais qui reste à tout jamais attachée à son nom, à sa voix – « une voix mise à l'école du vitrier, du rempailleur de chaises, de la marchande de quatre-saisons, voix qui chante faux et bouleverse », comme l'écrivait Jean Cocteau...

Autre défi pour Joséphine : c'est une prestation bien différente de celles qu'elle donnait naguère aux Folies Bergère que l'on attend d'elle à présent. Il faudra chanter, jouer des sketchs, descendre dans la salle, parler de près au public... Réussira-t-elle à le séduire, ce public difficile du Casino de Paris ? Réussira-t-elle à égaler Mistinguett ?

Conscient de l'enjeu, Pepito ne laisse rien au hasard. Pour les leçons de chant il engage Mme Paravicini, qui fut dans les années 1910 la professeure de chant d'Yvonne Printemps. Et qui répète à Joséphine ce qu'elle disait déjà à la jeune Yvonne : « Une voix, il faut l'entraîner pour la conserver, l'améliorer et en tirer toutes les richesses[2]. » Et George Balanchine, le maître, tout auréolé encore du succès des Ballets russes, dirige Joséphine à la barre – quarante-cinq minutes par jour.

« Le Casino de Paris ! Je suis trop heureuse ! Je croise les doigts et je crois à ma chance*… » La chance et, surtout, le flair d'Henri Varna. Qui voit loin, très loin. Jusqu'à cette Exposition coloniale internationale dont on parle tant déjà, cette gigantesque célébration de l'empire colonial français annoncée à grand son de trompe, qui doit se tenir à Paris dès le mois de mai 1931. Et dont les préparatifs vont bon train du côté de la porte Dorée, dans le bois de Vincennes, sur les rives du lac Daumesnil. Sous l'égide du maréchal Lyautey, commissaire général de l'Exposition – au soir d'une « existence consacrée à l'œuvre coloniale », comme il le dit lui-même. Triste fin de vie pour ce militaire glorieux. Ce commissariat, c'est un hochet qu'on lui jette pour distraire ses dernières années – il mourra en 1934 –, lui qui a bâti des villes, tracé des routes, des voies de chemin de fer, creusé des ports. Blâmé en haut lieu, désavoué, chassé du Maroc, « il ne lui restait, avant la mort, qu'à inaugurer des pavillons de carton-pâte imaginés par des ronds-de-cuir pour l'ébahissement sédentaire des badauds[3] ».

Les colonies, les merveilles de l'empire colonial français, de l'Afrique jusqu'à l'Asie, voilà un des thèmes choisis par Varna pour la revue *Paris qui remue*[4]. N'a-t-il pas sous la main Joséphine Baker, vedette « exotique », qui pourra tour à tour représenter l'Afrique et l'Asie – on n'est pas à ça près… Joséphine Baker qui se voit aussitôt sacrée « Reine des colonies » par la presse. Sans doute à l'instigation d'Henri Varna, qui déborde d'idées promotionnelles.

La plus belle étant ce guépard qu'il offre à Joséphine, un petit fauve « flegmatique », charmant et doux qu'elle promènera sur les Champs-Élysées, au milieu des passants – et jusque sur les planches de Deauville – au bout d'une laisse. La panthère noire et son guépard… « J'assortis son collier à la couleur de ma robe. » On voit le parti publicitaire que peut en tirer le Casino. Ce compagnonnage inédit inspire les photographes, qui multiplient les clichés. Joséphine elle-même a raconté sa rencontre avec Chiquita dans le bureau du directeur – c'est le nom qu'on lui a choisi, bien qu'il s'agisse d'un jeune mâle, acheté à Hambourg, chez Hagenbeck, qui fournit en animaux sauvages la plupart des cirques et les parcs zoologiques européens. Elle lui caresse la joue lentement et Chiquita ronronne comme un chat. Il est si beau, avec son pelage magnifique, couleur de froment mûr, corolles noires sur champ blond. « Vous n'en aurez pas peur ? », s'inquiète Varna. « Il m'aime déjà, monsieur Varna ! » Chiquita dès lors l'accompagne partout, dans les soirées parisiennes, dans les cocktails, au théâtre, même à l'Opéra où, un soir, le jeune guépard fugueur, profitant d'un instant d'inattention de sa maîtresse, saute dans la fosse d'orchestre et sème la terreur parmi les musiciens... Chiquita fera partie de la distribution de *Paris qui remue.* Où il se comportera de façon exemplaire. Comme le remarque le chroniqueur de *Comœdia* : « Je réserve une mention spéciale à la panthère de Joséphine Baker, traversant le plateau à la suite de sa maîtresse avec une grâce noble et nonchalante[5]. »

Reine des colonies ! Le titre est immédiatement contesté – comment une Américaine pourrait-elle être la reine des colonies françaises ? –, tandis que des centaines de lettres de protestation sont adressées au délégué général de l'Exposition, le gouverneur Marcel Olivier, au ministre des Colonies, Paul Reynaud. Et même au président de la République, Gaston Doumergue. La contestation ne s'arrêtera pas aux frontières, elle aura vite fait de franchir l'Atlantique. Le 4 mars 1931, le *New York World-Telegram*, journal libéral, titrera : « Harlem n'est pas une colonie française », faisant évidemment allusion à la nationalité américaine de Joséphine. Et ira jusqu'à lui reprocher d'avoir déguisé les caractéristiques de sa race, en noyant les crêpelures naturelles de sa chevelure sous des couches de Bakerfix : « Reine où sont passées tes bouclettes[6] ? » Reine détrônée, souveraine sans royaume, Joséphine se contentera d'une visite à l'Exposition coloniale. Sous les acclamations des visiteurs.

En 1930, « la glorieuse épopée coloniale française » est encore dans la plupart des mémoires. Et déjà dans les manuels de géographie. L'annexion de l'île de Madagascar, dernier maillon raccroché à l'empire, date seulement d'une trentaine d'années.

L'administration française, désormais, étend son influence sur le deuxième empire colonial au monde, après celui du Royaume-Uni. Les pays du Maghreb, Maroc, Algérie, Tunisie. L'Afrique-Occidentale française, A.-O.F. (Côte d'Ivoire, Guinée, Sénégal, Soudan, Dahomey, Mauritanie, Niger, Haute-Volta). L'Afrique-Équatoriale française, A.-E.F. (Gabon, Moyen-Congo, Oubangui-Chari, Tchad). À quoi il faut ajouter le Togo et le Cameroun, territoires sous mandat, et l'île de Madagascar, l'Océanie, Saint-Pierre-et-Miquelon, les comptoirs français de l'Inde, les Nouvelles-Hébrides, la Somalie, la Guadeloupe, la Martinique, la Nouvelle-Calédonie, l'île de la Réunion, la Guyane. Et toutes les possessions asiatiques, regroupées sous le nom d'Indochine – Cochinchine, Cambodge, Annam, Tonkin, Laos.

Le romancier André Demaison peut fièrement écrire, d'une main assurée, dans son « Adresse au visiteur », sorte de préface au guide de l'Exposition dont il est l'auteur : « La France a maintenant 100 millions d'habitants, une superficie de 11 millions de kilomètres carrés, 35 000 kilomètres de côtes, 700 000 kilomètres de routes et 70 000 kilomètres de voies ferrées… »

Il n'est pas le seul à s'en féliciter, car l'époque, à quelques exceptions près, est encore sans complexe ni scrupule vis-à-vis de la colonisation. Au contraire, elle y voit l'aboutissement d'une mission civilisatrice que Marcel Olivier, délégué général de l'Exposition, dans un texte qu'il intitule « L'Exposition coloniale, œuvre de paix », ne craint pas de faire remonter à l'Antiquité : « C'est la colonisation qui permit d'accumuler dans une bourgade grecque et dans un camp fortifié du Latium des réserves spirituelles où ses adversaires les plus résolus ne dédaignaient pas de puiser. »

Certes, admet-il, les nations occidentales ont parfois abusé de la force ; la colonisation a commis des fautes, mais elle les a largement réparées. Rassuré sur ses vertus et ses bienfaits, la conscience tranquille, il ajoute : « Le visage qu'elle nous montre à Vincennes a les traits apaisés. Ayant établi son bilan, elle le soumet en toute sérénité au jugement du monde[7]. » Apaisés ? Pas sûr…

16

« J'ai deux amours »

Casino de Paris, vendredi 26 septembre 1930, 21 heures

Ce soir, première de *Paris qui remue*. Salle comble, remplie d'une foule de « cannibales » au solide appétit, les cannibales du Tout-Paris prêts à dévorer Joséphine toute crue. Ils sont tous là. Le monde du spectacle, des lettres, de la finance et jusqu'au monde de la politique. Depuis des jours, les demandes de places affluent, Noël Marcellin, le secrétaire général du théâtre, s'arrache les cheveux. Et refait sans cesse le plan de salle de la première.

On remarque la présence d'Édouard Renard, le préfet de la Seine, de Jean Chiappe, le préfet de police, de Jean de Castellane, le président du conseil municipal, et celle de nombreux parlementaires. Dans une loge d'orchestre, on aperçoit l'écrivaine Colette, invitée personnelle de Joséphine, accompagnée de sa fille, Colette de Jouvenel, âgée de dix-sept ans, du peintre Luc-Albert Moreau et de son épouse la violoniste Hélène Jourdan-Morhange[1].

On l'attend de pied ferme, cette « nouvelle » Joséphine Baker qu'annoncent les journaux depuis des semaines. Elle a minci paraît-il ; elle s'est assagie. Et maintenant, elle chante ! La salle s'impatiente...

Le rideau, en se levant, disperse un vol d'oiseaux de toutes tailles, de toutes les couleurs – les seize Jackson Girls, accrochées aux cintres par des fils argentés presque invisibles – qui battent l'air chaud du théâtre à grands coups d'ailes, dans un décor vert et rose de jungle tropicale... Puis ils se perchent, comme au hasard, parmi les fleurs d'un magnolia, et font ainsi une haie colorée au bel oiseau à figure de femme, « L'Oiseau des forêts », qui vient d'apparaître comme par magie tout en haut de l'escalier d'or, deux grandes ailes blanches palpitant dans son dos. Joséphine Baker. Elle s'avance et une ovation l'accueille. Marche après marche, l'oiseau-femme « descend l'escalier traditionnel avec autant d'aisance et d'abattage que "l'Autre", et accompli avec une bonne grâce souriante tous les exploits de rigueur[2] ». L'Autre est là d'ailleurs, embusquée dans une loge côté cour, « toutes dents dehors » aime à dire Joséphine – c'est de bonne guerre ! L'Autre qui la surveille, implacablement, guettant le moindre trébuchement... Alors, pour faire bonne mesure, Baker, parvenue au bas des marches, adresse au public un clin d'œil malicieux, comme pour dire « Moi aussi je l'ai descendu... ».

L'escalier, quand Henri Varna le lui a montré, Joséphine l'a d'abord refusé : « Jamais je ne pourrai le descendre avec ces deux ailes-là ! » Dans son dos, une voix sèche a répété : « C'est vrai, elle ne pourra jamais le descendre. »

Cette voix hostile, c'était celle d'Earl Leslie, un Américain, chorégraphe attitré de Mistinguett – et son ex-amant de surcroît –, que Varna, à force de diplomatie, a réussi à enrôler le temps de régler les mouvements de *Paris qui remue*. Et qui insiste grossièrement : « Vous n'allez quand même pas lui donner l'escalier de Mistinguett ! »

Earl Leslie connaît mal Joséphine. Parce qu'il a dit qu'elle ne pourrait pas descendre cet escalier, elle le descendra ! Quoi qu'il lui en coûte. Pendant des jours et des jours, un gros livre posé en équilibre sur la tête, elle s'entraîne. Inlassablement elle descend, remonte les étroits degrés, les redescend, les remonte encore, comme Varna lui a appris à le faire, en glissant son talon contre la hauteur de la marche, en se tenant bien droite, un sourire sur le visage. Un livre, puis deux livres, puis trois, six à la fin… « M. Varna m'a enseigné les ficelles du métier ; il m'a guidée ; il m'a donné confiance**. » Des escaliers, il y en a beaucoup dans la revue, « autant que dans un rêve freudien », constate Janet Flanner dans l'article qu'elle confie au *New Yorker*.

Et ce soir « L'Oiseau des forêts », droit entre ses ailes blanches déployées, descend souplement l'escalier vertigineux – l'échelle, comme on l'appelle dans le langage des coulisses – sous les applaudissements, tandis qu'au bas des marches l'attendent les cruels archers qui vont le blesser, l'abattre ; l'oiseau se protège de ses ailes, les referme sur lui, les rouvre, tente de fuir… En vain, déjà les chasseurs le dépouillent de sa parure d'ailes emplumées. Un combat perdu d'avance, une lutte dansée. Presque un viol. Et sur le sol, il ne restera qu'une poignée de plumes arrachées…

« Une artiste, une grande artiste nous revient, sensible, émouvante, toujours belle mais d'une beauté que cette fois le talent accroît. Son chant, ramage d'oiseau blessé, a transporté une foule blasée. Joséphine a reconquis le plus ingrat, le plus versatile des publics du monde[3]. »

En coulisses, c'est le coup de feu. Les machinistes préparent la séquence « Les Colonies françaises ». D'abord, « À la Martinique ». Joséphine s'est débarrassée en hâte de son grand harnais de plumes ; elle a tout juste le temps de passer sa robe martiniquaise à la jupe ample, de coiffer un joli madras noué en turban. Et vite elle descend dans la salle, au plus près des spectateurs. Où, tout en chantant, elle distribue des sucres d'orge en forme de canne…

La canne à sucre c'est fou,
C'est meilleur que la banane
Chacun la trouve à son goût.
Mesdames je vous recommande
De profiter de l'occasion…

Mais déjà le chef d'orchestre attaque les premières mesures du tableau suivant, « L'Algérie ». Mélopée entêtante des tambours algériens, youyous des femmes ; Miss Florence qui joue la belle Aïcha fait son entrée, Adrien Lamy, le chamelier, la suit de près.

Pas une seconde à perdre. Tout de suite après « L'Algérie », ce sera « Au Tonkin ». Lors des dernières répétitions en costumes, Joséphine s'inquiétait : « Monsieur Varna, jamais je n'aurai le temps, ma Tonkinoise n'est qu'à moitié vêtue… » Et chaque fois Henri Varna, rassurant, répétait : « Mais si, tu auras le temps Joséphine ! Il faut que l'habilleuse aille plus vite ! »

Le décor d'« Au Tonkin » est en place. Des boys avec leurs chapeaux de coolies, des coloniaux en vareuse claire. Et Joséphine, prête à temps, superbe congaï. « *La Petite Tonkinoise* de la chanson est grâce à elle une délicieuse petite idole de bronze doré, rehaussée d'orfèvreries barbares et de panaches roses[4]. » Une chanson qu'elle détaille, ses deux index dressés devant elle, sur un air de polka vaguement orientalisée...

C'est moi qui suis sa petite,
Son Anana, son Anana, son Annamite
Je suis vive, je suis charmante
Comme un p'tit z'oiseau qui chante
Il m'appelle sa p'tite bourgeoise
Sa Tonkiki, sa Tonkiki, sa Tonkinoise
D'autres lui font les doux yeux
Mais c'est moi qu'il aime le mieux...

Les tableaux succèdent aux tableaux. Après trois heures de merveilles et de prodiges, la revue marche vers sa fin. Et voilà le clou de la seconde partie : « Ounawa. »

Ounawa est une sauvageonne africaine éprise d'un colon blanc qu'elle veut suivre en Europe – après Fatou, la fille de la jungle qu'elle jouait en 1926 aux Folies Bergère, après Papitou la petite Martiniquaise de *La Sirène des tropiques*, Joséphine Baker commence à bien connaître l'emploi... Mais ce départ, qu'Ounawa appelle de tous ses vœux, est considéré comme un abandon, une véritable trahison par ceux de sa tribu, parents et guerriers. Comme Fatou, comme Papitou l'ont fait, elle s'incline, accepte son sort. Et reste seule sur son rivage. À sa place. On est là en plein fantasme colonial ; la compagne indigène d'un Blanc ne peut partager sa vie qu'à la colonie. Pas en métropole…

Henri Varna souhaitait qu'à ce moment une chanson vienne souligner l'intérêt dramatique du livret. Cette chanson, il l'avait demandée à Vincent Scotto, mais celui-ci tardait à la livrer.

Enfin, Scotto arrive un soir, à la fin de la répétition, en brandissant un bout de papier : « Je l'ai ! Je l'ai ! » Il explique : la chanson, il l'a griffonnée en venant, sous une porte cochère de la rue de la Chaussée-d'Antin, à la lumière d'un réverbère. Elle s'appellera *J'ai deux amours*. Dès les premières notes, jouées sur le mauvais piano des répétitions, le charme opère – « cette chanson-là, je sens qu'elle sera mienne, elle exprime tant ce que je pense* ». Un charme qui opère toujours, après presque un siècle. Vite elle est intégrée au spectacle.

On dit qu'au-delà des mers
Là-bas sous le ciel clair,
Il existe une cité
Au séjour enchanté,
Et sous les grands arbres noirs,
Chaque soir,
Vers elle s'en va tout mon espoir…

J'ai deux amours,
Mon pays et Paris,

Joséphine le jour de son baptême en 1908, à l'âge où ses parents l'appellent Tumpie. La petite fille est née dans le dénuement d'une famille noire dans un quartier pauvre de Saint-Louis (Missouri).
© SZ Photo/Scherl/Bridgeman Images

L'affiche de *La Revue nègre*, signée Paul Colin en 1925, qui sera pour beaucoup dans le succès du spectacle comme pour la renommée de Joséphine Baker, devenue célèbre en un soir. Et qui fera courir tout Paris au théâtre des Champs-Élysées. © Archives Charmet/ Bridgeman Images; Adagp, Paris, 2021

C'est aux Folies Bergère, en 1926, qu'apparaît Joséphine Baker vêtue seulement d'une ceinture de bananes. Son premier numéro, dans la revue, la place dans une boule fleurie qui descend des cintres et s'ouvre la montrant dansant le charleston. Mais comme elle le dit elle-même dans ses souvenirs: « Ce qui fait encore plus d'effet, le soir de la première – et pendant trois quarts de siècle! –, c'est la ceinture de bananes. » Un costume devenu légendaire.
© Prismatic Pictures/Bridgeman Images

Joséphine dans les années 1920, roulant des yeux comme elle aime à le faire à ce moment de sa carrière, vêtue d'un costume identique à celui qu'elle portait dans *La Revue nègre*, short à bretelles rapiécé, chemise déchirée, socquettes blanches, au milieu des musiciens d'un orchestre de jazz. © Bettmann/Getty Images

Joséphine et Giuseppe Abatino, connu sous le nom de Pepito dans les milieux du music-hall. Ils se sont connus en 1926. À la fois manager et amant de la jeune femme, il est véritablement l'homme de sa vie. Même si leur liaison s'achève en 1936 sur une violente rupture.
© Bettmann/Getty Images

Page de gauche :
1930. La Vénus noire, la Vénus d'ébène... Les qualificatifs changent, mais elle demeure la Vénus adulée. Elle porte sa nudité, diront des témoins, comme une panthère noire sa fourrure. Avec naturel. Photo publiée pour la première fois dans le magazine américain *Vanity fair*.

Photo de studio, datée de 1931. C'est l'époque où, dans la revue *Paris qui remue*, elle chante au Casino de Paris *J'ai deux amours*, chanson écrite spécialement pour elle par Vincent Scotto et qui restera son plus grand succès qu'elle reprendra à chacune de ses apparitions sur scène.

Comme elle le fera à maintes reprises, avec une grande générosité, Joséphine finance et participe à la distribution de pot-au-feu aux habitants nécessiteux de Montmartre, à Paris, en 1933. © SZ Photo/Scherl/Bridgeman Images

Marie Dubas, vedette de la chanson des années 1930, succède à Joséphine sur la scène du Casino de Paris. Nulle rivalité, au contraire une véritable camaraderie s'installe entre les deux artistes. © Collection privée

Joséphine dansant avec Jean Lion, l'homme qu'elle épouse en 1937. Union fugace qui s'achève deux ans plus tard, les époux menant des vies trop différentes. Ce que constate le juge qui prononce le divorce : « Voici deux personnes qui n'ont jamais eu la possibilité de se connaître véritablement l'une l'autre. »

Joséphine dans son costume de sous-lieutenant de l'armée de l'air, le 16 mai 1945, sur la base militaire britannique d'Elvington où elle se produit à l'invitation du lieutenant-colonel Gaston Venot devant un parterre de Français qui lui font un triomphe.

Fin des années 1940. Réunis autour d'une table du cabaret Chez Joséphine, rue François-Ier, de gauche à droite : Joséphine, Jean Sablon, le « *french crooner* » comme l'appellent les Américains, Jo Bouillon, dernier mari de Baker, Mistinguett sous un panache de plumes de paradis. Photo exceptionnelle, car la Miss s'est toujours posée en rivale de Joséphine, ne lui épargnant pas les rebuffades. Il est très rare de les voir ensemble sur un même cliché.

Joséphine et Jo Bouillon dans la piscine des Milandes, fin des années 1950.

19 août 1961, dans son château des Milandes, devant la foule des voisins venus lui apporter leur reconnaissance, Joséphine Baker reçoit les insignes de chevalier de la Légion d'honneur des mains du général Martial Valin, en récompense de son attitude héroïque pendant la Seconde Guerre mondiale. © Collection privée

Le 30 mai 1968, à l'issue des événements qui ont ébranlé le pays, elle participe à la grande manifestation de soutien au général de Gaulle qui rassemble plusieurs milliers de Français sur les Champs-Élysées. © AGIP/Bridgeman Images

Les derniers beaux jours : Joséphine et ses douze enfants au bord de la piscine en 1969, à Monte-Carlo, où ils sont les hôtes de la princesse Grace.

© AGIP/Bridgeman Images

Le jour des obsèques de Joséphine Baker, le 15 avril 1975, le convoi funéraire, escorté d'une foule immense, avant de rejoindre l'église de la Madeleine, s'arrête longuement rue de la Gaîté devant Bobino où l'on n'a pas encore enlevé les affiches de la revue *Joséphine* qui sera l'ultime triomphe de l'artiste.

Par eux toujours,
Mon cœur est ravi !
Ma savane est belle,
Mais à quoi bon le nier ?
Ce qui m'ensorcelle
C'est Paris, Paris tout entier[5] !

« Ounawa lui donne l'occasion de faire apprécier sa sincérité de comédienne et de chanter d'une voix fraîche et souple une mélancolique chanson de Scotto, *J'ai deux amours*[6]. » Chanson qui, désormais, jusqu'à la fin de sa carrière, accompagnera toutes ses entrées en scène.

Joséphine règne à présent au sommet de l'empyrée du music-hall, à côté de sa rivale Mistinguett. Se souvient-elle du conseil que lui donnait le journaliste Paul Brach quelques années plus tôt, à l'époque de *La Revue nègre* ? Plus qu'un conseil, une injonction à rentrer dans le rang, à rejoindre le droit chemin des vedettes de music-hall : « Plus de ces caricatures qui vous enlaidissent. Portez une coiffure seyante, avec de grandes plumes, comme les stars de nos scènes, faites une entrée majestueuse, et chantez une douce chanson sentimentale de votre pays[7]. »

Finalement, elle s'est rangée à l'avis de Brach. Mais sans abdiquer pour autant sa sincérité foncière, sa spontanéité rieuse ou son art singulier de la gesticulation.

Cependant, la métamorphose n'est pas du goût de tout le monde. C'est précisément cette jolie sauvageonne que regrette Janet Flanner, la correspondante parisienne du *New Yorker*. La sauvageonne qui arrivait sur scène « la tête en bas », portée sur l'épaule musculeuse de Joe Alex « et faisant le grand écart *à poil* ». À ses yeux, « l'artiste » qu'est devenue Baker, superbement habillée, coiffée, maquillée, chorégraphiée, mise en scène, n'a plus rien à voir avec la petite inconnue américaine qui, un soir d'octobre 1925, connut la gloire en quelques heures : « Son corps caramel est certes toujours magnifique, mais plus mince, discipliné, presque civilisé. Son charmant visage d'animal est maintenant empreint de l'air triste, non pas d'une captive, mais d'une personne dont l'intelligence s'éveille[8]. »

17

« Il pleut sur l'Exposition coloniale »

Il fait beau, ce mercredi 6 mai 1931, lorsque le président de la République, Gaston Doumergue, accompagné du jeune empereur d'Annam, Bao Dai, dix-huit ans – « ses cheveux aussi noirs que les miens, aussi luisants, aussi plaqués », se souviendra Joséphine Baker –, du ministre des Colonies Paul Reynaud et du maréchal Lyautey, commissaire général de l'Exposition, arrive en voiture découverte, un peu avant 16 heures, devant la grande porte d'honneur de l'Exposition coloniale internationale, à l'angle du boulevard Soult et de l'avenue Daumesnil, à l'orée du bois de Vincennes. Il est reçu par un bataillon du 23e régiment colonial, avec drapeau et musique, qui rend les honneurs ; tandis que tonne, au loin, la salve des cent un coups de canon tirés au polygone de Vincennes[1].

Les voitures du cortège présidentiel, qui ont pénétré dans l'enceinte, rejoignent alors l'avenue des Colonies-Françaises en passant par la route des Fortifications, voies éphémères tracées à travers le Bois pour la durée de l'Exposition ; une foule d'invités, massée dans les jardins, applaudit les officiels ; des détachements de troupes présentent les armes devant les pavillons de leur pays. Le reporter de *L'Illustration* donne libre cours à son admiration : « Un instant, devant ce joyau d'art unique qu'est la reconstitution grandeur nature de la partie centrale du temple d'Angkor, le cortège s'arrête pour contempler le merveilleux monument. [...] Le Président fait en moins d'une demi-heure le plus prestigieux tour du monde[2]. » Longeant la rive du lac Daumesnil, où s'égrènent les constructions – pavillons du Togo, du Cameroun, de Madagascar, palais de l'Indochine, pavillon du Tonkin, du Cambodge, de la Cochinchine, pavillon de la Martinique, de la côte des Somalis –, le convoi rejoint le musée des Colonies.

Les personnalités attendent le président, réunies dans la salle des fêtes du musée, sous les grandes fresques colorées de Pierre-Henri Ducos de La Haille, des allégories, des scènes de la vie quotidienne qui illustrent « l'apport de la France aux colonies, la justice, la liberté, la paix »... C'est à présent l'heure des discours. Ronflants, emphatiques. « L'odyssée homérique de la race blanche a transformé et transforme continuellement des continents barbares en régions civilisées », scande avec une vigoureuse conviction le prince di Scalea, ministre d'État italien qui représente le gouvernement fasciste de Benito Mussolini ; Paul Reynaud, plus sobre, prend la parole à son tour, puis Jean de Castellane, président du conseil municipal.

Enfin, le maréchal Lyautey rappelle le chemin parcouru depuis la journée du 8 novembre 1928, trois ans plus tôt, quand fut posée la première pierre du musée des

Colonies où l'assemblée se trouve à présent réunie. Que peut bien penser Lyautey des vociférations de Scalea ou des harangues de Castellane, lui qui, ce même 8 novembre 1928, exprimait tout haut ses réserves vis-à-vis de l'action colonisatrice française ? « Notre action ne vaudra comme efficacité que sous la condition de ne pas trop croire à l'infaillibilité et à la perfection de nos procédés et de nos institutions ; d'avoir l'œil ouvert sur ce qu'il peut y avoir, chez ces frères différents, de meilleur que chez nous[3]. »

Le musée des Colonies : un bâtiment du plus pur style Art déco, dessiné par l'architecte Albert Laprade. Qu'enveloppe, sur plus de 1 200 m², le grand bas-relief de pierre d'Alfred Janniot célébrant « L'Abondance des colonies apportant leurs richesses à la mère-patrie[4] ». Tandis que s'élève, dressée sur les marches qui mènent à l'édifice, une statue monumentale d'Athéna casquée – déesse de la sagesse, des artisans et des arts –, œuvre de Léon-Ernest Drivier[5].

Les organisateurs ont vu grand. Cent dix hectares pour célébrer l'empire colonial, sa richesse et la diversité des peuples qui l'habitent ; pendant plus de trois années, 300 000 ouvriers ont travaillé sans relâche sur le chantier. Terrassements, constructions, des tonnes de stuc déversées, façonnées, des systèmes électriques… La ligne de métro prolongée jusqu'à l'entrée de l'Exposition, et la station Porte Dorée créée de toutes pièces[6]. Et tout un pan du Bois massacré.

Pour trois francs, le prix du billet d'entrée (gratuit pour les militaires en uniforme), le visiteur peut croire qu'il fait le tour du monde en quelques heures. Le long des allées qu'ombragent des palmiers, il flâne d'un palais marocain à un village soudanais, découvre la grande mosquée de Djenné reconstituée à l'identique, hérissée de troncs d'arbres qui absorbent les risques de fissures dans les murailles de terre crue, s'attarde dans les souks marocains, gravit l'escalier du temple d'Angkor Vat… Il découvre le travail des artisans africains, les cérémonies religieuses des pagodes laotiennes, la troupe de théâtre cochinchinoise, les processions rituelles tonkinoises, les ballets annamites, les courses de chameaux, les animaux sauvages, lions, girafes, autruches, présentés dans un petit zoo temporaire aménagé dans le Bois[7]… Et s'embarque enfin pour une promenade en pirogue malgache sur le lac Daumesnil.

Cependant, des voix discordantes se font entendre haut et fort, celles d'étudiants indochinois tout particulièrement. Quoi qu'on en dise ici, tout n'est pas rose dans les colonies, loin de là ; « l'Indochine heureuse » est un leurre. L'empire se craquèle. Le début des années 1930 correspond, là-bas, au développement d'une grave crise économique. Et politique, avec la création en 1931 du Parti communiste indochinois. Grèves, manifestations paysannes, insurrections… Telle la mutinerie de Yên Bái, le 10 février 1930, une des plus importantes depuis la fin du XIXe siècle, visant à un renversement du régime colonial accompagné d'un retour à l'indépendance. Ou celle de la province du Nghê An, cette même année 1930, qui voit un pouvoir populaire se substituer aux autorités établies, avec l'installation de « Xô Viêt », sorte de soviets ruraux.

Une contre-exposition, « La vérité sur les colonies », organisée à Paris, dans un local de l'avenue Mathurin-Moreau, à l'initiative du parti communiste peine à attirer des spectateurs (cinq mille entre juillet 1931 et novembre 1932). Des tracts, « Contre l'Exposition coloniale à Vincennes », « Pour l'indépendance des colonies », sont distribués à l'entrée de l'Exposition. Au grand dam des organisateurs.

Louis Aragon, dans un poème anticolonialiste, « Il pleut sur l'Exposition coloniale », tire à boulets rouges sur la manifestation.

L'anneau dans le nez de la Religion catholique
Les hosties de la défense nationale
fétiches fétiches on te brûle si tu fais
la nique à des hommes couverts de sabres et de dorures
et l'outrage aux magistrats dans l'exercice de leurs fonctions
L'anneau dans le nez de la Troisième République
l'enfantement obligatoire
Il faut des soldats à la Patrie
L'Exposition coloniale

Palmes pâles matins sur les îles heureuses
palmes pâles paumes des femmes de couleur
palmes huiles qui calmiez les mers sur les pas d'une corvette,
charmes des spoliations lointaines
dans un décor édénique
De nouvelles Indes pour les insatiabilités d'Indre-et-Loire
De nouvelles Indes pour les perversités du Percepteur
et le Missionnaire cultive une Sion de cannes à sucre
tandis que le nègre Diagne[8] élevé pour la perspective
à la dignité ministérielle

administre admirablement massacrés et massacreurs
sous l'égide du coq tricolore.
Ô Venise Othello la nuit n'est pas plus noire
aujourd'hui malgré les illuminations modernes

Les bourreaux chamarrés parlent du ciel inaugural
de la grandeur de la France
et des troupeaux d'éléphants,
des navires des pénitentiaires, des pousse-pousse,
du riz où chante l'eau des travailleurs au teint d'or,
des avantages réservés aux engagés volontaires
de l'infanterie de marine,
du paysage idéal de la baie d'Along,
de la loyauté de l'indigénat chandernagorique

Soleil soleil d'au-delà des mers tu angélises
la barbe excrémentielle des gouverneurs
Soleil de corail et d'ébène,
Soleil des esclaves numérotés,
Soleil de nudité, soleil d'opium, soleil de flagellation,
Soleil du feu d'artifice en l'honneur
de la prise de la Bastille
Au-dessus de Cayenne un quatorze juillet.
Il pleut, il pleut à verse sur l'Exposition coloniale[9].

En vain. Ils sont encore peu nombreux ceux qui, à l'image d'Aragon et des surréalistes, dénoncent haut et fort « le brigandage colonial ». L'expression, qui date du XIXe siècle, est reprise par les signataires d'un long tract distribué quelques jours avant l'inauguration de l'Exposition[10]. Un des rares textes publiés, radicalement opposés à la manifestation.

Au même moment, le quotidien *Le Populaire*, organe central de la SFIO, imprime, dans son édition du 7 mai, un article signé Léon Blum, directeur politique du journal : « Songeons à ce que l'œuvre accomplie a coûté de sang. Songeons à tout ce qu'elle a engendré de misère et de révoltes. Songeons qu'elle s'est fondée par la force et que sur bien des points, hélas, elle ne se maintient encore que par la force. [...] Ici, nous reconstituons le merveilleux escalier d'Angkor et nous faisons tourner les danseuses sacrées, mais en Indochine on fusille, on déporte, on emprisonne. »

Le délégué général Olivier a-t-il perçu le danger ? A-t-il compris qu'il était peut-être maladroit de célébrer si haut et si fort un empire colonial qui, déjà, se lézardait de toutes parts ? Qu'il était sans doute un peu tard pour chanter les vertus et les bienfaits du colonialisme. Et qu'il convenait d'allumer des contre-feux. « Opposer les pays colonisateurs aux pays colonisés est une erreur dont les visiteurs de l'Exposition se rendront vite compte », affirme-t-il. Quant à ceux qui douteraient encore de la possibilité de faire vivre ensemble la pensée de l'Occident et celle de l'Orient, il leur conseille d'aller méditer quelques heures dans les salles de la section indochinoise...

L'Indochine est loin ; les Français, pour la plupart, ignorent les tiraillements qui secouent l'empire ; le pays n'est pas prêt, loin de là, à remettre en question la colonisation. Au contraire, les visiteurs qui se rendent en masse porte Dorée éprouvent une sorte de fierté nationale. Fierté de constater que la France glorieuse étend son influence, sa mission civilisatrice (comme on dit) partout, aux quatre coins du monde. Mais la soif de connaissances a aussi sa part dans cet engouement. Dans une époque qui ignore la télévision et n'a à sa disposition qu'un cinéma rudimentaire, lequel n'ose pas encore pousser la porte des studios pour s'en aller tourner au loin, l'Exposition contente le goût des découvertes des visiteurs, des ailleurs lointains, longtemps fantasmés. Ces ailleurs que racontent les livres d'aventures.

Quand l'Exposition ferme ses portes, le 15 novembre 1931, huit millions de personnes l'ont visitée – quatre millions de Parisiens, trois millions de provinciaux, un million d'étrangers.

18

Jalousie incandescente

Paris qui remue avait cédé la place à *Paris qui brille* et Joséphine à Mistinguett. Baker est de retour au Casino de Paris le 3 décembre 1932, avec *La Joie de Paris.* C'est au cours de cette revue qu'elle crée *Si j'étais blanche*, qui restera un de ses grands succès. Et dont les paroles, aujourd'hui, soulèveraient un tollé.

Je voudrais être blanche
Pour moi quel bonheur
Si mes seins et mes hanches
Changeaient de couleur…
Faut-il que je sois blanche pour vous plaire mieux ?

En 1932, Joséphine n'est pas encore entrée dans l'ère de la revendication ; le débat anticolonialiste qui anime la classe intellectuelle n'est pas son affaire, son objectif demeure la fraternisation des races. Rien d'autre. Artistiquement parlant, elle reste dans cet état d'esprit que dénonçait quelques années auparavant Arnold Haskell[1] :

donner une image des Noirs qui plaise au public blanc. Et, en effet, *Si j'étais blanche* sous-entend qu'être blanc est beaucoup mieux qu'être noir. Que la beauté noire s'efface devant la beauté blanche. Ce qui est très certainement l'avis du public parisien de 1932.

Une position qui scandalise l'écrivaine britannique Nancy Cunard. Celle-ci, grande collectionneuse d'art africain, qui vit une liaison avec le pianiste noir américain Henry Crowther, milite pour l'égalité des races. Elle qui, dans *Vogue*, en 1926, avait célébré Joséphine Baker, ceinturée de bananes, livrée à une sorte de déchaînement charnel dans la revue des Folies Bergère, s'élève à présent contre cette tendance, soutenue par la critique parisienne, qui consiste à effacer peu à peu l'authenticité de la danseuse – c'était déjà l'avis de Janet Flanner – au profit des « normes révoltantes du soi-disant bon goût national » – plumes en cascade, strass, costumes luxueux… Mais le public, lui, ne cache pas sa préférence pour cette nouvelle Joséphine Baker, celle qui a définitivement renoncé à ses mimiques de sauvageonne, ses socquettes blanches, son short troué, ses roulements d'yeux.

Gérard d'Houville (Marie de Heredia), dans sa chronique du *Figaro*, quelques jours plus tard, ne cache pas son enthousiasme devant « L'Âme du jazz », un tableau qui met en scène un grand orchestre de jazz de vingt-deux « coloured boys », comme dit le programme, dirigés par Joséphine elle-même, chef d'orchestre improvisé : « Elle se présente à nous de dos, fort peu vêtue d'une sorte de boléro pailleté. Ce dos, cette chute de reins, ces jambes sont d'une admirable perfection, et le satin beige de la peau a la pudeur d'un maillot lisse. »

C'est également l'avis de Colette, fidèle parmi les fidèles, qui a beaucoup apprécié cette séquence. Comme elle l'écrit à l'artiste dans les derniers jours de l'année 1932[2] : « Chère Joséphine, j'ai plaisir à vous redire combien vous avez été magnifique l'autre soir. Votre manière si *musicienne*[3] de conduire le jazz m'a particulièrement frappée. Et je suis heureuse que tant de dons, et tant de travail intelligent soient récompensés par un grand succès[4]. »

Henri Varna, une fois de plus, n'a pas lésiné sur les moyens. Féérie lumineuse avec « L'Hymne au soleil » ; défilé de couleurs pour « La Palette de Paul Colin » ; les débuts au music-hall de la belle actrice de cinéma Jeanne Helbling. Et deux jeunes chanteurs, deux révélations, le duo Pills et Tabet. Dont l'un des deux au moins, Jacques Pills, fera une belle carrière[5]. Et dont Joséphine va s'amouracher. Sans se préoccuper davantage de Pepito, blessé comme à chaque fois par les infidélités de sa compagne.

Pourtant, si l'on en croit le producteur de films Arys Nissoti, qui les a connus tous deux dès 1928, lors de leur grande tournée mondiale, Joséphine et Pepito formaient un couple fusionnel : « Il ne vivait que pour elle et elle ne pouvait pas vivre sans lui[6]. » Certainement. Mais 1928 est déjà loin ; et Joséphine ne veut pas renoncer à ses coups de cœur, ses « béguins », comme on dit dans ces années-là.

Est-ce ce béguin-là, après tant d'autres, qui va déclencher la crise ? Difficile, bientôt un siècle plus tard, de faire parler les morts, d'autant que le malaise que traverse le couple pendant cette année 1933 est resté secret ; ni l'un ni l'autre ne s'est exprimé sur le sujet ; et les biographes, par ignorance, sont restés muets. Toujours est-il qu'à la fin de l'année la rupture semble consommée ; les amants ne vivent plus ensemble ; Pepito a quitté la villa Beau-Chêne. Où, le 30 décembre, arrive une lettre de sa main : « Je ne peux pas faire autre chose que suivre ta volonté et j'espère que la liberté que tu désires si ardentement [*sic*] puisse te rendre heureuse[7]. »

On retrouve dans cette lettre le Pepito d'avant, le Pepito fervent des débuts de leur histoire d'amour. Protecteur, attentif, multipliant les mises en garde : attention au surmenage, ne bois pas trop, garde-toi bien de tout le monde, ne signe rien sans l'accord de maître Bertin[8]… Chez qui, n'oublie-t-il pas de préciser, il a déposé « [s]on contrat pour le Casino ». Il ajoute qu'il passera au Vésinet pour retirer ses effets personnels : ses vêtements, les quelques cadeaux qu'elle lui a faits et sa collection de monnaies. « Je ne peux pas et je ne veux pas te demander rien. » Autrement dit, il part les mains vides.

On le devine déchiré par cette séparation. De quoi faire mentir l'injuste légende qui lui colle à la peau, largement alimentée par Bricktop, Georges Simenon et d'autres encore, celle d'un profiteur, une sorte de « maquereau » appointé, habitué à vivre des femmes, à profiter d'elles… Car s'il se rémunère sur les cachets fabuleux que touche Joséphine, s'il met à leurs deux noms l'immeuble de rapport de l'avenue Bugeaud acquis récemment, ce n'est que justice. Après tout, ces sommes c'est lui qui les négocie, les obtient, c'est lui qui dirige d'une main ferme, qui ne faillit pas, la carrière de Joséphine. Et sur ce point, strictement professionnel, jamais elle ne renâcle devant ses avis. Docile à toutes ses décisions, à toutes ses suggestions. Et même elle s'amuse de cette réputation de « maquereau » qu'on fait à Pepito : « Dans le monde du spectacle, chaque fois qu'un homme gère les affaires de sa femme, on dit que c'est un maquereau. Le mot m'amuse d'ailleurs. Je le reprends, parce que je le trouve sonnant drôlement », et, devant Pepito, elle s'exclame : « Mon maquereau* ! »

On comprend vite, en lisant la correspondance qu'ils échangent alors, que le conflit est surtout dû aux excès de jalousie d'Abatino. Ce douloureux sentiment d'amour insatisfait, cette poche amère d'inquiétude, de rancune, de colère rentrée, forée au plus profond de son être, qui ne lui laisse aucun repos. Et qui s'exprime en disputes, parfois en violences physiques, en séquestration, en scènes terribles que Joséphine ne supporte plus – « Il m'assomme d'une gifle et, dans ma chambre, m'enferme à double tour* ».

Pourtant il insiste. Le 1er février 1933, de Saint-Moritz : « Laisse-toi aimer, la supplie-t-il, laisse que le sentiment de la jalousie puisse vivre encore en moi. Mais ne me reproche pas ça, aimer[9] ! » Et il s'engage à désormais dissimuler cette jalousie du mieux qu'il le pourra, à l'enfouir au plus profond de lui-même, malgré « l'atroce tiraillement de son âme qui est en proie au doute », afin qu'elle n'en soit plus incommodée. Une photo de lui dans la neige, souriant, auprès d'un grand chien, accompagne l'envoi.

Peut-être espère-t-il qu'elle finira par admettre que cette jalousie incandescente, qu'il porte au flanc comme une blessure, n'est rien d'autre qu'une formidable, qu'une douloureuse preuve d'amour ? Pepito est un Sicilien, un homme jeune – trente-cinq ans –, un homme du Sud pour qui passion et possessivité ne font qu'un. Une femme qui a longtemps douté de son charme, pense-t-il, une femme à qui les producteurs américains de music-hall répétaient à l'envi, dans sa prime jeunesse : « Tu es laide, tu es maigre » – une telle femme, à présent adulée, devrait plutôt se sentir rassurée par la jalousie de son compagnon.

N'est-ce qu'une brouille passagère ? Ou bien la première lézarde, annonciatrice d'autres orages ? Plus forts, ceux-là. Dévastateurs, même. Une chose est sûre, Joséphine ne supporte plus du tout la jalousie grandissante de Pepito. Ses crises à répétition et ce regard suspicieux qu'il porte constamment sur elle – ce « joug » dira-t-elle.

L'âge, l'expérience l'ont rendue plus sûre d'elle. Et peut-être ingrate aussi… La grande passion qui les avait jetés l'un vers l'autre s'est éteinte chez Joséphine, au fil des années. Comme s'éteint une lampe privée d'huile ; l'amour, ce fabuleux carburant, s'est épuisé. A-t-elle encore besoin à ses côtés d'un sigisbée empressé qui, peu à peu, s'est mué en contrôleur tyrannique de ses faits et gestes ? N'est-elle pas capable de mener elle-même sa carrière ? Et de choisir ses amours comme elle l'entend ? Sans avoir de comptes à rendre à quiconque. La manière forte, « à la sicilienne », de Pepito, qu'elle acceptait sans sourciller à vingt ans, elle la refuse maintenant. Il lui faudra du temps, beaucoup de temps, pour comprendre, pour admettre enfin que Pepito, avec ses qualités et ses défauts, est l'homme de sa vie. Pour le travail comme pour l'amour. Mais il sera trop tard.

Que s'est-il passé ? Les biographes, se trompant sur la date de naissance de Pepito, incriminent souvent la différence d'âge – seize ans – pour expliquer les difficultés du couple. Nous savons que c'est faux. Du point de vue de Joséphine, l'explication est plus simple : « J'aurais bien épousé Pepito s'il avait accepté que j'aie un bébé. Mais c'est toujours : "Tu as ta carrière à faire. Plus tard… Plus tard."* » Et lorsqu'elle l'interroge, après avoir lu le scénario de *Zouzou*, le film qu'ils tourneront en 1934, où elle joue encore une fois le rôle d'une vedette de music-hall – « Pourquoi le scénario finit-il comme cela ? J'aurais pu épouser Gabin (son partenaire dans le film). Ou est-ce que le public n'aimerait pas, à cause de ma couleur ? » –, la réponse ne se fait guère attendre, accompagnée d'un détestable sourire complice : « Zouzou, vedette, appartient toute à son métier. Comme toi*. » La solitude des artistes. Pas de mariage, pas de bébé.

Ici se place une anecdote révélatrice. Alors qu'elle participe à une représentation de bienfaisance donnée au profit du département de pédiatrie de l'hôpital Saint-André, à Bordeaux, Joséphine Baker profite de quelques instants de loisir, le lendemain matin, avant de reprendre le train, pour visiter le service. Des rangées de petits lits blancs sur lesquels elle se penche tendrement. Et tout à coup, les yeux pleins de larmes, une expression de désespoir sur le visage, elle se tourne vers la religieuse qui l'accompagne : « Je ne peux pas avoir d'enfant[10]. »

Stérilité ? Conséquences désastreuses d'un avortement plutôt, si l'on en croit les confidences que fit à Lynn Haney le frère de Joséphine, Richard ; avortement qu'il situe au moment de la rupture de l'adolescente et de son premier mari, Willie Wells, alors que Richard n'avait lui-même qu'une douzaine d'années[11]. Le jeune couple, sans ressources, s'était installé dans une chambre, au premier étage, chez Carrie McDonald, la mère de Joséphine.

Un jour, raconte-t-il, quelques semaines après le mariage, il surprend sa sœur en train de tricoter une layette. Mais un soir, peu de temps après, Willie rentre fou de rage de la fonderie où il travaille, hurlant qu'il va lui « tordre le cou ». Qu'a-t-il appris ? Il y a des cris, des invectives, le bruit sourd d'une chute… Richard se précipite à l'étage : Joséphine se tient debout sur le seuil de la chambre, une bouteille brisée à la main… « Il fallait que je me défende », dit-elle pour toute explication, tandis que Willie, assommé, perd son sang en abondance. Un médecin appelé en hâte lui fait quelques points de suture ; après quoi Willie quitte définitivement Joséphine.

Richard, tant d'années après, se rappelait avec netteté la tristesse de sa sœur, ses longs silences dans les jours qui suivirent l'événement. Plus de layette, plus d'aiguilles à tricoter… « Elle a dû avorter, confia-t-il à Lynn Haney, parce que rien n'est jamais arrivé[12]. » Avorter. Chez une « faiseuse d'anges », dans un taudis insalubre de Chestnut Street ?

Pourtant, à l'automne 1933, c'est ensemble que Joséphine et Pepito partent en tournée, apparemment rabibochés. Europe, Turquie, Égypte… Loin de Paris, loin de Jacques Pills, loin de toutes les tentations. Après avoir confié Chiquita au Jardin d'acclimatation du bois de Boulogne, où il demeurera jusqu'à la fin de ses jours. Le charmant guépard « flegmatique », comme disait Joséphine, est devenu adulte ; l'instinct sexuel qui s'est éveillé fait de lui désormais un fauve dangereux, instable ; affolé par les bas de soie, il lui arrive de griffer les jambes des femmes…

Le spectacle qu'ils emportent est constitué des meilleurs numéros des deux dernières revues du Casino de Paris, *Paris qui remue* et *Paris en joie*. Entre autres « L'Âme du jazz », que Joséphine, campée devant ses musiciens, la baguette à la main, conduit à vive allure.

Au Casino d'Ostende, un jeune homme de vingt-cinq ans, premier prix de violon du conservatoire de Paris, qui dirige l'orchestre du dancing, découvre Joséphine qu'il n'a jamais vue sur une scène. Saisi par son abattage, par l'incroyable magnétisme qu'elle dégage, il n'en croit pas son oreille musicienne lorsqu'elle chante – une voix insolite, roucoulante, haute, sans frein, « une coloratur en liberté ; j'étais sidéré par cette beauté à l'état pur, ce mélange de savoir-faire et de spontanéité* ».

Après la représentation, il s'enhardit jusqu'à frapper à la porte de sa loge. Ce jeune homme, c'est Jo Bouillon. On reparlera de lui dans quelques années… Pour l'instant, Joséphine se contente de lui donner une photo dédicacée. Qu'en pense Pepito ?

Le 16 décembre, ils sont à Amsterdam, au Carlton-Hotel. D'où elle écrit à Cristina Abatino-Scoto, la sœur de

Pepito : « Nous sommes en bon [*sic*] santé tous les deux. Le [*sic*] troupe marche bien, nous avons du succès partetoute [*sic*][13]. » Presque partout, car à Londres, au Prince Edward Theatre, première halte de la tournée, l'accueil est plutôt mitigé, quoi qu'elle en dise. Les Britanniques la jugent démodée, trop « années 1920 ». Mais, comme elle le confie à Cristina, ils ont des projets plein la tête : un rôle important dans un show new-yorkais l'année suivante, une tournée en Amérique du Sud au printemps. Car, dit-elle, c'est le seul endroit où l'on peut encore gagner de l'argent.

La brouille, semble-t-il, n'est plus qu'un mauvais souvenir…

19

Des planches au grand écran

Au printemps 1934, Joséphine Baker et Pepito sont de retour à Paris. Dès le mois de juin commence, pour trois mois, sous la direction de Marc Allégret, à Paris et à Toulon, le tournage de *Zouzou* – « d'après une nouvelle de G. Abatino », précise le générique. G, c'est Pepito, qui se réserve aussi la direction artistique du film, l'adaptation et les dialogues étant confiés à Carlo Rim et à Albert Willemetz. Une histoire qui semble faite sur mesure pour Joséphine[1]. À ses côtés, Jean Gabin. Un Gabin à son aurore, dont les grandes créations – *La Bandera, La Belle Équipe*, *Pépé le Moko*, *Quai des brumes, La Grande Illusion*… – restent encore à venir.

Déjà, Joséphine a deviné l'acteur d'exception qu'il deviendra : « Il a une façon si naturelle de parler que je ne sais pas quand il commence son rôle*… » Et lorsqu'il lui dit : « Roulée comme t'es, je ne vois pas pourquoi t'aurais peur », elle ne sait pas si c'est Gabin qui parle à Baker ou bien s'il s'adresse à Zouzou avec les mots de Carlo Rim ou d'Albert Willemetz.

Le 2 juillet, Carlo Rim se présente au Beau-Chêne. « Tu n'as jamais vu Joséphine de près, lui a dit Marc Allégret, il faut que tu la connaisses ! Va la voir chez elle, au Vésinet, elle t'attend. » Sous la chaleur accablante, tout dort dans le parc, les ouistitis dans leur cage, les perruches sur leurs perchoirs, les chiens au fond des niches ; même le jet d'eau, comme à bout de forces, n'exsude plus que quelques gouttes tièdes. La voilà ; elle est en costume de bain. D'un seul coup d'œil – l'œil aigu du dessinateur, du photographe, de l'écrivain, du réalisateur de films, puisqu'il est tout cela à la fois –, Carlo Rim la jauge. Elle est bâtie comme un garçon : deux longues jambes nerveuses aux genoux sans graisse, les épaules carrées, la poitrine plate, le ventre creux. Sa tête, note-t-il, a la forme parfaite d'un œuf ; et son sourire découvre les dents les plus rondes, les plus blanches, les mieux plantées qui soient. Quant à ses longues mains aux longs doigts, elles pourraient la dispenser de parler tant elles semblent bavardes…

Tandis qu'ils s'assoient sous l'ombre compacte des marronniers, il ne la quitte pas des yeux. Elle replie ses jambes sous le banc, « sur ses cuisses pleines et dures, pas un muscle ne bouge »[2].

Deux orphelins, Zouzou et Jean, ont été adoptés par un forain toulonnais, le brave père Mélé (Pierre Larquey), propriétaire du cirque Romarin, qui les présente au public dans un numéro équestre, en affirmant qu'ils sont jumeaux. Sauf que le petit Jean est blanc et Zouzou noire… Les enfants, élevés comme frère et sœur, grandissent ; Jean s'engage dans la marine, Zouzou, qui aime secrètement son « frère », part pour Paris où elle trouve un emploi de blanchisseuse.

Jean, de passage dans la capitale, vient rendre visite à Zouzou. Et tombe amoureux de Claire, une de ses camarades de la blanchisserie (Yvette Lebon). Ici, le script dérape. Jean est accusé d'un meurtre qu'il n'a pas commis. Tandis qu'une tapageuse vedette de music-hall (Illa Meery), cliente de la laverie, qui s'est enfuie avec son amant, laisse le directeur du théâtre qui l'employait (Marcel Vallée) dans l'embarras. Zouzou, qui rêve d'une carrière artistique, la remplacera au pied levé, afin de gagner l'argent que réclame l'avocat chargé de défendre Jean. C'est à cette occasion que Joséphine crée la chanson *Haïti*, où on la voit, charmant petit oiseau exotique prisonnier d'une cage dorée, se balancer sur son perchoir en chantant délicieusement le regret de son île[3]. Jean est acquitté. Zouzou, qui va l'attendre à la porte de la prison, le découvre dans les bras de Claire.

Une fois encore, le personnage que joue Joséphine se voit exclu du jeu sans ménagement, poussé sur la marge, renvoyé à sa couleur de peau. Comme tous ceux qu'elle a incarnés – Fatou (Folies Bergère), Papitou *(La Sirène des Tropiques)*, Joan, l'héroïne de *Mon sang dans tes veines*, Ounawa (Casino de Paris). Et Pepito, péremptoire, a beau déclarer : « Zouzou, vedette, appartient toute à son métier », il sait très bien à quoi s'en tenir.

Le film sort au cinéma Moulin-Rouge le 21 décembre, où il rencontre un beau succès populaire. Le journal *L'Humanité* écrit à son propos : « Le seul film de music-hall réalisé en France qui puisse rivaliser avec les productions américaines. » Il est vrai que Pepito a bien fait les choses, une fois de plus. Des centaines d'affichettes publicitaires proclamant « Joséphine Baker est Zouzou » ont été déposées chez des fruitiers parisiens qui ont accepté de dresser des monceaux de bananes sur leurs étals. Tandis qu'un agent de publicité britannique, James V. Bryson, se chargeait de concevoir une sorte de magazine, *Le Journal de Zouzou*, tiré à 600 000 exemplaires et distribué dans les salles de cinéma.

Succès populaire, oui... Mais comme le déplore le romancier Alexandre Arnoux, scénariste à ses heures, on n'a pas donné à cette « Réjane de couleur » les rôles dignes de ses possibilités ; « le cinéma s'est servi d'elle, mais ne l'a pas servie ».

Joséphine est déjà passée à autre chose. Depuis le 15 décembre, elle est sur la scène du théâtre Marigny où viennent de commencer les représentations de *La Créole*, un des derniers ouvrages d'Offenbach, composé sur un livret d'Albert Millaud (où, semble-t-il, Henri Meilhac a mis la main). « Enfin, Joséphine, je te tiens ! », s'écrie le directeur de Marigny, Léon Volterra, en guise de bienvenue. Tant sa présence dans une distribution est un gage certain de succès.

Créée le 3 novembre 1875 au théâtre des Bouffes-Parisiens, sous la direction de Jacques Offenbach lui-même, avec la mezzo-soprano Anna Judic dans le rôle principal, *La Créole* n'a pas été jouée depuis cette date. Elle a pourtant connu un assez joli succès à l'époque. Soixante représentations à Paris, une production à Londres, une autre à Vienne.

C'est Albert Willemetz qui a l'idée de reprendre cette opérette. Depuis des semaines, on cherche un rôle pour Joséphine, celle-ci déclarant innocemment à qui veut l'entendre : « Pourquoi les Français, qui ont tant de colonies africaines, font-ils un théâtre où l'on ne voit jamais de Noirs* ? » Des auteurs comme Marcel Achard ou Léopold Marchand en conviennent. Mais aucun manuscrit, aucune bribe de dialogue ne parvient jamais au Vésinet. Jusqu'au jour où Willemetz s'écrie : « J'ai trouvé ! Joséphine sera *La Créole* d'Offenbach. »

Mais d'abord il faut redonner tout son lustre, tant soit peu terni par la poussière du temps, à l'œuvre d'Offenbach. Et Willemetz se met au travail. Il s'agit d'adapter le rôle de Dora – la Créole – au tempérament de Joséphine Baker, de moderniser les dialogues et l'action, de donner au texte une alacrité, un punch qu'il n'a jamais eus. Le dramaturge commence par chambouler la structure du livret : il fait entrer Baker dès le lever du rideau, alors que dans l'œuvre originale le personnage de Dora n'apparaît qu'au deuxième acte. Le livret d'Albert Millaud plaçait l'action sous le règne de Louis XVI, Willemetz, lui, choisit la monarchie de Juillet. Il ajoute un prologue qu'il situe à la Jamaïque, des comparses – un quartier-maître, une troupe d'enfants, « les petits rats de Marigny » ; et, surtout, il fait incorporer à la partition, qu'il juge un peu faible, des musiques empruntées à d'autres œuvres d'Offenbach, notamment à l'opéra-bouffe *La boulangère a des écus*. Et même à Reynaldo Hahn. Car, comme le dit Janet Flanner dans sa chronique du *New Yorker*, « *La Créole* n'est pas ce qu'Offenbach a fait de mieux. Mais c'est ce que Miss Baker, elle, a fait de mieux ».

D'abord réticente, celle-ci s'inquiète : « Je ne pourrai jamais chanter ça. Ça ne jazze pas ! » Et ce texte qu'elle ne parvient pas « à se fourrer dans la tête », ce damné texte interminable. Et puis, peu à peu, elle se laisse séduire. Surtout après que Sacha Guitry l'a rassurée : « Mais si mademoiselle, vous y arriverez ! Vous êtes bonne comédienne, puisque vous êtes naturelle. » Il vient souvent assister aux répétitions, lui glissant à chaque fois un conseil avisé. Être sur la scène comme dans la vie, se moquer des critiques… Jusqu'ici, elle n'a connu que les planches des music-halls ou les studios de cinéma. « M. Guitry me fait comprendre mieux que personne l'art du théâtre*. »

Le prologue, au cours duquel elle doit simuler une colère dévastatrice, l'enchante. Chaque soir, pendant les dix mois que dureront les représentations, elle fracassera joyeusement plats, vases, assiettes, potiches. Une vaisselle en plâtre, par mesure d'économie. Dont les morceaux rebondissent dans tous les coins du plateau et parfois jusque sur les premiers rangs des spectateurs.

Le livret de *La Créole* peut se résumer en quelques mots : des personnages emportés dans un vaste imbroglio qui contrarie, jusqu'au dénouement, les amours de Dora, la fille du gouverneur de la Jamaïque, et de son soupirant, un jeune aspirant de marine. Comme l'écrit Madeleine Portier dans *Comœdia* : « Vous pensez bien que les auteurs ont ménagé à l'ancienne Joséphine le loisir de montrer le bout de l'oreille. » Et en effet, elle s'en donne à cœur joie. Ici, elle peut rire, chanter tout son saoul, loucher, gazouiller, faire des grimaces, des pieds de nez, pousser des cris d'oiseau.

Quarante musiciens, des danseurs, des costumes, des robes créoles, avec des manches bouffantes, pleines de volants, une jupe à traîne et un foulard noué autour des reins, des décors – la Jamaïque, le beau trois-mâts *La Frétillante*, le port de La Rochelle... Mais ce qu'elle préfère, c'est cette nuée d'enfants qui l'entoure, le petit corps de ballet du théâtre, « ma loge était pleine de petites filles ». Chaque dimanche, elle leur offre à goûter. « Quelle joie, si vous aviez vu** ! »

Un des premiers, le compositeur Henri Sauguet manifeste son enthousiasme : « Chacune de ses apparitions est un miracle de grâce et de délicatesse. Ce sont des débuts à l'opérette éblouissants. » C'est aussi l'avis du musicographe Émile Vuillermoz, qui parle d'une interprétation « extraordinaire ». *Le Populaire*, sous la plume de Louis Lévy, affirme que la verve de Joséphine sert Offenbach, « au point de nous faire croire que *La Créole* est de la même veine que *La Belle Hélène* ». *Comœdia*, le journal des spectacles, ne ménage pas non plus ses éloges : « Il faut l'entendre moduler sa berceuse et perler le do dièse de la fin pour savoir de quoi est capable la nouvelle Joséphine. Elle sait plier sa voix d'oiseau des îles aux roucoulades d'opérette – elle atteint jusqu'au contre-ré – et elle se montre comédienne experte dans ce rôle[4]. »

Devant le succès, Léon Volterra propose de prolonger les représentations au-delà de ce qui était prévu au contrat : « Nous sommes partis pour un an ! », s'écrie-t-il, enthousiaste. « Oui, oui », répond mollement Pepito. Commentaire de Joséphine : « Je le connais bien. Il ne veut jamais épuiser un succès. Il court tout de suite après un autre*. »

En effet, Pepito a déjà un autre projet en tête ; il souhaite qu'elle revienne au cinéma. « Et il a raison », dit-elle. Ce sera *Princesse Tam-Tam*, dont il a, une nouvelle fois, lui-même écrit le scénario – « c'est du roman-feuilleton », constate-t-elle, ravie. Un film produit par Arys Nissotti, réalisé par Edmond T. Gréville, dialogué par Yves Mirande. Alors qu'il voyage en Afrique du Nord pour tâcher d'oublier les infidélités de sa femme (Germaine Aussey), le romancier Max de Mirecourt (Albert Préjean) remarque dans la campagne une jolie gardeuse de chèvres. Afin de donner une leçon à son épouse, il emmène la fille à Paris, la couvre de robes de prix, de bijoux, en fait une créature ultra-sophistiquée et la présente autour de lui comme une princesse exotique… Mais celle-ci se lasse vite des élégances parisiennes et retourne dans son pays[5].

Les extérieurs sont tournés en Tunisie ; Pepito est du voyage. Et le couple, sur le chemin du retour, fait un crochet par Rome où réside la famille Abatino. Mal lui en prend : leur Delage est violemment percutée par un camion dans la banlieue de Rome ; heureusement, ils s'en tirent à peu près indemnes. Mais sur les petites routes en lacets des Alpes, tandis qu'ils roulent vers la frontière, Joséphine est affreusement malade.

Pourtant, rien ne semble pouvoir tarir sa vitalité : « J'ai vu le film, je le trouve très très bien, beaucoup mieux que *Zouzou* », écrit-elle le 4 juillet 1935 à Cristina, la sœur de

Pepito[6]. Une longue lettre dans laquelle elle raconte à la jeune femme qu'elle est retournée au studio d'enregistrement où elle travaille, « au moins dix heures par jour », ses nouvelles chansons ; dont *Sous le ciel d'Afrique*, le refrain qu'elle chante dans *Princesse Tam-Tam.* Suit, pêle-mêle, la liste des faits et gestes des hôtes du Beau-Chêne : elle conduit un avion – elle vient d'obtenir son brevet de pilote à Villacoublay –, un biplan à doubles commandes avec l'instructeur Denay, elle monte à cheval, mène sa voiture. Au chapitre vie privée, son valet est amoureux de son secrétaire, ce qui complique beaucoup les choses... Et elle termine sa lettre : « Je vous assure que nous sommes tous les deux bien maigres ; Pepito est jaune de nouveau et moi je suis bien triste de le voir comme cela, car il travaille seul. »

Pepito jaune ? De nouveau jaune ? Ce qui veut dire qu'il l'a déjà été ?

Oui, Pepito est malade. Fatigué, très fatigué... Il ne le sait pas encore, personne ne le sait, il est atteint d'un cancer.

20

Discrimination raciale

Et l'Amérique ? Le producteur Eddie Cantor, de passage à Paris, assiste à une représentation de *La Créole*. Dans les coulisses, tandis qu'il félicite Joséphine : « Vous devriez revenir en Amérique, ils seraient fous de vous », lui glisse-t-il.

Ce retour, Pepito y songe aussi et depuis longtemps : que valent les triomphes européens s'ils ne sont pas confirmés par une consécration américaine ? En cette année 1935, toutes les conditions semblent réunies pour un retour. Joséphine n'est pas une inconnue aux États-Unis, loin de là, sa célébrité a franchi l'Atlantique ; en septembre 1933, une revue à succès, *As Thousands Cheer*, succession de sketchs musicaux, montée à Broadway au Music Box Theatre, la montrait, incarnée par Ethel Waters, chantant avec nostalgie *I've got Harlem on my mind*. Ce qui, semble-t-il, est maintenant assez proche de la réalité : « Je meurs d'envie d'y retourner, ne serait-ce que pour un soir, marcher le long de Broadway et regarder les lumières[1]. » Et savourer sa revanche.

Pepito s'est empressé de prendre contact avec la Shubert Organization, fondée par les trois frères Shubert dès la fin du XIXe siècle. Une agence théâtrale qui possède plusieurs salles de spectacle à New York et qui organise aussi des tournées théâtrales dans tout le pays. Une tournée à travers les États-Unis, c'est précisément ce que souhaite Pepito. Or, depuis le décès, en 1932, de Florenz Ziegfeld, fondateur vingt-cinq ans plus tôt des Ziegfeld Follies, conçues sur le modèle des Folies Bergère, sa veuve, Billie Burke, s'est associée avec les frères Shubert et c'est donc ensemble qu'ils produisent chaque année une nouvelle revue. Joséphine est engagée pour la saison 1936, avec un cachet hebdomadaire de mille cinq cents dollars.

Autour d'elle une distribution de choix, dirigée par John Murray Anderson, un excentrique notoire qui s'éveille chaque jour à midi, passe une heure dans sa baignoire, porte le même complet-veston durant toutes les répétitions, avant de le brûler superstitieusement à la veille de la première. Bob Hope, devant qui s'ouvre un bel avenir hollywoodien, l'actrice Eve Arden, la chanteuse Gertrude Niesen… Et, en vedette, Fanny Brice, habituée des Follies depuis nombre d'années[2]. Des décors et des costumes débordants de couleur, dessinés par Vincente Minnelli – qui n'est pas encore le grand réalisateur qu'il deviendra par la suite ; la chorégraphie est réglée par George Balanchine. Chansons de Ira Gershwin et Vernon Duke. « Ils ont fait une chanson exquise, *What is there to say*, mais ce n'est pas moi qui la chante. C'est la tête d'affiche, Fanny Brice. » Car Joséphine a bien compris que cette fois, ce n'est pas elle la vedette du spectacle. « Je ne suis jamais qu'une artiste plus ou moins nue, plus ou moins harnachée*. »

Ce come-back américain va vite tourner au supplice.

C'est pleine d'espoir pourtant qu'elle s'embarque, le 2 octobre 1935, ses deux pékinois sous le bras, à bord du *Normandie*, accompagnée de Pepito. Qui répond aux nuées de journalistes qui s'empressent autour d'eux : « La revue des Ziegfeld Follies est quelque chose d'infiniment luxueux », confie-t-il à Jean Pagès, le reporter du *Petit Parisien*. Presque dix ans jour pour jour après avoir fait la traversée dans l'autre sens sur le *Berengaria*, voilà Joséphine partie à la conquête des États-Unis. « En souvenir de mon inoubliable voyage sur *Normandie* », écrit-elle sur le livre d'or du paquebot détenteur du Ruban bleu, fleuron de la Compagnie générale transatlantique, inauguré quelques mois auparavant.

À bord, elle ne tient pas en place, soucieuse de l'accueil qui l'attend à New York, anxieuse aussi. Pepito, qui a pris soin de prévenir les agences de presse de son arrivée, est assailli de questions – y aura-t-il des journalistes qui l'attendront à la descente du bateau ? Peut-elle espérer devenir une star à Broadway ? Jouer dans des comédies musicales ? Et Hollywood ? Sera-t-elle la première femme noire à devenir une star de cinéma ? Inquiète, oui, et cependant sûre d'elle. Tout ce qu'elle a entrepris depuis une dizaine d'années s'est soldé par une réussite éclatante. Pourquoi n'en irait-il pas de même cette fois ? Et tandis que la statue de la Liberté se profile à l'horizon marin, Joséphine se sent de taille à renverser toutes les barrières raciales. Elle va vite s'apercevoir qu'elles sont infranchissables.

Une poignée de reporters-photographes est sur le quai. Avec toutes les questions stupides qu'ils ont coutume de poser aux passagers. Que pensez-vous du boxeur noir Joe Louis ? Connaissez-vous Albert Lebrun, le président de la République française ?

Deux appartements leur ont été réservés à l'hôtel St. Moritz, au bord de Central Park South. *Welcome home !* Le directeur les accueille en personne. Mais c'est pour demander aussitôt à Joséphine d'emprunter désormais l'entrée de service et d'éviter de se montrer dans le hall. Les clients sudistes qui fréquentent l'établissement n'apprécieraient certainement pas sa présence. Pas d'esclandre. Aucun commentaire ; elle ravale sa peine et sa colère.

Le soir même, elle tient sa première conférence de presse au St. Moritz, dans sa suite. En français, avec un interprète. Car elle sait que son anglais rudimentaire, populaire même, trahit le peu d'éducation qu'elle a reçu ; on lui pardonnera plus facilement ses fautes, pense-t-elle, si elle s'exprime dans une langue étrangère. La légende de Joséphine Baker, née à Paris, est parvenue jusqu'ici. À chacun d'y croire ou pas, souligne le reporter du *New York Times* dans son article : « Impossible de faire autrement, car si vous lui posez des questions qu'elle juge indiscrètes, Baker sourit puis ignore la question. » C'est d'ailleurs ainsi que naissent et vivent les légendes.

Prévue en novembre, la première du spectacle doit être repoussée de plusieurs semaines, la production en effet peine à boucler son budget. Un retard que Baker va mettre à profit pour rendre visite à sa famille, à Saint-Louis. Cinq jours consacrés à sa mère qu'elle n'a pas revue depuis plus de dix ans, même si elle lui envoie régulièrement de l'argent.

Chestnut Valley n'a guère changée, fumées des usines, odeurs pestilentielles, pauvreté… Que peut-elle penser, elle qui vit dans le luxe de Beau-Chêne ou dans celui des palaces, en retrouvant les taudis de son enfance, où rôdent encore tant de mauvais souvenirs, tant d'inguérissables humiliations ? Mais quand elle propose à Carrie de débourser 20 000 dollars comptant pour lui acheter une maison dans un autre quartier, celle-ci refuse, presque scandalisée. « Nous verrons quand tu reviendras », dit-elle froidement. Comme si cet argent que lui offre sa fille était frappé d'un sceau d'infamie. Richard Martin expliquera à Lynn Haney que sa mère avait du mal à réaliser que quelqu'un ait autant d'argent. N'est-ce pas plutôt l'origine de cet argent qui trouble Carrie ? Très pieuse à présent, elle réprouve l'attitude de sa fille, qui se dénude sur scène.

Retour à New York. Où le travail commence aussitôt. À un rythme soutenu : le matin, leçons de danse, leçons de chant, puis essayage des costumes dans l'atelier de Minnelli ; l'après-midi, de 14 heures à 18 heures, répétitions ; et de nouveau de 21 heures à minuit. Longues séances fastidieuses : « À Paris, répéter est un plaisir, à New York c'est une affaire de discipline », explique-t-elle amèrement à un journaliste.

Comme c'est la coutume, le spectacle est d'abord rodé dans les grandes villes de la côte est ; au Boston Opera

House, à partir du 28 décembre ; le 12 janvier 1936, il s'installe à Philadelphie, où Joséphine va profiter de son séjour pour faire enregistrer son divorce d'avec Willie Baker. « Une chanteuse élégante et une danseuse excentrique », peut-on lire à son propos dans un article du *Philadelphia Public Ledger*, qui manque visiblement d'enthousiasme. Tandis que le *Boston Traveler* constate que ses deux chansons sont quasi inaudibles[3]. Cependant, le critique du *New York World-Telegraph*, qui assiste à la première à Boston, rapporte qu'elle a conquis un public nombreux. Mais Joséphine Baker sait déjà qu'elle a perdu la main…

Le 31 janvier, enfin, les Ziegfeld Follies s'installent à New York.

Quand Joséphine fait son entrée sur la scène du Winter Garden Theater, entourée de ses boys, c'est dans une tenue qui rappelle sa légendaire ceinture de bananes, sauf qu'ici Raoul Pène Du Bois, l'assistant de Minnelli, a remplacé les bananes par des sortes de pointes acérées et menaçantes, taillées comme des dagues dans une matière argentée, qui hérissent et cachent ses seins, son ventre, ses fesses… « Les Antilles », s'intitule ce tableau. Et c'est ainsi barbelée qu'elle danse une conga déchaînée, venue tout droit des Caraïbes.

Elle réapparaît deux fois au cours de la soirée. D'abord sur un improbable champ de courses nocturne, figurant une princesse indienne, vêtue d'un riche sari étincelant, immobile et chantant *Maharanee*, que lui ont écrit Ira Gershwin et Vernon Duke. La seconde chanson *Five AM*

(« 5 heures du matin »), met en scène une Parisienne élégante regagnant son appartement à l'aube, après une nuit de fête. Minnelli, pour la circonstance, a imaginé une robe en fils d'or véritable qu'il fait réaliser, d'après une maquette, par une entreprise spécialisée dans la fabrication de sacs en mailles de métal. Comme il l'explique dans ses Mémoires : « Ils tissèrent la robe tout à fait comme je le souhaitais. Elle pesait dix-sept livres. Joséphine la portait avec une cape en plumes d'autruche de couleur prune que sa silhouette magnifique mettait admirablement en valeur[4]. »

Malgré la robe de prix, malgré la cape luxueuse, et quoi qu'en dise Minnelli, elle n'est pas du tout à son avantage dans ce spectacle. C'est aussi l'avis de son ami Carlo Rim, à qui elle fait parvenir quelques photos des *Ziegfeld Follies* : « Une Joséphine hiératique au teint pâle, ridiculement américanisée, en robe du soir, en princesse hindoue… » Ainsi statufiée, excessivement blanchie sous son épais maquillage de scène, banalisée, il la trouve méconnaissable, « Pauvre Joséphine[5] ».

Le lendemain, dans les journaux, toute la troupe est portée aux nues, Fanny Brice en tête. Sauf Joséphine. Sur qui les chroniqueurs se livrent à un véritable jeu de massacre. C'est à qui frappera le plus fort… *New York Post* : « Une voix de gnome. » *New York Times*, sous la plume de Brooks Atkinson : « Joséphine Baker est devenue une célébrité qui offre sa présence plutôt que son talent. Sa voix n'est qu'un grincement dans le noir, et quand elle danse, on ne ressent que la souffrance de l'artiste. Miss Baker a affiné son art à tel point qu'il n'en reste plus rien. » Ce que la plupart lui reprochent, c'est de s'être laissée « frenchifiée », de ne plus correspondre aux nouvelles tendances chorégraphiques américaines. La mode, ici, est désormais au swing. Mais la plus féroce critique – la plus ignoble – est celle que publie *Time Magazine*, le 10 février, dans sa rubrique « Théâtre » :

> Joséphine Baker est la fille d'une blanchisseuse de Saint-Louis, sortie d'une revue nègre burlesque pour connaître soudain à Paris une vie d'adulation et de luxe durant le boom des années 1920. Pour ce qui est de l'attrait sexuel, les Européens blasés, genre amateurs de jazz, donneront toujours la préférence à une fille nègre. La coloration particulière qu'a la peau de la grande et filiforme Joséphine Baker a fouetté le sang des Français. Mais pour les spectateurs de Manhattan qui l'ont vue la semaine dernière, ce n'était d'une jeune négresse aux dents de lapin dont le corps ne valait pas mieux que celui de n'importe quelle girl de boîte de nuit. Hors de Paris, il n'est guère difficile de trouver meilleure chanteuse ou danseuse.

Racisme à l'état pur. Mépris – l'emploi du mot *wench* (« fille ») qui peut s'entendre comme l'équivalent de « fille du peuple » ou même de « coureuse », en tout cas dans un sens péjoratif. Et une bonne dose de xénophobie à l'égard des Français, du goût français. L'échantillon serait à sa place, aujourd'hui, sous la plume d'un suprémaciste blanc. D'ailleurs, comme le rapporte Phyllis Rose dans son ouvrage *Jazz Cleopatra : Josephine Baker in her Time*[6], l'article souleva de vives protestations, comme celles publiées par les journaux noirs, *The Chicago Defender* qui pointe cet emploi du mot *wench*, ou l'*Amsterdam News* qui milite pour le rassemblement de tous les habitants de Harlem autour de cette courageuse femme noire : « Ceux qui l'insultent nous insultent aussi. »

Nul n'est prophète en son pays, certes. La colère, l'humiliation, toute la déception de Joséphine qui attendait tant de ce retour vont retomber sur Pepito qu'elle rend responsable de l'échec. Avec une telle véhémence que le conflit s'ébruite et que les échotiers new-yorkais, l'oreille aux aguets, parlent de « ses éclats avec le comte italien* ». Elle lui reproche la « claque » qu'il a engagée et qui lui vaut une remarque acerbe de Walter Winchell, le critique du *Daily Mirror* : « La Baker a été tancée par les critiques, on ne les persuade pas avec des applaudissements. » Elle lui reproche sa légèreté, son incompétence même, pour avoir accepté un contrat qui ne lui garantissait pas la vedette et la mettait en compétition avec Fanny Brice, star adulée aux États-Unis ; elle lui reproche de n'avoir pas mieux négocié son engagement avec la Shubert Organization, de n'avoir pas exigé pour elle la première place sur l'affiche ; de n'avoir pas été à la hauteur de l'enjeu, de s'être laissé manipuler par les Américains… Elle a l'impression de revenir à son point de départ, lorsqu'elle était une petite girl anonyme au Plantation Club. Le Plantation qui se trouvait, en 1925, au pied de l'immeuble qui abrite maintenant le Winter Garden. Dix ans pour franchir quelques dizaines de mètres. Pepito a perdu. Elle a horreur des perdants. Elle les écrase. Gagner, gagner toujours.

Que peut-il répondre à ces attaques, lui que ses amis dépeignent comme un homme d'affaires redoutable ? Peut-il reconnaître qu'il est pris en faute ? Peut-il avouer qu'affaibli, désemparé, la tête ailleurs, en proie toujours à son inextinguible jalousie, il n'a pas su résister aux frères Shubert ? Bouleversé par ces scènes violentes, épuisé, tenaillé par son mal qui ne lui laisse aucun répit, Pepito prend de plein fouet toutes les accusations qu'elle lui jette à la figure. Il n'attendra pas le verdict fatal de la presse new-yorkaise. Dès la mi-janvier, il s'embarque seul à bord de *L'Île-de-France*, destination Le Havre. Sans retour.

Ils ne se reverront pas.

On imagine le chagrin, le désespoir de cet homme, seul dans sa cabine de bateau. Tout s'effondre autour de lui, tout lui échappe, tout ce qu'il a bâti depuis une dizaine d'années, son métier, la femme qu'il aime, celle qu'il a hissée au rang de star internationale. Et sa santé. Une question reste encore aujourd'hui sans réponse. Est-ce lui qui a choisi de partir ? De s'enfoncer dans l'oubli ? Est-ce Joséphine, aveuglée par le ressentiment, qui l'a chassé ? Nous n'en savons que ce qu'elle veut bien en dire aux deux sœurs de Pepito, Cristina et Norina, dans une lettre datée du 21 mars 1936 : « Pepito et moi nous ne sommes plus ensemble, mais que veux-tu, quand deux êtres ne peut plus il le vau [*sic*] mieux pour les deux de ne plus rester ensemble, j'ai espere [*sic*] que nous sommes toujours de bon amis, car toute même nous été neuf ans ensemble, et c'est triste quans on rest ennime [*sic*] après temps d'années… » Et elle s'empresse d'ajouter qu'elle ne veut rien changer de ses rapports avec la famille Abatino : « Vous êtes ma famille, Je suis toujours votre sœur. »

À Paris, des rumeurs de divorce ont précédé Pepito. Il s'en explique auprès du reporter du *Journal* venu l'attendre au Havre, à sa descente du paquebot, le 19 janvier : pour divorcer, il faut d'abord avoir été marié, ce qui n'est pas le cas. Sur le quai, devant la presse, il tente de faire bonne figure, malgré sa fatigue : « Ce n'est pas accabler une artiste que de dire qu'elle est peu disposée à écouter les conseils de son manager. Joséphine a des conceptions que je ne partage pas. Que faire en pareil cas, sinon rompre le contrat ? Nous avons décidé, à la suite d'un événement récent, de reprendre notre liberté. » Et il parle, lui aussi, de rupture à l'amiable.

Seule à New York désormais, Joséphine Baker ouvre, le 8 février, sur la 54e Rue Est, un nouveau Chez Joséphine. Dans une belle demeure où vécut la milliardaire Barbara Hutton, l'héritière de la colossale fortune Woolworth. Pendant le jour, c'est un restaurant huppé, Le Mirage, qui se transforme en cabaret dès 22 h 30, après le service.

Une petite formation, le Ray Benson Orchestra, accompagne les quelques airs que Joséphine chante au cours de la soirée. Elle a retrouvé sa liberté, son audace, son insolence. Elle monte un numéro qu'elle interprète elle-même avec trois danseurs blancs en culotte de zouave, tandis qu'Alice Delano Weekes – « danseuse au sang bleu qui tortille ses fesses », *dixit* le magazine *Variety* –, une artiste qu'elle a engagée, lointaine cousine du président

Roosevelt, exécute une danse du ventre burlesque avec un partenaire noir, portier dans une boîte de Harlem.

Pour le reste, c'est la recette habituelle. Comme rue Fontaine naguère, comme à Vienne au Wolf Pavillon, comme à Stockholm au Jardin d'hiver du Grand Hôtel, comme à Berlin… Elle s'assoit sur les genoux des clients, ébouriffe leurs cheveux d'un revers de main, rit à pleine gorge, danse avec eux, distribue ballons et serpentins. Et c'est le succès. Chez Joséphine, on peut croiser la cantatrice française Lily Pons, Fred Astaire, les frères Gershwin, George et Ira. Et puis, un soir, un client qui n'est pas un inconnu pour Joséphine, Georges Simenon.

En 1936, le petit Sim des Années folles n'est plus qu'un vague souvenir, Simenon l'a effacé, de toute sa carrure d'écrivain. Il est de passage à New York, étape du grand reportage qu'il a entrepris pour le *Paris-Soir* de Jean Prouvost. Une sorte de tour du monde en cent cinquante-cinq jours qui le mènera jusqu'en Nouvelle-Zélande. Retrouvailles. Que se sont dit les deux anciens amants, dans l'appartement meublé qu'à présent Joséphine loue à Harlem ? Ont-ils retrouvé l'élan charnel de naguère, qui les jetait avec force l'un contre l'autre ?

Un autre visiteur qu'elle n'attendait pas, c'est Paul Derval, le directeur des Folies Bergère, qui a traversé pour elle l'Atlantique, porteur d'un contrat mirifique pour la saison 1936-1937. En effet, Paris doit accueillir, dès le mois de mai 1937 et pour six mois, une vaste exposition internationale qui se tiendra sur le Champs-de-Mars et les jardins du Trocadéro. Les Folies Bergère comptent sur l'événement pour attirer les foules rue Richer, en mettant Joséphine Baker à l'affiche d'une nouvelle revue : *En Super folies.*

C'est dans sa luxueuse loge du Winter Garden, aux murs tendus de satin bleu, fleurie d'un gros bouquet de muguet posé sur une coiffeuse, qu'elle le reçoit. Les chamailleries et les bisbilles des années 1920 sont oubliées. Et c'est en vieil ami qu'elle accueille Derval : « Elle me sauta au cou[7]. » Paul Derval, en bon manager, va droit au but : un pourcentage sur les bénéfices, un à-valoir mensuel de 40 000 francs. Et, déjà, il lui tend le contrat... Mais avant qu'il puisse aller plus loin, Joséphine pousse un hurlement, aussitôt suivi de cris suraigus, piquants comme une pelote d'épingles. Il vient en effet de s'asseoir sur le fauteuil où dormait, caché sous un plaid, le pékinois favori. « Une tigresse ! Elle s'est jetée sur moi comme une tigresse ! », dira-t-il. Elle le saisit sans ménagement par la manche, le pousse dehors brutalement, dans un nuage d'injures. Finalement, après discussion, elle obtiendra 42 500 francs d'à-valoir. Pour couvrir les frais de vétérinaire !

Début juillet, elle est encore à New York, d'où elle écrit à Carlo Rim une courte lettre, accompagnant d'autres clichés pris Chez Joséphine par Murray Korman, photographe en vogue, sur lesquels, exagérément sophistiquée, la petite sauvageonne de *La Revue nègre* est devenue une sorte de créature fatale. Le commentaire qu'elle ajoute au dos des photos en dit long sur le racisme quotidien des Américains : « Tu vois comme je suis ici. Mais rassure-toi, si je veux téléphoner dans la rue, je suis encore une négresse… »

Elle lui annonce son retour imminent à Paris où elle retrouvera « ma France et la liberté ». À New York, conclut-elle, la saison est terminée. Il y fait déjà une chaleur tropicale.

21

Routine…

Pepito n'est pas revenu au Beau-Chêne. Rentré à Paris, taraudé par la maladie, il se réfugie dans une chambre d'hôtel, rue de Marignan, proche des bureaux d'Arys Nissotti. « Il était rentré d'Amérique très éprouvé par la rupture », témoigne celui-ci. Qui lui trouve une mine affreuse qu'il met d'abord sur le compte du chagrin. Mais Pepito se plaint de plus en plus souvent de douleurs violentes à l'estomac, au foie. Son teint jaune alerte le producteur, qui lui conseille alors de consulter son médecin. Celui-ci l'appelle dès le lendemain de la visite : « Votre ami est perdu. Cancer des reins. Il n'en a que pour quelques mois. » Pepito, lui, croira jusqu'au bout qu'il s'agit d'une hépatite. Joséphine, dans ses Mémoires, parle d'un ulcère à l'estomac.

Affaibli, il s'est alité. Bientôt, on doit l'hospitaliser dans une clinique de la banlieue parisienne. Nissotti s'y rend fréquemment. Pepito est allongé sur le lit étroit, ses deux mains posées bien à plat sur le drap blanc. Que reste-t-il du bel Italien ? De son impétuosité ? De sa combativité ?

Son regard si vif s'est éteint, comme décoloré. Lorsque son ami est là, silencieux à ses côtés, il se laisse aller à parler de Joséphine avec abandon – la puissance de son charme, son inconstance cruelle, leur première rencontre chez Zelli's, les disputes, les tournées internationales... Tandis qu'Arys Nissotti constate sur lui les progrès du mal : « Il changeait à vue d'œil. » Pepito a-t-il compris qu'il touchait au but ultime ? Il demande à son ami de toujours veiller sur Joséphine. Et il entre dans le coma.

Le 1er novembre 1936, *Le Petit Journal* annonce son décès en trois lignes : « M. Pepito Abatino est mort dans une clinique des environs de Paris où il était en traitement. » Il a usé ses dernières forces à mettre de l'ordre dans les affaires de Joséphine. Il laisse une lettre par laquelle il lui lègue tous ses avoirs, ses parts de la villa Beau-Chêne et de l'immeuble de l'avenue Bugeaud, ses collections de monnaies précieuses et de timbres. Et toutes les liquidités en sa possession : « Elle en aura besoin, parce qu'elle n'a aucun sens de l'argent », dira Arys Nissotti.

Joséphine a-t-elle assisté à la messe qui fut dite à l'intention de Pepito à Saint-Philippe-du-Roule ? Avant son inhumation provisoire dans la crypte de l'église de Neuilly. Sans doute. « Je veux maintenant qu'il repose près de moi », écrit ou fait écrire Joséphine, en 1949, dans ses *Mémoires*. « Cher Pepito de mes débuts. Il sera transporté au château des Milandes, près de la petite chapelle**. »

Ce qui sera fait.

Dans l'album où Joséphine collait les coupures de presse la concernant, des pages de l'année 1936 ont été déchirées. Pas celles qui relatent l'échec américain, celles qui parlent de la mort de Pepito. Pas un mot non plus dans les notes qu'elle a laissées, qui serviront de documentation, après sa mort, à la rédaction d'un volume de souvenirs. Jusqu'à ses derniers jours, elle conservera la photo de Pepito près d'elle.

Lettre à Cristina Abatino-Scoto, le 12 juillet 1936 : « Tout est si beau ici au Vésinet, la maison est si jolie[1]. » Elle poursuit en priant Cristina de venir à Paris en octobre, afin de la soutenir lors des premiers jours aux Folies Bergère. Car, dit-elle, c'est ceux qu'elle aime le plus qu'elle veut près d'elle dans ces moments d'angoisse et de trac. À peine arrivée, elle vient tout juste de poser ses bagages au Beau-Chêne. Tout va mal à Paris, bloqué par les mouvements contestataires, confie-t-elle à sa correspondante : « Tout est en grève, même les couturiers ! » Les cousettes aussi ont pris le pouvoir, et occupent les ateliers. Car la victoire des partis du Front populaire aux élections législatives du printemps 1936 n'a pas calmé l'agitation sociale qui secoue le pays depuis plusieurs mois. Fin juin, deux millions de personnes, en France, ont cessé le travail.

La jeune femme a retrouvé sa paisible demeure, son jardin, la petite rivière sinueuse aux poissons rouges, ses animaux familiers... Mais Beau-Chêne lui paraît vide, trop grand pour elle seule, beaucoup trop grand. Vide et triste. Pepito est partout ; partout, elle se cogne à son ombre, à son souvenir. Pepito, son soutien indéfectible, mais aussi son tyran familier. Étrange sentiment qui mêle, au chagrin de l'absence, au remord de s'être quittés sur des mots de colère, une sorte d'inavouable soulagement… Les jours passent, l'été s'achève. Cœur lourd.

Retour aux Folies Bergère. Depuis son dernier passage, le théâtre a changé. La façade sur la rue Richer s'orne à présent d'un grand bas-relief, traité à la feuille de cuivre et signé Maurice Pico – une femme nue, une danseuse, prise dans les volutes de l'Art déco. Tandis que la salle, agrandie, peut maintenant accueillir près de deux mille spectateurs.

La préparation du nouveau spectacle va bon train ; l'essayage des costumes a commencé. Comme il l'avait promis, Paul Derval a bien fait les choses – ce fourreau si étroit qu'il semble avoir été cousu sur elle, l'emprisonnant dans un réseau de strass, cet autre, de satin immaculé, cet interminable manteau fait de trente peaux de renards blancs… Tous ces costumes de scène qu'elle décrit dans ses *Mémoires* avec une sorte de jubilation, de gourmandise joyeuse. Tous dessinés par un jeune Hongrois, arrivé depuis peu à Paris. Et qui va veiller pendant plus de cinquante années sur le destin artistique des Folies Bergère : Michel Gyarmathy.

Aux Folies, Joséphine reprend courage ; elle retrouve, parmi ses camarades, l'atmosphère rassurante d'une famille. Certes, les Folies Bergère, comme les Ziegfeld Follies, sont une sorte d'usine, mais une usine « avec le cœur en plus ». Une fabrique de plaisir. Baker aime les répétitions ; elle n'en manque pas une seule. Assise au premier rang, dans la chaude promiscuité de la troupe, elle regarde, elle donne son avis, elle applaudit à tous les tableaux dont elle n'est pas.

« Varna vous avait donné un guépard, moi je vais vous donner un éléphant », lui a dit tout faraud Paul Derval. Et le soir de la première, le 2 octobre 1936 – onze années jour pour jour après la première représentation de *La Revue nègre* –, c'est sur un grand palanquin débordant de plumes d'autruche et d'étoffes précieuses, arrimé sur le dos d'un gigantesque éléphant de jade, que Joséphine, comme une reine de la jungle, une Tarzane ou une Durga Râni, fait son entrée, entourée de tigres en carton-pâte plus vrais que nature qui semblent griffer l'air, dressés sur leurs pattes arrière. Barrissements, feulements, rugissements amplifiés par les haut-parleurs, le rugueux langage des fauves fait trembler le théâtre tout entier – l'illusion est parfaite des félins attaquant le beau pachyderme vert. Dans un autre tableau, « La Fille du bled », Joséphine, couverte de blanches mousselines empesées, de gazes immaculées, croise la route de quatre méharistes[2]. Est-ce à cause de cet épisode que le sultan du Maroc et sa suite vont revenir l'applaudir quatorze soirs d'affilée ?

Dans le compte-rendu qu'elle donne au *Journal*, le 12 octobre, Colette insiste sur ce moment de la revue. L'occasion de dresser un magnifique portrait de Joséphine, âgée de trente ans, au sommet de sa beauté :

> Dans un décor qui reproduit, en couleurs de feu et de bleu pur, la porte gracieuse du jardin des Oudayas à Rabat, la Joséphine africaine rencontre la convoitise et les bras caressants de quatre beaux jeunes hommes, qui

la dévêtent. Les voiles tombent, elle enjambe, comme une margelle, les étoffes qui la quittent, et d'un seul pas assuré elle entre dans la nudité et dans la gravité. Le dur travail des répétitions d'ensemble semble l'avoir un peu amincie, sans décharner son ossature délicate. Les genoux ovales, les chevilles affleurent la peau brune et claire, d'un grain égal, dont Paris s'est épris. Quelques années, et l'entraînement, ont parfait une musculature longue, discrète, ont respecté la convexité admirable des cuisses. Joséphine a l'omoplate effacée, l'épaule légère, mobile, un ventre de jeune fille à nombril haut. Nue, sauf trois fleurs d'or, pressée par quatre assaillants, elle assume un sérieux somnambulique, une absence de sourire, qui ennoblissent un audacieux numéro de music-hall. Grands yeux fixes, armés de cils durs et bleus, pommettes pourpres, sucre éblouissant et mouillé de la denture entre les lèvres d'un violet sombre – la tête se refuse à tout langage, ne répond rien à la quadruple étreinte sous laquelle le corps docile semble fondre… Paris ira voir, sur la scène des Folies, Joséphine Baker, nue, enseigner aux danseuses nues la pudeur[3].

Mais ce nouveau contrat passé avec les Folies Bergère, après le Casino de Paris, après *La Créole*, après le cinéma, *Zouzou* et *Princesse Tam-Tam*, après les *Ziegfeld Follies*, ce contrat n'est-il pas une sorte de retour en arrière ? Comme si, Pepito absent, la carrière de Joséphine piétinait. D'autant plus qu'elle va bientôt ouvrir son énième Chez Joséphine, rue François-Ier, dans les locaux de l'ancien night-club Le Frontenac. Routine…

22

Enfin la nationalité française

C'est un bien petit mariage pour une si grande star. La date en a été tenue secrète ; les journaux n'ont pas été prévenus ni les bans publiés – afin d'éviter toute bousculade. Le 30 novembre 1937, à 11 h 30, Joséphine Baker épouse Jean Lion à la mairie de Crèvecœur-le-Grand, une petite localité de l'Oise, à une centaine de kilomètres de Paris ; Paul Derval est son témoin. Vingt invités, un simple déjeuner, à 13 heures, dans un restaurant de Beauvais. Et c'est tout. Sauf que les habitants de Crèvecœur-le-Grand ont tous été conviés à la cérémonie. Sur la photo qui immortalise ce moment, on voit une Joséphine souriante, blottie dans sa grande pelisse de zibeline, face au maire, Jammy Schmidt, député de l'Oise, ancien sous-secrétaire d'État au Budget, qui vient de la marier.

Les nouveaux époux se sont connus au pavillon Dauphine, à l'orée du bois de Boulogne, où Joséphine vient quelquefois s'attabler en fin d'après-midi, devant une tasse de thé, après avoir longuement chevauché Tomate, sa jument favorite. Jean Lion, grand, blond, athlétique, sûr de lui (et de son charme disent les témoins) et même un peu dominateur. « J'ai dit “oui” », confessera-t-elle bien plus tard, quand ce mariage ne sera plus qu'un lointain souvenir, bon ou mauvais, qui sait ? « J'ai dit “oui” parce qu'il était difficile de dire “non” à Jean*. »

Un garçon qu'elle va désormais croiser partout, au Bois bien sûr, où il fréquente le même club hippique qu'elle, au restaurant, dans les cocktails mondains, aux entractes des théâtres. Où qu'elle aille, elle butte sur lui. Comme s'il la pourchassait. Beau, sans doute. Jeune et même plus jeune qu'elle – il a vingt-sept ans. Sportif, il pratique l'aviation, l'équitation. Il a amassé une jolie fortune dans le commerce international du sucre (la société Jean Lion & Compagnie existe encore de nos jours). On pense à Boy Capel, l'amant anglais de Gabrielle Chanel, enrichi dans le fret du charbon, à Auguste Hériot, flirt de Colette vers 1910, fils des propriétaires des Grands Magasins du Louvre, qui lui inspirera son roman *Chéri*. Tous fils de famille, play-boys adulés, familiers des lieux à la mode, riches, séducteurs – de femmes célèbres de préférence, car ce sont des conquêtes flatteuses.

Jean Lion fait sa cour. À cent à l'heure. Envois de fleurs, de bijoux, soupers chez Maxim's, escapade de quelques jours en Vendée – fureur de Derval, obligé de remplacer sa vedette au pied levé. Présentation à la famille Lion – une famille juive, son vrai patronyme est Lévy –, qui adopte tout de suite Joséphine. Le mélange des sangs donne des enfants magnifiques, affirme Ernestine Lion, la mère. Qui ne dédaigne pas de séjourner au Vésinet, chez sa future belle-fille.

Peut-on pour autant parler d'un mariage d'amour ? Rien n'est moins sûr. Même si Albert Ribac, l'associé de Jean Lion qui les a présentés, parle de coup de foudre. Un arrangement, plutôt, caché sous les dehors d'une union sentimentale. Ce mariage apporte en effet à Joséphine la nationalité française qu'elle désirait tant, la stabilité, une solide position bourgeoise, quitte à se rendre compte par la suite qu'elle n'est pas du tout faite pour la respectabilité… Pour Jean Lion, qui veut se lancer dans la politique, une épouse célèbre, recherchée, fêtée, lui ouvrira à coup sûr, pense-t-il, des cercles jusque-là inaccessibles. Mais leurs vies sont si différentes. Si étrangères l'une à l'autre. Presque antagonistes.

Elle passe toutes ses nuits en service commandé, Chez Joséphine, rue François-Ier, le cabaret qu'elle a ouvert en mai 1937, alors que l'on inaugurait l'Exposition internationale. Quand elle rentre, à l'aube, dans leur appartement de la rue de La Trémoille, son époux est déjà debout, étrillé, rasé de frais, prêt à partir pour son bureau. Harassée, elle dort une bonne partie de la journée, dîne tôt, avant de filer aux Folies Bergère, alors que bien souvent Jean n'est pas encore rentré. Ainsi va leur couple. Qui, très vite, bat de l'aile.

L'épouse parfaite qu'espérait Jean Lion, l'épouse rompue à l'art de recevoir, de favoriser la carrière de son mari, de mener un train de maison – l'épouse parfaite n'était qu'un mirage. Car c'est précisément ce qu'elle ne sait pas faire, ce qu'elle ne veut pas faire. Elle le reconnaîtra plus tard : Jean est l'exact contraire de Pepito, pour lui sa vie de femme est aussi importante, sinon plus, que sa carrière d'artiste. C'est-à-dire sa vie d'épouse mondaine et dévouée, de maîtresse de maison accomplie. Il ne cesse de le lui répéter. Est-ce pour cela qu'il rechigne à fréquenter les coulisses des Folies

Bergère ? Et encore plus Beau-Chêne, où, à chaque détour de couloir, il se heurte au fantôme, au vivace souvenir de Pepito – l'homme qui disait à Joséphine qu'elle appartenait toute à son métier, et seulement à son métier ?

Les disputes succèdent aux disputes. Jean va jusqu'à reprendre les rares affaires qu'il a apportées au Vésinet. Rabibochages fragiles. La conduite de sa femme le déconcerte. Une nuit, chez la riche Américaine Daisy Fellowes, nièce de la princesse de Polignac, dans son hôtel de la Folie Saint-James, à Neuilly, Joséphine danse nue pour les invités, couverte de poudre d'or… Au grand dam de son mari, qui, comme le rapporte Lynn Haney, déplore qu'elle n'en fasse jamais qu'à sa tête et qu'elle entre dans des colères terribles lorsqu'elle n'obtient pas ce qu'elle veut.

Les semaines passent, le rideau tombe définitivement sur la revue des Folies. La tournée qu'entreprend alors Baker – Nice, Tunis, Oran, Bâle, Zurich, Varsovie, Berlin, Londres… –, elle veut se persuader que c'est la dernière. Une tournée d'adieux. Jean a gagné, elle rentre dans le rang. C'est décidé, elle abandonne la scène. Pas avant, cependant, d'avoir pris congé de tous ses publics. Mais au moment où résonne à ses oreilles le dur bruit caillouteux des derniers applaudissements, elle comprend qu'elle ne pourra pas se passer d'eux. La scène, c'est toute sa vie. D'autant qu'Albert Willemetz, qui vient d'acquérir les droits d'une comédie américaine dont il veut tirer une opérette, lui propose le premier rôle, avec Michel Simon pour partenaire. Oscar Strauss signera la partition musicale. Willemetz, Michel Simon, Oscar Strauss… Mais elle repousse la tentation et poursuit sa tournée.

C'est alors qu'elle s'aperçoit qu'elle est enceinte.

Maintenant, elle emporte partout un ouvrage de layette, dans les avions, dans les trains, en coulisses. Et même sur la plage de l'hôtel Martinez, à Cannes, où elle retrouve Jean. Enceinte, enfin ! Les aiguilles à tricoter s'activent entre ses mains. Petits chaussons, barboteuses, bavoirs – se souvient-elle de sa déconvenue, lorsqu'elle avait treize ans, à Saint-Louis, et qu'elle perdit l'enfant qu'elle attendait ? Le sort va se charger de le lui rappeler.

« Un jour, j'ai un peu mal au ventre… Puis très mal. On appelle le docteur. C'est affreux. J'ai perdu le bébé*. » Peu après, elle découvre que Jean a une maîtresse, une Américaine, mariée à un aristocrate français. De leur union, il ne reste que des décombres ; deux êtres que tout sépare désormais. La voilà seule, encore une fois. Ce mariage aura duré quatorze mois. Lorsqu'il prononcera le jugement de divorce, le juge déclarera : « Voici deux personnes qui n'ont jamais eu la possibilité de se connaître véritablement l'une l'autre. » Tristes noces.

Coup sur coup, la déception des Ziegfeld Follies, la mort de Pepito, la perte cruelle de l'enfant qu'elle portait, l'échec de son mariage, cet entassement de deuils et de ratages a ébranlé la confiance de Joséphine, même si elle n'en laisse rien paraître. Trop. Trop lourd à porter. Meurtrie, est-ce par vengeance à l'égard de celui qui est encore son mari ou seulement par instinct de survie qu'elle se jette follement dans les bras de Jean Menier, un des trois frères aux commandes de la célèbre chocolaterie ? Idylle sans lendemain, mais qui va l'aider à traverser à peu près indemne les épreuves qu'elle endure. Au printemps 1938, Menier l'accompagne dans le Sud-Ouest, en plein Périgord noir. Chez l'ancien médecin de bord du paquebot *Normandie* avec qui elle a conservé des relations de sympathie depuis la traversée Le Havre-New York de l'automne 1935. Celui-ci habite un château du XVe siècle, délicieusement déglingué, retouché à la Renaissance, campé au sommet d'un promontoire rocheux, sur la rive gauche de la Dordogne, commune de Castelnaud-la-Chapelle, d'où il domine la vallée et le fleuve : Les Mirandes. Des tours de guet, des escaliers à vis, des gargouilles, de longs couloirs obscurs, des dizaines de salles, quelques fenêtres à meneaux percées un siècle plus tard. Le tout bien délabré. Pas d'eau courante, pas de chauffage, pas d'électricité… Mais Joséphine tombe immédiatement sous le charme. Et lorsqu'elle apprend que le propriétaire cherche un locataire parce que son épouse, américaine elle aussi, a le mal du pays, elle signe aussitôt le bail qu'il lui propose.

Cette fois, la rupture avec Jean Lion est consommée. Certes, la jeune femme ne s'installe pas encore aux Mirandes, mais elle entreprend de meubler la maison à sa convenance. Elle y fait transporter une bonne partie de sa collection de tableaux, quelques meubles, sa vaisselle fragile, son argenterie, un précieux service de verres en cristal. Et, pour commencer, elle débaptise le château des Mirandes qui devient le château des Milandes. Tout simplement parce qu'elle ne parvient pas à prononcer le « r » français. Les Milandes, c'est le nom que portera désormais la vieille bâtisse.

23

Sur tous les fronts

Septembre 1939. « La drôle de guerre. » En tout cas guerre sans combat. Dans l'esprit de l'état-major tout comme dans celui de l'opinion, le souvenir sanglant des grandes offensives meurtrières de l'été 1914, en Lorraine et dans les Ardennes, est encore présent. Et personne ne veut croire possible le retour de telles hécatombes.

Alors, tandis qu'à la veille de la Première Guerre mondiale l'armée française tablait sur des hostilités de courte durée qui, finalement, se révélèrent interminables – la voyante du Tout-Paris de la politique, Mme Fraya, ne prédisait-elle pas, en août 1914, qu'elles s'achèveraient au mois d'octobre ? –, les militaires vont se placer, cette fois, dans l'hypothèse d'un conflit durable. Et, à la stratégie offensive des bravaches de 1914 pressés d'en découdre, on substitue un dispositif défensif : une ligne fortifiée qui suit la frontière nord-est du pays, et porte le nom de « ligne Maginot ». Du nom d'André Maginot, plusieurs fois ministre de la Guerre, qui a fait adopter par le Parlement, en 1930, la loi permettant la construction de cet ouvrage. Le projet initial, étudié au lendemain de la victoire de 1918 afin de protéger d'une éventuelle invasion les provinces lorraine et alsacienne récupérées, prévoyait la construction de plusieurs ouvrages, chacun long d'une centaine de kilomètres sur quinze de profondeur. Et offrant un réseau de feu continu sur tout leur pourtour. Mais, économie oblige, ni les flancs ni les arrières ne seront construits. D'où une défense à caractère linéaire, constituée de casemates fortifiées, reliant une succession de bastions : Hochwald, Rochonvillers, Simserhof... Et qui s'arrête net au pied des Ardennes. Pour la simple raison que l'état-major les a décrétées « infranchissables aux chars » (on verra bientôt ce que les tankistes d'outre-Rhin pensent d'une telle assertion). Quant à la frontière belge, nulle crainte à avoir : le pays est neutre. Et s'il reprenait envie aux Allemands, comme en 1914, de traverser les lignes belges, le gros des troupes françaises se porterait aussitôt au-devant d'eux.

Bref, tout est calme sur le front.

En revanche, le service de renseignements tourne à plein régime. Et manque de bras. Avenue de Tourville, à Paris, trois hommes sont aux commandes, le lieutenant-colonel Schlesser, grand patron du contre-espionnage français, le capitaine Paillole, le capitaine Abtey.

Face à la montée de la cinquième colonne, à l'infiltration massive d'affidés allemands dès avant le déclenchement du conflit, le contre-espionnage français est débordé. Il faut renforcer les effectifs. Recruter des personnes de confiance susceptibles de se documenter sur les réseaux d'espionnage allemands. Pour des questions de sécurité, l'état-major va privilégier pour ces missions des agents agissant bénévolement, par pur patriotisme – on les appellera les « honorables correspondants ».

Daniel Marouani, qui travaille depuis quelques semaines avec le capitaine Abtey, va le premier parler de Joséphine Baker à celui-ci. Daniel, lui-même impresario, est le frère de Félix Marouani, que la danseuse a engagé, après le décès de Pepito, pour veiller sur ses contrats. Mais, depuis l'autre guerre, les services de renseignements se méfient des femmes. Surtout quand elles sont danseuses… Le souvenir cuisant de Mata-Hari, agent double qui a fini fusillée dans les fossés de Vincennes, n'est pas pour rien dans cette attitude. Mais Marouani insiste et Jacques Abtey, malgré ses réticences, finit par accepter de rencontrer Joséphine Baker. Et les voilà tous deux partis pour Le Vésinet, par une belle fin d'après-midi de septembre, après la pluie.

Quelle image le capitaine a-t-il de la danseuse ? Celle qu'ont propagée les journaux d'une artiste de music-hall sophistiquée, un tant soit peu excentrique. Aussi est-il sur ses gardes (Joséphine dira qu'il est « venu sur la pointe des pieds »). Quelle n'est pas sa surprise, la grille de Beau-Chêne à peine franchie, de la découvrir au détour d'une allée, souriante, sans maquillage, coiffée d'un « feutre ratatiné » hors d'âge, une main dans la poche d'un vieux pantalon fripé, l'autre tenant une vieille boîte de conserve cabossée pleine d'escargots.

« Hello !, leur jette-t-elle gaiement, heureuse de vous connaître, monsieur Fox. » Car Fox est le nom de guerre du capitaine au sein des services secrets. Elle ajoute, en montrant la boîte : « C'est pour mes canards dorés, ils adorent les escargots. » Si Abtey est surpris par l'aspect de la jeune femme, celle-ci ne cache pas non plus son étonnement. Ce n'est pas ce « sportman », c'est le mot qu'elle emploie – il a son âge exactement, le cheveu blond, l'œil bleu, l'allure énergique –, qu'elle s'attendait à voir. Elle imaginait plutôt, comme elle l'avouera plus tard, un homme d'âge, un peu gras, au regard soupçonneux, aux vêtements imprégnés d'une odeur de tabac froid…

Dans le salon, le maître d'hôtel en livrée blanche les attend. Feu de bois dans la cheminée, qui réchauffe cette fraîche soirée. Plus impressionné qu'il ne veut le laisser paraître, une coupe de champagne à la main, Abtey écoute son hôtesse parler de son pays d'adoption. Et ce sont ses mots qu'il retranscrit, non sans une certaine emphase, aux premières pages de son livre de souvenirs : « C'est la France qui m'a faite ce que je suis, je lui garderai une reconnaissance éternelle. [...] Ne suis-je pas devenue l'enfant chérie des Parisiens ? Ils m'ont tout donné, en particulier leur cœur. Je leur ai donné le mien. Je suis prête, capitaine, à leur donner aujourd'hui ma vie. Vous pouvez disposer de moi comme vous l'entendez[1]. » Car le patriotisme de Joséphine n'est pas une pose, c'est au contraire une attitude qui repose sur un sentiment profond de reconnaissance pour le pays qui l'a adoptée. Et Abtey est frappé par la sincérité de la jeune femme.

Six jours plus tard, Abtey est à nouveau appelé au Beau-Chêne, où Joséphine lui rend compte de l'intéressante conversation qu'elle a eue avec un attaché de l'ambassade d'Italie qui a vite pris la bonne habitude « de lui parler à l'oreille »... Le surlendemain, nouveau rendez-vous. Dans Paris cette fois, où elle le rejoint au volant de sa voiture. Dans un état de nervosité extrême, elle lui débite d'une traite, précipitamment, tous les renseignements qu'elle a glanés auprès de son contact. Et tandis que les mots s'entrechoquent sur les lèvres de la danseuse, Abtey sent fondre la confiance qu'il a placée en elle. Parviendra-t-il jamais à obtenir d'elle la pondération, la réserve et la prudence indispensables dans ce métier ?

L'automne passe, le temps coule, lentement, effritant le moral des troupes et celui des civils. Sur le front c'est toujours l'attente. Rien ne bouge. Comme le note dans ses carnets l'acteur Jean-Louis Barrault, mobilisé en Alsace : « On ne fait rien, rien, rien. L'ennui ronronne doucement[2]. » On a beau distribuer des ballons de football aux soldats, planter des rosiers sur la ligne Maginot, embaucher des vedettes de music-hall pour distraire les troupes, Jean Giraudoux, chargé de la propagande gouvernementale, peut bien affirmer sur les ondes que Hitler perdra la guerre, tandis que des affiches, sur les murs, répètent : « Nous vaincrons parce que nous sommes les plus forts », rien n'y fait, la démoralisation gagne partout du terrain.

À Paris, conseillée par le capitaine Abtey, Baker a pris du service auprès des IPSA – infirmières pilotes secouristes de l'air. Une antenne de la Croix-Rouge, fondée en 1934 par trois femmes, la marquise de Noailles, Lilia de Vendeuvre et Françoise Schneider. C'est cette dernière qui va affecter Joséphine à l'accueil des réfugiés belges. En blouse blanche, dans un grand local de la rue du Chevaleret, un ex-asile de clochards, elle dirige les arrivants vers les divers services. « J'avais l'œil, j'avais l'oreille également**. » Car des agents allemands, certains se disant déserteurs, profitent du désordre pour se glisser parmi la foule et recueillir des informations. Lorsqu'elle identifie des cas, elle prévient le capitaine Abtey.

Début décembre, Henri Varna rouvre le Casino de Paris, fermé en septembre, au moment de la déclaration de guerre ; à l'affiche, la revue *Paris-London*, avec Joséphine Baker et Maurice Chevalier. Plutôt que d'une revue, il s'agit de deux tours de chant. Le spectacle est d'abord rodé au front, le 3 novembre 1939, sur la ligne Maginot, puis à Metz, à Thionville, au bénéfice des troupes, afin de remonter le moral des soldats. Première anicroche : qui des deux artistes passera en seconde partie, traditionnellement réservée à la vedette du spectacle ? Chevalier, peu courtois, se refuse à céder la place : la vedette c'est lui. Joséphine s'incline. A-t-elle deviné ce qui va se passer ? Dès qu'elle apparaît sur la petite scène, dans sa belle robe en lamé argenté signée Rosevienne, une maison de couture parisienne, qu'elle porte avec des pendants d'oreilles en diamants et rubis, un tonnerre d'applaudissements et de vivats l'accueille. Son rayonnement fait le reste. Pour tous ces hommes désœuvrés, privés depuis des semaines de toute présence féminine, elle est une sorte d'apparition, de rêve incarné. Elle doit bisser toutes ses chansons ; les soldats qui l'acclament après chaque titre ne la laissent pas quitter la scène, son tour de chant se prolonge bien au-delà de la durée prévue.

Dans la coulisse, Maurice Chevalier, pris à son propre piège, enrage. L'heure avance – et c'est l'heure militaire, pas question de braver la règle –, il n'aura que le temps de chanter trois ou quatre chansons… Un peu plus tard, à la popote, où se sont réunis artistes et officiers, notre homme, dépité, affirme haut et fort qu'il est facile à une femme d'avoir du succès en scène pourvu qu'elle tortille « son popotin[3] ». Il essaiera bien, au Casino de Paris quelques jours plus tard, jouant cette fois les gentlemen, de rendre la seconde partie à Joséphine. Mais c'est trop tard, elle refuse.

La tâche est dure, fatigante, pour la jeune femme, qui dans la journée assure son service rue du Chevaleret et le soir se produit sur la scène du Casino de Paris. Elle participe en outre au tournage d'un film de Jacques de Baroncelli, *Une fausse alerte*, qui n'a pas, hélas, laissé un grand souvenir dans l'histoire du cinéma français, malgré la présence, aux côtés de Joséphine Baker, de comédiens tels que Gabrielle Dorziat, Micheline Presle, Georges Marchal, tous deux débutants, Saturnin Fabre. C'est toutefois un bon témoignage sur cette période où les Parisiens, bombardés, se réfugient dans les abris souterrains. Tourné pendant les premiers mois de 1940, le film ne sortira sur les écrans qu'après la guerre, en juin 1945.

L'entrée des Allemands sur le territoire français, fin mai 1940, sonnera la fin des représentations de *Paris-London*. Comme la plupart des établissements de la capitale, le Casino de Paris baisse le rideau.

Brusquement, les armées endormies se sont éveillées. Le 10 mai, les troupes allemandes attaquent la Belgique et les Pays-Bas. Comme prévu, les armées franco-anglaises se portent aussitôt vers le nord, dans le but de neutraliser l'invasion. Ce dont profitent les *Panzerdivisionen* du général Guderian pour franchir les infranchissables Ardennes. Isolant du même coup les troupes alliées, qui se voient refoulées dans une portion de territoire comprise entre la Somme et la frontière des Pays-Bas, et sur lesquelles l'étau se resserre alors. Pilonnés sous le feu allemand, 200 000 hommes du corps expéditionnaire britannique et 130 000 Français sont embarqués à Dunkerque par la flotte anglaise. Les autres sont faits prisonniers. Dunkerque tombe le 4 juin : la voie est ouverte vers le sud. L'armée du Reich s'y engouffre. Le 5, les troupes de Rommel sont sur le canal de la Somme. Le 12 juin, elles atteignent la Seine. Le 14 juin, les Allemands entrent dans Paris. La « bataille de France », comme on l'appellera, est définitivement perdue. Quatre ans de malheur.

Les populations civiles, qui n'ont pas oublié les exactions allemandes de l'autre guerre, affolées par l'avancée des nazis, se sont jetées sur les routes qu'encombrent les convois militaires faisant retraite. Dans un désordre qu'aggrave la désorganisation des chemins de fer, des milliers d'êtres, hommes, femmes, enfants, vieillards, lancés vers quel but ? Comme si la France, affreusement, glissait sur elle-même[4]... L'exode.

Le Casino de Paris fermé, les artistes dispersés, Joséphine a pris la route des Milandes, laissant au Beau-Chêne Alice, son habilleuse, trop âgée pour courir l'aventure, et ses bêtes. Dans sa Packard, elle emmène Paulette, sa femme de chambre, un couple de réfugiés juifs chassés de Belgique par l'invasion allemande, M. et Mme Jacob, rencontrés rue du Chevaleret, et deux ou trois petits animaux qu'elle ne veut pas laisser au Vésinet.

Jacques Abtey, de son côté, s'est replié sur la Loire, à Montrichard, avec le cinquième bureau. Longue route, tout un charroi de camions chargés d'archives secrètes. Deuxième étape, la Creuse, au camp militaire de la Courtine : « Beaucoup de généraux, la plupart gâteux. Des faces de carême. Ils font peine à voir, ces rudes gars de 14-18 qu'a perdus l'expérience d'une guerre gagnée[5]. » C'est là qu'il entend prononcer, pour la première fois, le nom du général de Gaulle. Et de nouveau la fuite vers le sud. Oui, la fuite : « Plus vite tu cours, archiviste du cinquième bureau, plus tu as de chance de sauver ta précieuse paperasse et avec elle des centaines de vie de patriotes, d'honorables correspondants[6]. »

Agen, Toulouse. À Toulouse, c'est une tâche ingrate de gratte-papier qui l'attend. Il ne tergiverse pas longtemps : « Je résolus de prendre la clé des champs. » Objectif : rejoindre Joséphine Baker aux Milandes.

24

Dans la Résistance

« Je vous croyais mort, Fox de malheur », s'écrie Joséphine, en se jetant dans les bras du capitaine Abtey. D'autant plus qu'il n'arrive pas seul. Avec lui, un officier de marine, Emmanuel Bayonne, et un officier aviateur, Joseph Boué. Tous deux en rupture de ban.

Aux Milandes c'est l'été, le bel été du Sud-Ouest. Pas un nuage au ciel, pas un souffle sur la rivière. Entre les pentes verdoyantes de sa vallée qui se reflètent dans l'eau, la Dordogne coule parmi les éclats de soleil. Abtey passe le plus clair de son temps en kayak, tirant sur sa pagaie. Le soir, il rentre souvent avec une friture de perches ou de gardons. Mais l'ordinaire des menus ce sont les pâtés de foie gras, les confits d'oie, les conserves de légumes du potager, toutes les saveurs du Périgord, dont sont remplis les grands placards de la cuisine.

Au château, la vie s'est organisée tant bien que mal. Les trois militaires, Malaurie le forgeron du village qui s'est joint à eux, le couple Jacob, Paulette la femme de chambre qu'on appelle La Libellule, un valet de ferme polonais, un rentier, un voisin… C'est ensemble qu'ils entendent, à la radio de Londres, le 22 juin, le deuxième appel du général de Gaulle :

> Moi, général de Gaulle, actuellement à Londres, j'invite les officiers et les soldats français qui se trouvent en territoire britannique ou qui viendraient à s'y trouver, avec leurs armes ou sans leurs armes, j'invite les ingénieurs et les ouvriers spécialistes des industries d'armement qui se trouvent en territoire britannique ou qui viendraient à s'y trouver, à se mettre en rapport avec moi. Quoi qu'il arrive, la flamme de la résistance française ne doit pas s'éteindre et ne s'éteindra pas. Demain comme aujourd'hui, je parlerai à la radio de Londres.

Ils sont là, tous, dans le grand salon, à l'écouter, cette voix solennelle, ample, qui parle de liberté et d'honneur. Nette, malgré le brouillage. Visages graves, visages décidés, « et lorsque la T.S.F. se tait, la voix parle encore[1] ». Joséphine est bouleversée, comme par un coup de foudre et, tandis qu'elle lui prend le bras, elle chuchote à l'oreille d'Abtey : « Foxy, quand allons-nous le rejoindre, notre général de Gaulle ? » C'est de ce jour-là qu'elle voue à de Gaulle un dévouement, une confiance qui ne se démentiront jamais.

Très vite, Abtey a pu reprendre contact avec le capitaine Paillole, qui, à Marseille, tente de remettre sur pied les services clandestins de contre-espionnage. Sous un nom d'emprunt, « M. Perrier », il dirige une soi-disant entreprise de travaux ruraux qui possède des « antennes » à Limoges, Clermont-Ferrand, Lyon, Toulouse…

Joséphine, de son côté, est entrée en relation avec un impresario de Lisbonne, afin d'organiser une (fausse) tournée au Portugal et au Brésil. Ce qui lui permettra d'obtenir tous les passeports nécessaires. Sur celui de Jacques Abtey, établi au nom de Jacques-François Hébert, artiste, elle fait ajouter la mention « accompagne Mlle Joséphine Baker ». Commentaire d'Abtey : « Une preuve de cran de sa part : si l'identité d'Hébert était un jour dévoilée, le passeport de l'artiste révélerait du même coup sa complicité. »

En effet, le risque est grand. Ce que Joséphine et le capitaine Abtey vont devoir faire passer à Londres, *via* Lisbonne, ce sont des renseignements sur les positions de l'armée allemande en Bretagne et dans l'Ouest, des informations sur les terrains d'aviation, sur les ports, sur les « barges » d'un éventuel débarquement allemand à Gibraltar, d'un autre que l'on peut craindre sur la côte galloise, organisé par des agents de l'Abwehr II, le service de renseignements de l'état-major allemand. Car les Allemands soutiennent les mouvements nationalistes gallois et écossais, dans le seul but de déclencher des troubles graves en Grande-Bretagne. Cependant, les services secrets français ont pu identifier la filière que suivent les espions nazis pour arriver en Angleterre, en passant par la Yougoslavie. Une partie de ces renseignements, essentiels pour la poursuite de la guerre, sera transcrite à l'encre sympathique sur les partitions musicales qu'emportera Joséphine dans sa (fausse) tournée. Ce qui fera dire à Paul Paillole, devenu colonel après la guerre : « Il n'est pas exagéré de penser que le sort de notre allié, et par conséquent celui de la France libre a été confié à "J'ai deux amours"*. »

De Lisbonne, les deux amis espèrent pouvoir rejoindre l'Angleterre. Le capitaine Abtey laisse pousser sa moustache, courte mais fournie, il s'affuble de grosses lunettes. Méconnaissable sur les photos – « une tête de crétin », écrit-il dans son livre de souvenirs. Reste à trouver un (faux) passeport… Paillole le lui fournira, de la main à la main, lors d'une entrevue secrète qu'ils auront à Vichy. Avec cet encouragement : « Tous les deux, vous me paraissez former un excellent tandem. Je suis sûr que vous réussirez[2]. »

Le temps passe…

Chaque jour apporte ses surprises, bonnes ou mauvaises. Un jeune homme, qui prétend vouloir remettre des documents de la première importance à Mlle Baker. Celle-ci l'éconduit sèchement, craignant qu'il ne s'agisse d'un provocateur (il se révélera finalement un authentique résistant). Un autre jour, ce sont des coups à défoncer la porte du château qui résonnent dans toute la demeure ; une visite inopinée. Un soldat allemand suivi d'un officier raide comme un mannequin de bois et d'un sous-officier. Derrière eux, trois soldats armés. Le tout couleur vert-de-gris. Et éructant des menaces. « Vous cachez des armes ! Nous le savons ! »

Joséphine ne perd pas son sang-froid, tandis qu'elle précède l'officier dans la bibliothèque : « M. l'officier ne parle pas sérieusement. J'ai bien des grands-parents indiens, mais il y a longtemps qu'ils ont abandonné le sentier de la guerre et la seule danse que j'ignore est la danse du scalp[3]… »

La fouille ne donnera rien. Mais, dans leur cachette, les hôtes des Milandes ont eu chaud.

Pau, 25 novembre 1940. Le voyage s'éternise. Cinq heures à Toulouse, sur le quai, à attendre la correspondance de Pau. Où, dans une gare bondée de réfugiés, ils passeront la nuit dans la salle d'attente, sur des bancs de bois, Joséphine emmitouflée dans son grand manteau de fourrure. Le train pour la gare frontalière de Canfranc ne part qu'à 8 heures le lendemain. À Canfranc, c'est presque l'émeute quand les douaniers reconnaissent Joséphine Baker. Douaniers français, espagnols, policiers, chef de gare, tout le monde se presse pour l'approcher, pour lui parler, pour la toucher. On va chercher les épouses… Tandis que son compagnon, protégé sous son déguisement miteux, passe les guichets dans l'indifférence complète des gabelous.

Encore une journée à patienter. Jusqu'au départ de l'express de nuit pour la capitale espagnole. À Madrid, mauvaise nouvelle, pas de place dans les trains pour Lisbonne avant trois jours. La compagnie aérienne Iberia les sauvera. Deux annulations de dernière minute à bord du Douglas EC-AAD sur le vol pour Lisbonne, dont ils vont profiter. Contrôle des papiers sans encombre, grands sourires même : « Passez, mademoiselle Baker ! Passez ! » Sur le tarmac, les hélices de l'avion tournent déjà.

Il fait beau à Lisbonne quand l'appareil se pose sur la piste. Ici, les commerces ignorent le rationnement. Les vitrines regorgent de victuailles. La guerre, semble-t-il, a fait un grand détour pour éviter le Portugal… Une voiture les conduit à l'hôtel Aviz où descend Joséphine – suivie par une horde de reporters-photographes –, Abtey se contentant d'une adresse plus modeste, l'Avenida Palace.

Le lendemain, la photo de la danseuse fait la une de tous les quotidiens. Sa présence dans la capitale éclipse celles du roi Carol de Roumanie et du fils du Négus, en transit pour l'Éthiopie. De bonne grâce, elle se prête à toutes les questions. Oui, elle ne fait que passer, elle s'en va à Rio parce qu'un engagement déjà ancien au casino de Beira-Mar l'y oblige ; non, elle n'est pas retournée à Paris depuis l'Occupation ; oui, elle a chanté pour les soldats ; non, elle n'aime pas les Allemands. On la reçoit dans toutes les ambassades amies avec enthousiasme. Ambassade de Belgique, de Grande-Bretagne… Elle est de tous les cocktails. Elle sourit, flatte les bavards, elle écoute, ouvre l'œil. Transmet.

Beaucoup de monde à Lisbonne, beaucoup plus qu'à l'ordinaire. Lisbonne, capitale cosmopolite d'un pays neutre, plaque tournante d'une Europe déchirée. Des « touristes », échoués là après un long voyage, dans l'attente d'un passage vers l'Amérique, Juifs qui fuient la menace des camps, opposants au régime nazi… D'autres encore, plutôt louches ceux-là, qu'Hébert – appelons-le ainsi désormais – identifie sans peine. La faune des agents secrets nazis, Heinz Reinert, alias Runke Georg, chef du service de renseignements allemand au Portugal ; Karl Klump, pourvoyeur de la Geheime Staatspolizei de Berlin, l'organisme qui supervise la Gestapo ; Rumpe

Forst, Hagen. Des Anglais aussi, Miller, Harry J., Benett, Donaldson.

C'est Harry J. qui, le 28 novembre 1940, à l'ambassade de Grande-Bretagne, *rua* de Sacramento, présente Hébert à l'attaché de l'air britannique. En quelques mots, le Français lui explique le motif du voyage que Joséphine et lui ont entrepris, leur désir de rejoindre à Londres le général de Gaulle. Il lui fait part, en outre, de l'offre des services de renseignements français de collaborer avec l'Intelligence Service. Quatre jours plus tard, Londres fait connaître sa réponse. Positive. Cependant, on leur suggère d'abord de s'en retourner en France afin de mettre sur pied, le plus vite possible, selon des directives qui leur seront bientôt communiquées, un service de liaison.

Joséphine décide alors de rentrer seule, le 6 décembre, afin d'informer le capitaine Paillole. Elle passera par l'Espagne grâce au visa que lui octroie l'ambassadeur Nicolás Franco, qui n'est autre que le frère aîné du Caudillo. L'avion jusqu'à Barcelone, le train jusqu'à Port-Bou. Et le train encore jusqu'à Marseille. Hébert, lui, attendra à Lisbonne les instructions définitives de Londres – qui tardent à venir – avant de la rejoindre en France. Par prudence, il fait courir le bruit qu'il doit bientôt partir pour l'Amérique du Sud, où il préparera l'arrivée de Baker.

À Marseille, la jeune femme reprend contact avec Paul Paillole qu'elle met au courant des demandes anglaises. Marseille, en cette fin d'année 1940, est devenu le port de tous les désespoirs, dernier refuge d'une élite intellectuelle menacée par la barbarie nazie. « Une ville où se trouvent mêlés vainqueurs et vaincus, victimes et bourreaux, traîtres et patriotes, faussaires et honnêtes gens, héroïsme et crapulerie[4]. » De nombreux artistes ont fui la zone occupée, Mistinguett, Raimu, Viviane Romance, Claude Dauphin... Mais Joséphine se trouve bientôt à court d'argent. « On ne se fait pas payer quand on travaille pour la France, n'est-ce pas** ? » Le capitaine Paillole lui suggère alors de reprendre cette *Créole* qu'elle a joué avec succès à Paris quelques années plus tôt. Elle commence par refuser, car elle s'est juré de ne pas chanter tant qu'il y aurait un seul Allemand sur le sol français. À quoi Paillole rétorque que son activité artistique est certainement pour elle la meilleure des couvertures, la plus sûre. Opinion que partage son camarade des Folies Bergère Frédéric Rey, replié lui aussi dans la cité phocéenne[5].

En une semaine, elle monte *La Créole* à l'Opéra de Marseille, avec la bénédiction enthousiaste des deux directeurs, MM. Rometyte et Dubos – le nom de Joséphine Baker à l'affiche est pour eux une aubaine. Elle revoit la mise en scène d'origine de Léon Volterra, répète son rôle qu'elle a tant soit peu oublié, fait répéter les autres rôles et l'orchestre, trouve des décors, des costumes... Frédéric Rey l'aide dans sa tâche ; il dansera le divertissement du deuxième acte. Première, le 24 décembre 1940. Le jour même où Hébert, après un voyage éreintant, arrive à Marseille, porteur des ordres reçus de Londres, et rejoint aussitôt Joséphine, descendue au Grand Hôtel de Noailles, sur la Canebière. « Jacques, racontez-moi vite ! », lui crie-t-elle dès qu'il passe la porte.

À Lisbonne, Hébert a rencontré un nommé Bacon, membre de l'Intelligence Service détaché au Portugal. Ce que propose Bacon, c'est l'organisation, à Casablanca, d'un service de liaison dont Hébert prendra la responsabilité. Une sorte de plaque tournante qui recevra le courrier en provenance du deuxième bureau français et le transmettra aussitôt à Lisbonne par voie maritime. À cet effet, Bacon fait procéder sans plus tarder à l'achat d'un petit bateau qui assurera discrètement la navette entre Lisbonne et Casablanca sous pavillon portugais ; et il remet à Hébert une avance de mille livres sterling, destinée à couvrir les frais de voyage et d'installation à Casablanca.

« Alors, dites-moi, s'exclame Joséphine avec une sorte de naïveté émerveillée, nous sommes maintenant de vrais Français libres ? » Avant de se rembrunir : « Mais comme je regrette que vous ne soyez pas allé jusqu'à Londres voir le général de Gaulle[6] ! »

L'hiver 1940 est terrible. Neige, gel, verglas sur tout le pays, certains jours – 20 °C à Nancy, – 3 °C à Paris... Même à Marseille, – 4 °C le 24 décembre, il gèle à pierre fendre. Le bruit court que de graves discordes sont intervenues entre Pétain et les Allemands. On craint que ceux-ci n'envahissent rapidement la zone libre. Ce qui bloquerait Joséphine et Hébert à Marseille pour un temps indéfini. Retardant d'autant la mise en place de la liaison. Londres craint le pire. Aussi, le 15 janvier 1941, le capitaine Paillole informe-t-il ses deux agents qu'ils devront prendre le bateau pour Alger dès le surlendemain. « Ce sera peut-être le dernier », prévient-il.

Vite, on envoie chercher aux Milandes les animaux sans lesquels Joséphine ne veut pas s'embarquer. « Tout ce qu'on veut, je le ferai, mais pas abandonner une bête qui a confiance en moi[7]. » Le chien danois Bonzo, deux souris blanches, Bigoudi et Point d'Interrogation, « sentimentales et coquettes », Glouglou la guenon, Mica le petit singe-lion, Gugusse le ouistiti… Mais elle doit encore donner deux représentations de *La Créole*, l'une à Montpellier, l'autre à Béziers.

Qu'à cela ne tienne, Hébert se fait fort d'obtenir un certificat médical de complaisance qui la libérera de toute obligation. Rendez-vous est pris chez un médecin. Surprise, mauvaise surprise : l'examen radiographique révèle un commencement de congestion pulmonaire, avec le sommet des poumons voilé. Pas besoin de tricher. C'est un vrai certificat d'arrêt maladie que remet Hébert à MM. Rometyte et Dubos ; un certificat en bonne et due forme, signé par le médecin. Il prend soin d'ajouter qu'après les services qu'a rendus Joséphine en 1939, comme agent du deuxième bureau, services sans doute bien connus des Allemands, il est préférable qu'elle disparaisse avant qu'ils n'envahissent la zone libre. « Je comprends fort bien, c'est un cas de force majeure ; bonne chance dans vos belles entreprises », lui dit l'aimable M. Rometyte sur le pas de la porte, lorsque Hébert prend congé. Aimable et combinard, comme on le verra bientôt…

Le lendemain, bêtes et gens, auxquels s'est joint Frédéric Rey, embarquent pour Alger au port de La Joliette, à bord du SS *Gouverneur-Général-Gueydon*.

25

Le deuxième bureau s'installe au Maroc

« Je m'en souviendrai de cette traversée ! », raconte Joséphine dans ses *Mémoires*. Toute la nuit, le bateau a roulé de bâbord à tribord entre les vagues d'une tempête déchaînée sur le golfe du Lion. Dans la cabine de leur maîtresse, les animaux n'en mènent pas large. Bonzo, aux aguets, surveille les malles qui, sournoisement, se jettent sur lui à chaque fois que la gîte du bateau s'accentue. Glouglou a l'œil éteint ; Gugusse ronge sa petite moustache pour se donner du cœur.

Cependant, le beau temps est au rendez-vous à Alger ; le soleil illumine la ville blanche. Et Joséphine emmène sa petite troupe à l'hôtel Aletti où elle a retenu un appartement, Bonzo en laisse, les autres dans leur panier d'osier. À peine arrivée, on la demande à la réception. Un homme se présente en exhibant une plaque de police. Une plainte la concernant est parvenue jusqu'ici. La direction de l'Opéra de Marseille lui réclame 400 000 francs, à titre forfaitaire, pour rupture de contrat. Malgré le certificat en règle, malgré les bonnes paroles[1]. Les journaux marseillais vont tous tomber dans le panneau, flétrissant le « départ scandaleux » de Joséphine Baker. Commentaire moqueur de celle-ci : « Ah ! les bons patriotes ! » Des patriotes qui ont retrouvé le sens des affaires à défaut du sens de l'honneur… Quelques jours plus tard, elle participe – bénévolement – à un « gala des ailes » organisé par l'armée de l'air, dont les préparatifs la retiennent plus longtemps que prévu à Alger. Mais les informations confiées par le capitaine Paillole doivent parvenir au plus vite au Portugal. Et sans plus attendre Hébert passe au Maroc, à Casablanca, muni d'une lettre de Joséphine priant le consul général du Portugal d'accorder un visa à son secrétaire-régisseur. Motif avancé : la préparation d'une série de spectacles à Lisbonne. Mais la demande reste sans effet. Silence obstiné.

Lorsqu'elle parvient à son tour à Casablanca, Baker se heurte au même refus. Sans difficulté, elle obtient son propre visa, mais impossible de débloquer celui d'Hébert. Le consulat ne veut rien savoir. Que s'est-il passé ? Hébert a-t-il été découvert ? Le temps presse. Les renseignements doivent être transmis de toute urgence à Lisbonne. C'est dit, elle partira seule ; là-bas, elle contactera Bacon, elle arrangera tout sur place ; ses allées et venues n'éveilleront pas la méfiance, une artiste de music-hall se déplace fréquemment, passe d'une scène à l'autre, d'un pays à l'autre. Et sans plus tarder elle réserve une couchette dans le train de nuit pour Tanger, première étape du voyage, d'où elle s'embarquera pour le Portugal.

Dans sa valise, pêle-mêle, des contrats passés avec des directeurs de salles, des programmes de théâtre. Et des partitions musicales – les siennes, *J'ai deux amours*, *Mon cœur est un oiseau des îles*… –, sur lesquelles Hébert a soigneusement recopié, à l'encre sympathique, la dernière « synthèse » du capitaine Paillole. Rien de moins que les plans des installations allemandes dans le Sud-Ouest. « C'était ma première mission. J'étais radieuse**. » Mieux encore, la première mission qu'elle accomplit seule, dans un pays étranger. Le lendemain soir, Hébert l'accompagne à la gare. « Quand le train s'ébranla elle me serra longuement la main et je dus courir le long du wagon, raconte Jacques Abtey. Ses yeux exprimaient une émotion profonde[2]. »

Un télégramme, trois jours plus tard, le rassure. Elle est bien arrivée. Cependant, les derniers mots de la dépêche ne sont, eux, guère rassurants : « Visa difficile – mais garde espoir aboutir. »

Pourtant, à Lisbonne, Joséphine remue ciel et terre, jusqu'à l'ambassadeur de Suisse, Henri Martin, qu'elle fait intervenir. Sans résultat. Sur les murs, ses affiches annoncent les quelques représentations qu'elle va donner, pour justifier sa présence dans la capitale portugaise. Elle s'acharne, assiège les ambassades et les consulats amis, fait jouer des relations personnelles. En vain. Même Bacon lui dit qu'il avisera et la tiendra au courant de ce qu'il convient de faire. La situation paraît bloquée. L'avance des troupes de Rommel en Libye fait monter l'angoisse. Ce visa, elle ne l'obtiendra pas. Pour la bonne raison que les autorités portugaises ont percé à jour la véritable identité d'Hébert…

Quelques jours plus tard, à Casablanca, une lettre de Bacon, acheminée par un petit phosphatier portugais venu charger sa cargaison d'engrais dans le port, confirme qu'il faut définitivement abandonner tout espoir d'obtenir un visa officiel. « Instructions suivent », précise la lettre. Hébert découvre alors que ce bateau – un petit voilier –, sous couvert de transporter des phosphates, est celui que Bacon met à sa disposition pour le passage des informations.

Même si elle rentre bredouille à Casablanca, Joséphine n'a pas perdu son temps. À Tanger, en ce mois de mars 1941, elle a lié de solides amitiés avec quelques personnalités de premier plan, acquises à la cause des Français libres – entre autres Moulay Larbi el-Alaoui, premier calife et cousin du sultan, Si Mohamed Menebhi, son beau-frère, fils de l'ex-grand vizir, Si Ahmed Belbachir Haskouri, chef du cabinet khalifien du Maroc espagnol.

Tanger est alors en pleine effervescence. Son statut international est foulé aux pieds par les belligérants allemands et espagnols. Les troupes franquistes, après la défaite française de juin 1940, ont occupé la ville. Où, dès mars 1941, elles imposent la présence d'un consul du IIIe Reich. Celui-ci prend ses quartiers dans les locaux de la Mendoubia, la résidence du *mendoub*, représentant du sultan auprès de l'administration internationale de la ville, qui est alors brutalement destitué.

Le soir même de ce forfait, un grand dîner est donné à Tétouan en l'honneur de Joséphine. La ville est contrôlée par les franquistes et de nombreux officiers de l'état-major espagnol participent à ce dîner. Les militaires la comblent de cadeaux ; le plus précieux étant certainement un visa permanent de transit par l'Espagne.

La bonne chère, les vins capiteux délient les langues ; les convives parlent fort, oublient toute prudence… « Les officiers espagnols bavardaient, moi j'écoutais** ! » Dans les toilettes, un peu plus tard, elle note tout ce qu'elle vient d'entendre sur des feuillets arrachés à son calepin, qu'elle agrafe ensuite à ses sous-vêtements à l'aide d'épingles de nourrice. Risqué ? Comme elle le dit : « Mais qui oserait fouiller Joséphine Baker jusqu'à la peau ? »

Des pages gribouillées dans l'urgence qu'à son retour elle remet à Abtey : « Tout ce que vous allez lire dans ces papiers, concernant l'affaire germano-tangéroise, reproduit ce que j'ai entendu dans les milieux arabes et espagnols. »

Désœuvré, Abtey ronge son frein. En désespoir de cause, il propose à Bacon, dans un message codé qu'emporte le phosphatier, qu'on le laisse débarquer clandestinement sur la côte portugaise. Ou même, afin d'éviter tout risque d'interception, qu'on vienne le prendre en haute mer. Il demande aussi qu'on lui fasse tenir sa solde d'officier, car il commence à être démuni. La réponse lui parvient deux semaines plus tard. Négative. Impossible de le faire prendre en haute mer, trop compliqué ; trop dangereux de le débarquer secrètement sur la côte. Quant à sa solde, elle ne lui sera versée que s'il transmet d'autres renseignements à l'Intelligence Service… Fureur d'Abtey, qui répond vertement : « Je suis un officier de la France libre et non un agent de renseignements à l'essai. Je vous ai demandé ma solde à laquelle j'ai droit[3]. »

Silence. La réponse tarde. Deux semaines, trois semaines, un mois… Le phosphatier revient par deux fois mais sans jamais apporter de courrier.

Marrakech. L'hôtel de La Mamounia. Une sorte de palais, avec ses terrasses d'où la vue plonge sur les jardins ; au loin, les montagnes de l'Atlas, crêtées de neige. « Soyons raisonnables, La Mamounia coûte une fortune », décide Joséphine. Et elle s'installe dans la maison que Mohamed Menebhi lui ouvre toute grande dans le quartier arabe, non loin de la Koutoubia, cette « cathédrale de l'islam dans la ville rouge ». La maison est vaste, Jacques Abtey et l'officier de marine Bayonne y trouvent aussi refuge. Sans nouvelles de l'Intelligence Service, les trois amis se sont repliés à Marrakech, beaucoup plus agréable que Casablanca.

Dans la médina, la petite rue Derb Allilidj, une ruelle qui n'a l'air de rien, entre deux hauts murs ocre ; une impasse et, au bout de l'impasse, une porte basse et son gros marteau de fer. Et, derrière, le paradis… Des palmiers, des orangers, des fleurs entourent une fontaine. Toutes les portes de la maison sont ouvertes sur le patio – fraîcheur des mosaïques, de l'eau qui ruisselle sur la vasque… Et l'on entend tomber, d'heure en heure, du haut de la mosquée Ben Youssef, l'appel à la prière du muezzin.

Ses amis marocains n'ont pas tardé à présenter à Joséphine Thami El Glaoui, pacha de Marrakech depuis 1912. Surnommé « le roi du Sud », El Glaoui, propriétaire d'immenses territoires, exerce un pouvoir absolu, quasi féodal, sur plus de six cent mille Berbères. Il a fait ses études à Paris. Opposé au gouvernement de Vichy, le pacha soutient de Gaulle et la France libre, ce qui se révélera d'une extrême importance pour la stratégie alliée au Maghreb. Il recevra dans son palais Winston Churchill, Archibald Roosevelt, le général Mark Clark…

Maigre, un profil d'oiseau de proie, un noir regard fiévreux, la peau très brune (sa mère, Lalla Zohra, était éthiopienne), enveloppé dans un cocon de burnous de laine fine, avec de parfaites manières d'homme du monde, El Glaoui va bientôt tomber sous le charme de Joséphine. Avec lui, elle découvre les foules bruyantes de la place Jemaa el-Fna. Les charmeurs de serpents, les avaleurs de sabre, les cracheurs de feu, les conteurs, les barbiers en plein air… « Ça crie, ça hurle, ça sent la friture, la cannelle et la menthe, les épices, les herbes**… »

Elle a pris l'habitude de faire son marché dans les souks, habillée en musulmane, précise-t-elle ; une djellaba de « laine si douce ». Les marchands la reconnaissent, on l'appelle « la petite sœur », les enfants sur son passage crient : « S'phine, S'phine », pour quelques pièces qu'elle leur donne. Elle revient les bras chargés de menthe fraîche, de gâteaux sucrés…

Le grand chien Bonzo, les singes sont heureux ici, libres ; Mica, le petit singe-lion, fait du trapèze dans les orangers. Et l'air sec, tiède convient aux poumons endommagés de Joséphine.

Mais la guerre est là, aux portes de cet éden. Au mois de mai 1941, des rumeurs, venues de Tétouan, se font plus insistantes : les Allemands projetteraient d'envahir le Maroc ; ils ont déjà gangrené à peu près toute l'Espagne. Joséphine s'en inquiète – et si elle allait y voir de plus près ? Seule, encore une fois, puisque « M. Hébert » n'a toujours pas obtenu de visa.

Téléphones, télégrammes… En quelques jours, les impresarios Marouani mettent sur pied une petite tournée de trois semaines dans la Péninsule. Personne ne s'étonnera que Joséphine Baker veuille aller chanter en Espagne ; d'ailleurs, lorsque aux frontières les douaniers, avec un grand sourire, lui réclament des papiers, c'est toujours pour qu'elle y inscrive sa signature.

La veille du départ, Joséphine et Jacques Abtey, au cours d'un conciliabule secret, mettent au point les modalités pratiques de la mission. Il l'accompagnera le lendemain jusqu'à Casablanca ; le surlendemain elle prendra le train pour Tanger. Et, visa en poche, franchira seule le détroit de Gibraltar.

À Séville, à Madrid, à Valence, à Barcelone, elle chante devant des salles archi-combles. Le public espagnol, qui ne l'a pas revue depuis plus de dix ans, s'étonne qu'elle ne porte plus ses célèbres bananes. Avec humour, elle répond que les privations dues à la guerre l'ont contrainte à les manger. Éruption de joie dans l'assistance !

« C'est très pratique d'être Joséphine Baker. Dès que je suis annoncée dans une ville, les invitations pleuvent à l'hôtel. » Elle les accepte toutes, celles des ambassades, des consulats, celles aussi qu'organisent des notables locaux. Elle écoute les conversations, fait parler les uns et les autres ; il y a beaucoup d'Allemands en Espagne en cette année 1941, il y a donc beaucoup d'informations à recueillir ; elle est habile maintenant à extorquer à ses interlocuteurs de précieuses confidences. Avec l'air, comme on dit, de ne pas y toucher. « Quand je revins, j'étais bourrée de notes, habillée de petits papillons secrets, de papillotes un peu partout**. » Des notes très intéressantes concernant les projets allemands, constate Abtey. Qui reste discret dans son ouvrage, même cinq ans après la fin de la guerre, sur la nature de ces projets.

Pendant les trois semaines que dure la tournée espagnole, le capitaine Abtey, de son côté, est parvenu à renouer le contact avec les services alliés, notamment le premier vice-consul américain, Franklin Canfield, qui vient de prendre ses fonctions au mois de juin 1941 à Casablanca[4]. Et c'est à lui qu'Abtey fait passer les informations recueillies par Joséphine, aussitôt câblées à Washington.

Jacques Abtey, dans son ouvrage *La Guerre secrète de Joséphine Baker*, insiste bien sur l'engagement total de la jeune femme dans sa mission. Ce qu'elle craint par-dessus tout, raconte-t-il, c'est que certains Marocains haut placés ne cèdent aux sirènes de la propagande nazie que mènent activement, sur tout le territoire, les affidés d'une certaine « Commission allemande ». C'est pourquoi elle organise une rencontre entre Moulay Larbi el-Alaoui et le vice-consul Franklin Canfield. Persuadée que la formidable puissance militaire américaine entrera tôt ou tard dans le conflit aux côtés des Anglais et des Français libres – ce qu'elle répète inlassablement à qui veut l'entendre, en plissant le nez, en frappant l'air de son poing fermé, en répétant « Il faut ! Il faut ! » –, elle veut que cette conviction qu'elle a, chevillée au corps, le cousin du sultan l'entende de la bouche même d'un haut responsable américain.

Est-ce ce jour-là que Joséphine se plaint d'une sourde douleur dans le ventre ? Qui va croître au fil de la soirée. Jusqu'à devenir si violente qu'Abtey, vers 1 heure du matin, appelle un médecin. Celui-ci ne se prononce pas sur-le-champ, mais ne cache pas son inquiétude. 40 °C de fièvre. À sa demande, on remplit de glace pilée une poche de tissu caoutchouté qu'on pose sur le ventre de la jeune femme. Avec ordre de renouveler la glace régulièrement. Le lendemain, la fièvre n'a pas cédé, ni la nuit suivante, ni le jour d'après…

Il faut se rendre à l'évidence, on ne pourra pas la soigner à Marrakech, où les établissements hospitaliers ne sont pas équipés pour traiter des cas aussi graves. « Faites-la transporter immédiatement à Casablanca », tranche le médecin, qui craint une péritonite. « Les grandes chaleurs de Marrakech sont contre-indiquées pour elle », ajoute-t-il. Abtey et Bayonne se mettent aussitôt en quête d'une ambulance, mais ni l'un ni l'autre, malgré leurs recherches, ne parviennent à trouver un véhicule sanitaire en état de franchir les deux cent cinquante kilomètres qui séparent les deux villes. C'est donc en voiture privée, une grande conduite intérieure où l'on aménage une sorte de couchette sur la banquette arrière, que les deux militaires, en pleine nuit, afin de profiter de la fraîcheur nocturne, emmènent leur amie… Ils rouleront jusqu'au matin, sous un ciel crépitant d'étoiles. Très lentement, afin d'éviter les cahots. Sur sa civière, Joséphine ne dit mot. Ni un soupir ni une plainte.

Casablanca, clinique Mers Sultan. Une grande chambre claire ; les volets clos tamisent la lumière trop vive de l'été marocain. On a poussé un lit de camp dans un coin de la chambre ; ainsi le capitaine Abtey pourra, les nuits de douleur, les nuits d'angoisse ou de délire lui tenir la main, la rassurer. Veiller sur « son compagnon » (c'est l'expression qu'il emploie, afin, sans doute, d'éviter toute ambiguïté sur ses rapports avec la danseuse).

Joséphine Baker dans ses *Mémoires*, Jacques Abtey dans les siens affirmeront que cette fièvre est la conséquence de l'injection d'un produit de contraste qui lui aurait été administré, à Casablanca, au retour de sa tournée espagnole, par un radiologue qu'elle interrogeait sur ses possibilités de concevoir un enfant. Ce que les médecins appellent une hystérosalpingographie, autrement dit un bilan de fertilité, qui nécessite en effet l'injection dans l'utérus d'un produit opacifiant. Le praticien a-t-il utilisé une canule sale ? A-t-il poussé trop avant l'instrument, provoquant une micro-déchirure et une fuite du liquide, ce qui, dans les deux cas, expliquerait l'infection ? « Vous êtes tout à fait capable d'être mère* », a déclaré le praticien.

Lynn Haney, dans son livre déjà cité, raconte avoir retrouvé, au cours de son enquête, une infirmière nommée Marie Rochat, fille d'un officier français, toute jeune à l'époque, que la Croix-Rouge avait affectée au chevet de Baker. Et c'est un tout autre récit que livre l'Américaine.

Selon ses informations, Joséphine était enceinte lorsqu'elle arriva à la clinique, une grossesse déjà avancée ; elle accoucha d'un enfant mort-né. Le docteur Comte, directeur de la clinique, fit alors d'urgence une hystérectomie. Après l'opération l'état de la malade était critique. La fièvre refusant de céder, le médecin tenta de juguler l'infection au moyen de sulfamides, mais sans résultat immédiat.

Cette version est-elle la vraie ? Joséphine et avec elle Jacques Abtey auraient-ils inventé la fable de la visite chez le radiologue pour cacher sa grossesse ? Et la question se pose alors (qui n'aura jamais de réponse) : qui est le père de cet enfant, si père il y a : El Glaoui ? Jacques Abtey ? Emmanuel Bayonne ? Rien n'est sûr.

Un jour, enfin, elle est debout dans le couloir, appuyée sur l'épaule de sa jeune infirmière ; elle a choisi pour l'occasion une longue robe jaune qui cache ses mollets amaigris. « Une danseuse qui ne tient plus sur ses jambes ; elle est belle, la danseuse** ! » Il faut réapprendre ; un pied devant l'autre. Et surtout, si l'on en croit le témoignage de Lynn Haney, elle ne se console pas d'être définitivement stérile après cette hystérectomie. Pas d'enfant, elle n'aura jamais d'enfant. Et elle sanglote à fendre l'âme.

Et voilà que l'infection reprend de plus belle. De nouveau, poche de glace, piqûres, sulfamides, diète. On parle de péritonite, d'occlusion intestinale. C'est l'hiver maintenant ; il pleut, le ciel est gris. Sur sa couche de malade, Joséphine se morfond : « Je regardais passer les ombres sur le plafond de la clinique**. » Maigre, la peau lui colle aux os ; elle a perdu sa jolie musculature fine, ses bras sont couverts de taches. Une autre inquiétude la tenaille : quand elle rentrera en France, après la guerre, le public des music-halls parisiens l'aimera-t-il encore ?

Les nouvelles de la guerre ne sont pas bonnes. Le 31 octobre 1941, le destroyer américain *Reuben James* est coulé par le sous-marin allemand U-552. Cent marins périssent. Le porte-avion britannique *Ark Royal*, torpillé le 13 novembre près de Gibraltar, coule le lendemain.

Brusquement tout s'accélère. Bombardement de Pearl Harbor par les Japonais, le 7 décembre. Le 8, discours du président Roosevelt devant le Congrès annonçant l'entrée en guerre des États-Unis contre le Japon. Trois jours plus tard, l'Allemagne et l'Italie déclarent la guerre aux États-Unis. Joséphine, dans son lit, avec le peu de force qui lui reste, frappe joyeusement le drap de ses deux poings serrés, d'un geste qui lui est familier : « Ils » vont arriver ! « Ils » vont débarquer !

Elle en sera quitte pour une bonne crise de tachycardie.

Tout s'accélère, oui. Le Maroc, ouvert à tous les vents, est livré aux agents doubles, aux infiltrations de plus en plus fréquentes d'espions nazis ; l'Allemagne a officiellement installé des consulats à Alger, à Casablanca. L'Italie fasciste, de son côté, gère des commissions italiennes d'armistice où s'immiscent en grand nombre des agents de liaison allemands[5]. En face, les Français sont bien peu nombreux pour défendre ce qui peut encore être défendu. Mais ils luttent pied à pied. Le capitaine Paillole, alias « M. Perrier », a rejoint Alger. « M. Hébert », aidé de trois ou quatre officiers, dirige à Casablanca une antenne clandestine de contre-espionnage.

Noël 1941. La veille, « M. Hébert » a apporté un sapin. On le décore avec les moyens du bord – des bougies multicolores brûlent au bout des branches du petit arbre de Noël. Un peu de couleur, un peu de gaîté, une gaîté fragile, vacillante comme la lueur des bougies, un peu de chaleur dans cette chambre d'hôpital, cette chambre des douleurs qui est devenue, en quelques semaines, une véritable annexe du deuxième bureau. « Votre clinique est un excellent lieu de rendez-vous », s'est exclamé, dès le premier jour, Sydney L. Bartlett, le nouveau vice-consul américain qui remplace Franklin Canfield. « Miss Joséphine étant d'origine américaine, personne ne s'étonnera que je lui fasse des visites fréquentes[6]... »

Franklin Canfield a en effet été rappelé à Washington ; à sa place sont arrivés par avion, *via* Lisbonne, Sidney L. Bartlett et Stafford Reid, qui s'empressent de rendre visite à leur compatriote alitée. Très vite, grâce à « M. Hébert », ils peuvent entrer en liaison avec le capitaine Paillole, qui leur fait notamment parvenir des informations sur le port de Bordeaux où font relâche trois sous-marins allemands et plusieurs garde-côtes. De son côté, le général Richert, basé à Fès, collabore étroitement avec les services de renseignements américains. Au cours d'un voyage éclair en France, « M. Hébert » a recruté sur le bateau un Alsacien, Fernand Zimmer, qui va servir de relais entre Alger et Casablanca. Si Mohamed Menebhi, quant à lui, se rend souvent au Maroc espagnol, d'où il rapporte des informations qu'Hébert peut croiser avec celles recueillies à Tanger par René Guérin, un gaulliste « enragé » qui fait désormais partie du groupe. Tous se retrouvent au chevet de Joséphine. « Vous recevez trop, beaucoup trop, mademoiselle Baker, s'insurge l'infirmière. Vous voyez le résultat : il faut vous donner des calmants le soir ! »

Le résultat, outre les calmants, c'est aussi le retour d'une grosse fièvre, une inflammation du péritoine. « Il va sans doute falloir opérer à nouveau », prédit sombrement le docteur Comte. Qui, pour la première fois, parle d'un risque de septicémie. Mais, une fois encore, Joséphine viendra à bout de la maladie. L'inflammation, vigoureusement combattue par les sulfamides, régresse peu à peu. On recommence à l'alimenter. En deux semaines, le danger est écarté. Provisoirement. « Cette fois, lui dit le docteur Comte, je ne m'y fierai plus... Je vous opérerai dès que vous aurez repris des forces, afin d'empêcher toute rechute. »

26

Journal du capitaine Jacques Abtey[1]

12 mai 1942

Le docteur paraît satisfait. Joséphine est incroyable, elle plaisante sur sa maladie. Si Mohamed Menebhi, de passage à Casa, vient la voir. Il lui apporte un poulet au citron (je lui fais un sort). Nous le chargeons de se renseigner, à Tétouan, sur les intentions allemandes au Maroc.

16 mai

Je retrouve Zimmer à Alger. Il m'obtient une place sur Air France à destination de Marseille. Selon des renseignements reçus, l'atelier de reproduction photographique qui travaille pour le consulat des USA de Marseille serait une agence du service de renseignement allemand.

19 mai

Suis de retour à Casa. Les soupçons étaient fondés.

27 mai

Le docteur Comte pense qu'il pourra bientôt opérer Joséphine.

28 mai

Retour de Si Mohamed Menebhi. Il a fait du bon travail au Maroc espagnol ; Bartlett sera content. Chaque fois que ses amis marocains viennent la voir, la joie de Joséphine est telle qu'il faut le soir lui donner un calmant.

3 juin

Bartlett a reçu les félicitations de Washington pour les renseignements que je lui ai passés.

10 juin

Visite de Moulay Larbi el-Alaoui. Il part pour Rabat chez son cousin le sultan.

14 juin

Retour de Guérin de Tanger où il était allé approfondir les renseignements recueillis par Menebhi. Bon point pour tous les deux.

27 juin

Ses forces revenues, Joséphine supplie le chirurgien d'avancer la date de son opération. « Il faut en finir », dit-elle. Comte sait que l'opération comporte des risques graves. Sans doute préférerait-il renoncer. Mais c'est en homme consciencieux qu'il prend sa décision.

28 juin

9 heures, Joséphine est transportée en salle d'opération. Mais Comte a dû interrompre l'intervention avant la fin : « Si j'avais continué je l'aurais tuée, dit-il. J'ai paré au plus pressé. Mais ce n'est pas brillant. » Je suis bouleversé.

29 juin

9 heures. Nuit agitée, température 37 °C. Les infirmières se taisent obstinément. 10 h 30 : d'un coup, la malade revient très fort ; elle se met à bavarder ; difficile de croire qu'elle vient d'être opérée, encore plus difficile de croire qu'elle se trouve en danger ; elle demande qu'on allume la radio.

12 heures. Elle réclame à manger ; pas question bien sûr.

17 heures : température 37,6 °C. Le docteur vient de passer ; il s'étonne de la vitalité de l'opérée. Verdict : il faut attendre au moins quatre jours, impossible de se prononcer avant.

5 juillet

Sauvée ! Comte l'a dit ce matin ! Elle en a pour deux ou trois mois et sauf complication tout ira bien. C'est un miracle.

7 juillet

On commence à l'alimenter. Bon appétit. L'analyse de sang est excellente, après un an de maladie, un taux de globules rouges supérieur à la moyenne !

12 juillet

Guérin retour de Marseille, où il a pris contact avec la filière. Avant, il a poussé jusqu'à Paris. Il a failli se faire prendre à la ligne de démarcation. Il rapporte une belle moisson ; je suis très content. Bartlett le sera aussi.

18 juillet

Joséphine a fait une pointe d'embolie, suite à l'opération… Depuis trois jours elle se plaignait de douleurs dans les jambes. Marie Rochat est intervenue avec un sang-froid remarquable. Le docteur n'est pas inquiet.

*

C'est pendant cet été 1942 que Maurice Chevalier, de passage à Casablanca, annonce sa visite à la clinique Mers Sultan. Joséphine refuse de le recevoir. Elle n'a pas oublié l'affaire de la ligne Maginot. Et encore moins certaines déclarations qu'il a faites à Radio-Paris et au *Petit Parisien* : « Je crois que tout ce qui peut amener la collaboration entre les peuples français et allemand doit être entrepris[2]. »

La suite nous est racontée par Jacques Abtey lui-même, qui découvre quelques jours plus tard, dans une feuille locale, le récit d'une prétendue visite que Chevalier aurait faite à Baker. C'est en moribonde qu'il la décrit, sans le sou, agonisant sur un lit d'hôpital et suppliant son visiteur de ne pas l'abandonner…

« Un grand artiste, conclut la danseuse en refermant le journal, mais un tout petit homme. »

*

25 septembre

Visite à la clinique de Moulay Larbi el-Alaoui accompagné de Kenneth Pendar, vice-consul des États-Unis à Marrakech. Tous ces visiteurs distraient Joe. Elle dit en riant que si les Allemands avaient pu prévoir ces visites, ils auraient fait installer des micros dans sa chambre.

1er octobre

Nous continuons à travailler efficacement avec Bartlett et Paillole. Bartlett vient très souvent à la clinique.

5 octobre

Bartlett me fait comprendre que des événements importants se préparent. « Bientôt nous serons au Maroc », dit-il. De son côté, le général Richert travaille à regrouper les Français du Maroc favorables aux Alliés, en vue de les armer et de les préparer à un débarquement qu'il sait imminent. Sous son impulsion, un état-major de la France combattante se met en place à Casablanca. Réunion secrète dans un hôtel de la rue Aviateur-Prom[3]. On me charge du deuxième bureau.

*

Un matin, la chambre de Joséphine se couvre de fleurs, comme une immense plate-bande qui déborde jusque sur la terrasse. Les livreurs, chargés de gigantesques corbeilles, se bousculent dans les escaliers de la clinique. El Glaoui annonce ainsi sa visite.

La nouvelle a sur la malade un effet quasi miraculeux. Des seize malles qui encombrent le couloir, elle fait tirer les draps de soie qui remplaceront le linge de la clinique. Elle passe un élégant déshabillé par-dessus sa chemise d'hôpital ; Marie Rochat la maquille soigneusement et lui met aux oreilles les boucles de diamant que lui donna naguère le maharadjah de Kapurthala ; elle demande à l'infirmière de se maquiller à son tour et de se placer près du lit, « Vous êtes blonde aux yeux bleus, moi je suis brune, le pacha trouvera le contraste amusant. » La suite, Marie Rochat l'a racontée à Lynn Haney : « Joséphine surmonta ses douleurs et, tout le temps que dura sa visite, regarda le pacha comme s'il était pour elle le seul homme au monde. »

*

20 octobre

Bartlett brutalement rappelé aux USA. Il vient nous saluer à la clinique : « Vous allez voir, il n'y en a plus pour longtemps. Nous allons arriver avec des forces considérables. »

28 octobre

Joe est à présent convalescente. Si la plaie opératoire n'était pas maintenue ouverte par le chirurgien (il ne la laissera cicatriser qu'une fois écarté le risque d'infection) nous en aurions fini avec cette maladie.

1er novembre

La D.C.A. de Noguès[4] s'est déchaînée vers 16 heures contre un chasseur anglais, Spitfire ou Hurricane, qui se payait le luxe de survoler la ville en rase-motte. Nous vibrons… Espoir.

8 novembre

À 7 heures du matin, la D.C.A. se déclenche. Je cours sur la terrasse, autour de moi tourbillonnent des feuilles blanches tombées du ciel. C'est la proclamation du général Eisenhower : le débarquement des troupes américaines en Afrique du Nord a commencé.

Je vois Joe bondir hors de son lit métallique. Elle me rejoint sur la terrasse, les pieds nus, son maigre corps vêtu d'un pantalon de pyjama et d'un vieux pull. Elle brandit le poing en l'air. « Je vous l'ai toujours dit ! C'est ça les Américains ! L'Europe ne connaît ni leur force ni leur volonté. On va se rendre compte de tout ce dont ils sont capables. » Des éclats de D.C.A. tombent à côté de nous. Je veux l'entraîner à l'abri. Elle se dégage : « Laissez-moi, cette heure est trop belle pour que je la vive entre quatre murs. Maintenant, il ne peut plus rien m'arriver. »

27

Entre hôpital et galas militaires

La bataille de Casablanca durera trois jours et trois nuits. Le 11 novembre, les troupes américaines et les troupes françaises défilent au coude à coude dans les rues de la ville. Dans la chambre de Joséphine, à la clinique Mers Sultan, tous lèvent leur verre à la santé de l'Amérique, de l'Angleterre, de la France libre, à la santé de Joséphine. Mais l'amertume la ronge : la mission secrète du soldat Baker est maintenant terminée.

Le 1er décembre 1942, Joséphine Baker quitte enfin la clinique après dix-huit mois d'hospitalisation. Direction Marrakech, l'hôtel de La Mamounia. Où, quelques jours avant Noël, Abtey la retrouve à nouveau alitée. 40 °C de fièvre, paratyphoïde. Elle enrage devant une telle guigne : « Non ! Non ! Ce n'est pas possible ! » Dix-neuvième mois de maladie. L'impression qu'elle ne retrouvera jamais la santé, qu'à chaque crise succédera une rechute et encore une autre.

D'ailleurs, sur la foi de fausses rumeurs, des journaux ont déjà annoncé son décès[1]. L'information, relayée par les dépêches d'agence, est parvenue jusqu'en Amérique. Aussi, quelle n'est pas la stupeur d'Ollie Stewart, correspondant de guerre de l'hebdomadaire *The Afro-American*, arrivé au Maroc avec les troupes américaines, lorsqu'il apprend qu'elle est bien vivante. La nouvelle se répand vite.

Sidney Williams, un sociologue noir, fraîchement débarqué lui aussi, s'apprête à ouvrir à Casablanca, avec le soutien de la Croix-Rouge, une sorte de foyer destiné aux GI noirs, le Liberty Club ; il fait aussitôt demander à Joséphine, à peine rétablie, sa participation à la soirée d'inauguration[2]. Elle accepte d'emblée, malgré les mises en garde des uns et des autres, amis et médecins, qui s'effraient de sa faiblesse et lui rappellent que la paratyphoïde a contribué à détériorer sa paroi intestinale.

Dès les premiers jours de février 1943, un peu flageolante encore mais déterminée, elle est donc de retour à Casablanca. La ville est encombrée par les gros rouleaux de fils de fer barbelés et les canons de la défense antiaérienne installés dès la mi-janvier par les équipes du général Patton, chargées d'assurer la sécurité de la conférence interalliée qui s'est tenue, quelques jours plus tôt, à Anfa, quartier chic de Casablanca. Rencontre capitale, dont va dépendre l'avenir du conflit – c'est ici, entre autres, qu'est décidé le débarquement allié en Sicile –, réunissant le président américain Franklin D. Roosevelt, le Premier ministre britannique Winston Churchill, le général Giraud et le général de Gaulle. Pendant dix jours, du 14 au 24 janvier 1943, la conférence s'est déroulée dans un climat tendu, chacun des deux généraux français briguant le commandement des Forces françaises libres. Roosevelt, peu perspicace, n'a guère confiance en de Gaulle qu'il se refuse à considérer comme le représentant de la France ; son but est clair : en soutenant Giraud, nommé haut-commissaire de la France pour l'Afrique après l'assassinat de l'amiral Darlan, il espère qu'il parviendra à évincer « l'homme du 18 juin » et à prendre la tête de la Résistance française.

Tandis que Joséphine se maquille dans la petite loge qu'on lui a aménagée, le miroir lui renvoie l'image d'une femme amaigrie, un visage dont le fard parvient mal à dissimuler la fatigue. Au correspondant de guerre Kenneth Crawford, qui a pu se faufiler jusqu'à elle, la chanteuse confie : « Je n'ai pas voulu quitter le territoire français. Ç'aurait été comme d'abandonner un navire qui sombre. Je dois être aussi talentueuse que possible pour les soldats américains. J'espère qu'ils m'aimeront[3]. »

Avant qu'elle n'entre en scène, un speaker prend la parole pour demander au public son indulgence, Miss Baker, explique-t-il, est encore convalescente. Précaution inutile. Elle apparaît, et les GI explosent, un ouragan de cris, de sifflets, d'applaudissements… Tous les chefs alliés sont présents, en grand uniforme, avec décorations. Clark, Patton Jr., Anderson, Alexander, Cunningham. Et, parmi eux, les amis marocains – Moulay Larbi el-Alaoui, Si Mohamed Menebhi – venus par avion spécial de Marrakech, dont l'ample burnous de laine blanche tranche sur la couleur sombre des uniformes.

Elle chantera trois chansons, pas plus, une berceuse noire, un air de Gershwin et *J'ai deux amours*, qu'elle termine en s'agenouillant et en joignant les mains, comme pour une prière. Les spectateurs comprennent son geste ;

beaucoup sont émus aux larmes. Trois chansons, c'était trop, la tête lui tourne ; on doit l'aider quand elle quitte le plateau, des papillons dansent par milliers devant ses yeux ; dans sa loge, elle s'allonge sur le divan, tandis que dans la salle les ovations n'en finissent pas. Commentaire de Kenneth Crawford : « Il est évident, dès la première chanson, qu'elle n'a rien perdu de son magnétisme[4]. »

Le général Clark en personne vient la féliciter et c'est à son bras, ragaillardie, qu'elle rejoint la réception donnée au Grand Hôtel panoramique d'Anfa.

« Ma vie d'artiste recommençait**. » Malgré la fatigue, le gala du Liberty Club a redonné à Joséphine l'envie de retrouver les planches, le public… Au vrai, cette envie l'a-t-elle jamais quittée ?

Kenneth Crawford ne se trompe pas : la maladie, même si elle la laisse pour le moment affaiblie, n'a pas eu raison de son magnétisme. Ni de son énergie. Aussi accueille-t-elle favorablement la proposition du colonel Meyer, chef de « l'American Entertainment », qui l'a vue sur la scène du Liberty Club et qui envisage de lui confier la responsabilité d'une tournée – dont elle sera la vedette – à travers les camps américains du Moyen-Orient.

Même s'il s'agit encore une fois de soutenir le moral des troupes, cette tournée, ou plutôt ces tournées, car il y en aura plusieurs, qui vont rayonner sur des milliers de kilomètres, en plein désert souvent, au milieu des combats, sous les bombardements aériens, traversant des lignes de front, n'ont rien à voir avec les quelques représentations qu'elle a données sur la ligne Maginot fin

1939, pendant la « drôle de guerre ». Cette fois, il n'est plus question de remédier à l'inaction ou à l'ennui des soldats, « La Tournée Joséphine Baker », telle qu'elle est conçue, fait partie de la vie du GI au même titre que ses tâches purement militaires.

Le colonel Meyer, un familier du général Eisenhower, a fait le déplacement de Marrakech, où la jeune femme, encore une fois, a trouvé refuge auprès de Mohamed Si Menebhi, dans son dar de la rue du Derb Allilidj. Ensemble, ils vont jeter les bases de l'expédition, mettre au point les détails. Pour l'accompagner sur scène, elle fait embaucher Frédéric Rey, fraîchement démobilisé de la Légion étrangère, où il s'était enrôlé pour échapper à la Gestapo, et qui bénéficie d'un ordre de mission que lui a procuré Abtey. Fernand Zimmer, lui, se chargera de la régie.

Tout de suite Joséphine pose ses conditions, en refusant le magnifique contrat que lui propose Meyer : ni contrat ni cachet. « J'offre mes chansons, un peu de joie à tous les soldats alliés. Je chante pour les camarades de combat. Je ne chante pas pour de l'argent**. » Jusqu'à la fin des hostilités, en Afrique comme en Europe, elle ne touchera pas un seul centime… Un désintéressement d'autant plus héroïque qu'elle est à court de ressources. Ce qu'elle demande, c'est seulement qu'on lui assure le transport, le sien et celui des quelques personnes qui l'accompagneront dans sa mission ; ainsi que l'acheminement des costumes. Et le droit de manger à la popote quand il sera impossible de faire autrement. Rien de plus. En fait, elle voit plus loin. Sa tâche, elle en est persuadée, ne s'arrête pas à soutenir le moral des troupes, même si c'est un aspect capital de sa mission, elle est un des rouages de la propagande de la France libre afin que ses combattants soient reconnus comme les représentants officiels de la France. Et le général de Gaulle son chef.

Au palais Menebhi, toutes les femmes se sont mises au travail ; Joséphine n'est pas la dernière à tirer l'aiguille. Car on a ressorti des malles, ces seize malles qui la suivent partout depuis Marseille, les costumes de scène qu'elle avait emportés. Des tenues fragiles qui ont beaucoup souffert, entassées, froissées, pendant les dix-huit mois qu'elle a passés à la clinique, et qu'il faut rafistoler. Dans le patio où le printemps vient d'arriver, sous les cascades de bougainvillées, près de la fontaine, Miss Baker dirige une sorte d'ouvroir, un atelier de couture. Où se rassemblent chaque jour les filles de la maison – Ftela, Rafct, Hagdousch – et les trois servantes, Lamber, Ourika, Aïcha. Un joyeux bavardage, des rires, des voix jeunes et aiguës…

La première du spectacle a lieu à Casablanca, au cinéma Rialto, au profit de la Croix-Rouge française. Avec le peu dont il dispose, Zimmer a fait des miracles ; des plantes vertes ont transformé la salle en jardin d'hiver, sur ce fond de verdure sombre les drapeaux français et alliés éclatent de couleurs. En outre, il a obtenu qu'un peloton de spahis, en tenue d'apparat, sabre au clair, forme une haie d'honneur sur l'escalier. Dès 20 heures, la foule des spectateurs envahit la salle, où l'on jouera à guichets fermés. Triomphe. Et comme elle l'a fait au Liberty Club, c'est à genoux, les mains tendues vers l'espoir que Joséphine termine *J'ai deux amours.* Mais de ces deux amours il n'en reste plus qu'un ce soir-là : Paris. Elle le devine à la qualité des applaudissements qui accueillent la fin de la chanson, aux visages des spectateurs passionnément tendus vers elle. Joséphine est bouleversée. Un flot d'émotion patriotique noie l'assistance. Qui se reproduit le lendemain et les jours suivants. Puis la tournée se met en route. Objectif, les camps américains d'Algérie – 1 400 kilomètres jusqu'à Alger.

Oran, première étape. La ville, jusqu'à trente kilomètres à la ronde, n'est plus qu'un vaste cantonnement. Trois cent mille hommes vivent là, sous la tente ou dans des baraquements de fortune. « Joséphine s'est tout de suite mise au travail », raconte Jacques Abtey. Elle va de bivouac en bivouac, au volant d'une voiture de l'état-major. Trois ou quatre représentations par jour, le plus souvent sur des tréteaux bricolés, montés à la hâte – quelques planches, posées sur des bidons vides – devant les GI rassemblés. La loge ? Une tente. Les coulisses ? Une toile tendue, derrière laquelle sont effectués tant bien que mal les changements de décor et de costumes. Car malgré la précarité des lieux et le peu de moyens dont elle dispose, Joséphine change plusieurs fois de tenue – costume brésilien pour la samba, breton pour *Mon village*, rouge et bleu pour *J'ai deux amours* ; elle chante aussi *La Petite Tonkinoise*, *It's a long way to Tipperary*… « On acclamait ma robe aux couleurs de Paris, mes sabots bretons, mon foulard brésilien**. » Et chaque fois le spectacle s'achève avec les hymnes alliés joués par l'excellent petit orchestre de jazz – quelques soldats noirs volontaires qui l'accompagnent.

Le dernier soir, les chefs militaires ont vu grand. Sur un vaste terrain vague, à une quinzaine de kilomètres de la ville, les hommes du génie ont dressé une vraie scène cette fois, équipée de micros. Des centaines de GI sont là, amenés par camions depuis la fin de l'après-midi. Le jour baisse. L'orchestre joue en sourdine *J'ai deux amours*. Et Joséphine entre en scène sous les clameurs. Une chanson, deux chansons, trois… Est-ce à la quatrième qu'elle aperçoit soudain, dans le ciel nocturne transparent, comme un gigantesque feu d'artifice ? Attaque aérienne, les avions allemands piquent sur le groupe. En une seconde, les phares des camions qui éclairaient la scène s'éteignent. Tout le monde à plat ventre, Baker y compris, empêtrée dans sa robe de « gommeuse 1900[5] ». Nuit noire, striée d'un réseau de balles traçantes.

Et la tournée repart, sur les routes et sur les pistes. Trois grosses voitures poussiéreuses avec les malles ficelées sur le toit. « Durant un mois, entre Oran et Alger, j'ai chanté tous les jours, trois ou quatre fois, au hasard des camps. […] J'essayais de faire l'union par la bonne humeur. Ce n'était pas toujours aisé**. »

À Mostaganem, en effet, la partie est dure. Des agents allemands ont infiltré la population – où cohabitent des Espagnols et des Italiens –, la dressant contre les Alliés. Aussi, ce n'est pas à la périphérie, cette fois, mais sur une place de la ville, au plus près des habitants, qu'on a dressé la scène. Une sourde hostilité se devine dans le public. Auquel les officiers ont prié les soldats de se mêler. Mais Joséphine n'est plus une novice, elle sait retourner une foule rétive, la dompter. Comme elle le faisait naguère au

Casino de Paris, elle va descendre parmi les spectateurs. Ils sont là, autour d'elle, proches à la toucher ; ils la dévisagent, s'écartent à peine pour lui laisser le passage, elle les interpelle en riant, impériale et familière, distribue des bonbons aux femmes, des cigarettes aux hommes, embrasse les enfants qu'elle prend dans ses bras avant de les confier aux soldats qui les rendront à leurs mères. L'atmosphère se détend peu à peu, les visages se dérident, on entend même des rires. Opération fraternisation réussie. « Elle avait le don de les mettre tous dans sa poche, civils et militaires », commente Frédéric Rey[6].

Après plus d'un mois à rouler sur les pistes algériennes, à dormir sous la tente, à manger à la popote, à souffrir de fréquentes douleurs abdominales, Joséphine n'en a pas pour autant fini avec « le Théâtre aux armées ». Elle souhaite maintenant poursuivre sa mission auprès des unités des Forces françaises libres qui tiennent position de Gabès à Tripoli. Mais les services de l'état-major du général Giraud lui opposent une fin de non-recevoir : « Ils n'ont pas besoin de distractions. »

Le 18 juin 1943, désœuvrée, répondant à une sollicitation de Basil Dean, directeur de l'Entertainments National Service Association (ENSA), l'organisation britannique décidant des divertissements sur le front, elle s'envole à bord d'un bombardier anglais. Destination : les campements anglais de Libye et d'Égypte. Elle raconte elle-même l'épopée, car c'en est une, avec l'aide de Marcel Sauvage, dans ses *Mémoires*. Notamment sa rencontre avec Noël Coward et Vivien Leigh (qui vient de triompher dans *Autant en emporte le vent*), tous deux enrôlés dans une

« stars party » organisée par l'ENSA. Et l'on découvre que l'agent secret Baker a repris du service…

> J'aurais voulu me consacrer aux troupes françaises. Et ce fut chez les Anglais qu'on m'embarqua. Le fait de parler anglais me valut de parcourir à tire d'aile, en trois semaines, malgré les vents de sable ou les incidents diplomatiques, l'Égypte et le Proche-Orient, accompagnée par le major Dunstean. J'ai chanté aux frontières de la Libye et de la Tripolitaine, à l'ombre de l'arc de triomphe élevé par Mussolini, sur un grand aérodrome brûlant au soleil comme une plaque de four[7]. Puis d'un camp à l'autre, d'un avion dans un autre, à Benghazi, Tobrouk, Alexandrie, parmi les Grecs également, les Belges, les Tchèques, des soldats d'Israël. Au Caire, dans les hôpitaux remplis de blessés d'El-Alamein, de Marsa-Matrouh, de Sollum, de Bir Hakeim… Au Liban, en Syrie. Mais les choses que je vis, que j'entendis n'étaient pas rassurantes pour nous. Les Musulmans avaient appris par cœur la charte de l'Atlantique[8]. Ils commençaient à protester, à s'émouvoir partout contre nous. J'étais surprise. Mais je ne pouvais pas m'y tromper**.

Joséphine, quand elle rentre à Marrakech le 15 juillet 1943, à l'issue de la tournée, s'est persuadée que les affaires françaises sont mal engagées au Moyen-Orient. Des événements se préparent en Syrie, au Liban, en Égypte, confie-t-elle à Jacques Abtey, dont la France pourrait pâtir. Des propos apparemment insignifiants qu'elle a saisis, des prises de position qu'elle a remarquées lui ont donné l'éveil (elle ne se trompe pas, quelques semaines plus tard, la France sera contrainte d'abandonner ses positions au Liban et en Syrie). Elle a retrouvé son intuition d'agent secret. Ces informations inquiétantes qu'elle rapporte, Abtey les fait parvenir aussitôt au colonel Billotte, chef d'état-major particulier du général de Gaulle, qui, depuis le 30 mai, a établi son quartier général à Alger. Billotte n'y va pas par quatre chemins et demande à Joséphine de repartir immédiatement. Cette fois il s'agit d'une tournée au profit des groupes de la Résistance française en métropole. Et placée sous le haut patronage du général de Gaulle. « Le général est très intéressé par votre action », ajoute Billotte. Il n'en faut pas plus pour galvaniser Joséphine, qui, l'instant d'avant, rechignait tant soit peu. « Je revenais du Moyen-Orient. Il fallait retourner au Moyen-Orient… J'étais si fatiguée**… » Mais elle obéit aux ordres. La tournée commencera par une grande soirée à Alger dont une partie de la recette servira à couvrir les frais du voyage.

Une grosse Jeep couleur de sable, avec la croix de Lorraine peinte en rouge sur le capot, chargée à bloc. Jacques Abtey au volant, Joséphine, Si Mohamed, tous trois entassés à l'avant, « serrés comme des figues sèches », cuits, recuits par le soleil. Sur la banquette arrière, deux grandes malles et les valises. Tenue militaire pour tous – chemise, short, casquette… Mohamed Si Menebhi a abandonné sa djellaba derrière un buisson, entre Casablanca et Rabat. « Cher et précieux compagnon de l'Islam, il a tout quitté pour nous**. » Il se révélera un précieux interprète.

Rabat, Fès, Oujda, Tlemcen… 1 700 kilomètres à parcourir sur les cahots des routes et des pistes. Chaleur torride. Trois nuits et trois jours pour atteindre Alger, dans la poussière des convois militaires qui les précèdent. Ils dorment à la belle étoile, dînent autour d'un feu de paille, tandis qu'autour d'eux hurlent les chacals qui déterrent les cadavres. Ils arrivent à Alger trois jours avant la soirée. Trois jours que Joséphine va mettre à profit pour obtenir la participation de soixante musiciens noirs, tous soldats américains. Elle déniche de grands coupons de tissus bleu, blanc, rouge, car l'idée lui est venue de faire confectionner par les religieuses d'un couvent voisin, qui vont travailler jour et nuit, un immense drapeau français de dix mètres carrés environ, brodé d'une croix de Lorraine de six mètres de haut, accroché aux cintres et qui se déroulera à la fin du spectacle, aux accents de *La Marseillaise*, dans un enthousiasme indescriptible où la présence du général de Gaulle est pour beaucoup.

À l'entracte, le Général, qui occupe avec Mme de Gaulle la loge d'honneur, fait demander Joséphine. L'ayant présentée à son épouse, il lui cède son propre fauteuil et la remercie pour tous ses efforts passés. On imagine l'émotion de la jeune femme : elle est là, devant l'homme qu'elle suit depuis l'appel du 18 juin. L'homme en qui elle a placé toute sa confiance, qui lui fait remettre par son officier d'ordonnance une petite croix de Lorraine en or. Un trésor dont elle n'acceptera de se séparer que lors d'une vente au profit de la Résistance.

Maintenant, direction Tunis où trois soirées sont prévues. Cette fois, les bagages suivent dans une seconde voiture, une grande Hotchkiss, où ont pris place Zimmer et Rey retrouvés à Alger. En pleine nuit, le convoi s'égare dans les montagnes de Kabylie, sur d'étroites routes dangereuses, au bord de profonds précipices. Puis, tandis qu'ils roulent à travers le désert au milieu des carcasses abandonnées de chars d'assaut, la direction de l'Hotchkiss casse ; enfin, dans la banlieue de Tunis, c'est le moteur de la Jeep, où tous ont pris place, qui lâche. Après Tunis, la tournée pousse vers Alexandrie et Le Caire, à bord de deux Jeeps neuves. Un avion, un vieux coucou tordu et toussoteux de la ligne Marmier[9], les emmène sans encombre à Damas. Deux grandes voitures de l'ambassade de France au Liban viennent les chercher à l'aéroport pour les conduire à Beyrouth. C'est là, profitant d'une soirée de gala à laquelle elle participe, qu'elle met aux enchères la croix en or que lui a donnée de Gaulle. Gain : 350 000 francs. Auxquels il faut ajouter la recette des deux représentations qu'elle donne : plus de 300 000 francs ; 30 000 francs recueillis dans un hôpital militaire où elle chante, un après-midi, pour les malades et les blessés. Puis retour à Damas pour deux soirées. Ici, comme à Beyrouth, Joséphine laisse le soin de la perception des droits d'entrée et des bénéfices aux comités locaux d'organisation qui sont chargés de faire parvenir les recettes au cabinet du Général à Alger.

Puis Jérusalem – où Joséphine donne un spectacle dans les salons du King David Hotel. « Partout nous avions fait flotter le grand drapeau à Croix de Lorraine, symbole de la résurrection de la France, partout nous avions répandu la gloire des groupes de la Résistance française et collecté de l'argent pour ces groupes[10]. » Une note, conservée au Service historique de la Défense, au château de Vincennes, précise que Joséphine Baker, par son engagement, a collecté et mis à disposition des œuvres sociales de l'armée – F.F.L. et armée de l'air – des sommes estimées à plus de dix millions de francs (francs des années 1940).

Au Caire, changement d'ambiance. C'est à l'Opéra Royal qu'aura lieu la soirée que le roi Farouk a officiellement accepté de patronner. Ici, pas de grand drapeau à croix de Lorraine déplié en scène. Le geste du souverain, cependant, représente un vrai succès diplomatique.

Il s'agit maintenant de rentrer le plus vite possible à Alger. Dans la première Jeep, comme à l'aller, Abtey est au volant, à côté de lui Joséphine et Si Mohamed. Dans la seconde, les costumes et les bagages personnels. Frédéric Rey, resté au Caire, rejoindra Alger plus tard. Le 7 juin, à Alger, Joséphine et Abtey embarquent à bord d'un Goéland de l'armée pour rejoindre la Corse ; mais l'avion s'écrase en mer tout près de la côte ; plus de peur que de mal. Des militaires, stationnés sur la plage, viennent à leur secours. Joséphine tient dans ses bras Mitraillette, un petit chien trouvé. Celui qu'elle a appelé « Mitraillette parce qu'il fait pipi à chaque instant, des petits coups secs, cinq ou six gouttes en levant la patte ». Toutes ses autres bêtes sont mortes en Afrique, les singes, les souris blanches et même le grand danois Bonzo. Elle ne veut pas abandonner ce petit chien trouvé. « Et j'ai débarqué à Marseille avec Mitraillette**. » Avant de suivre le corps expéditionnaire français en Italie.

28

Les Milandes

1944. Quand elle rentre à Paris, fin août, après la libération de la capitale, elle retrouve le chef d'orchestre Jo Bouillon qu'elle n'a pas oublié depuis leur première rencontre, en 1933, au casino d'Ostende. D'autant plus que Bouillon et ses musiciens ont joué pour Radio-Vichy pendant l'Occupation avant de passer en Afrique du Nord où ils se sont revus. Joséphine, qui a déjà en tête le projet d'adopter des enfants, veut se marier car il faut un père à ces enfants. Bouillon lui semble un bon parti, solide, raisonnable. Celui-ci cherche à se débarrasser d'une réputation de « collabo » que lui vaut son passage à Radio-Vichy, il estime qu'épouser cette Jeanne d'Arc du XXe siècle, cette héroïne, peut l'aider à faire taire les ragots. Ils se marieront aux Milandes le 3 juin 1947.

Mais dès la fin de l'année 1944, ils suivent ensemble l'armée qui s'en va poursuivre le combat en Allemagne. C'est ainsi que, de ville en ville, ils font la réouverture des théâtres à Mulhouse, à Nancy, à Colmar. À

Strasbourg aussi. Le 3 janvier 1945, ils sont à Berlin. Dans les ruines du palais de justice. Berlin ! Elle ne reconnaît rien de la capitale en ruine. Au camp de Buchenwald qui vient d'être libéré, elle chante pour les déportés trop faibles encore pour être transportés. Auparavant, elle a dû faire un bref voyage à Elvington, une base militaire britannique créée dans le Yorkshire pour les besoins de la guerre, à l'invitation du lieutenant-colonel Venot. Elle y donne son tour de chant le 16 mai 1945 ; elle qui voulait tant, pendant les années de guerre, rejoindre l'Angleterre aura dû attendre la paix pour réaliser son rêve. Une photo la montre sur le tarmac de la base, dans son uniforme bleu marine bien taillé, enrichi d'épaulettes dorées de sous-lieutenant des troupes féminines auxiliaires de l'armée de l'air française. Les filles de l'air.

Avant le mariage, elle doit encore subir une énième intervention chirurgicale à la clinique Bizet, rue Georges-Bizet. Une intervention qui sera la bonne. C'est là, sur son lit de douleur, comme on dit, qu'elle se voit décorée, en octobre 1946, de la médaille de la Résistance avec rosette par le colonel Baucheron de Boissoudy, compagnon de la Libération, en présence de Jean Pierre-Bloch, de Mme Félix Éboué, de Charles Luizet, préfet de police de Paris, d'Henri Varna, du futur colonel et de Mme de Boissieu[1]. Celle-ci remet à Joséphine une lettre autographe que son père, le général de Gaulle, lui a confiée.

Colombey-les-Deux-Églises,
14 octobre 1946

Chère Mademoiselle Joséphine Baker,

C'est de tout cœur et en pleine connaissance de cause que je vous adresse mes félicitations pour la haute distinction dans la Résistance française que vous venez de recevoir. Il n'y a pas longtemps, j'ai pu apprécier pleinement les grands services que vous avez rendus dans des moments difficiles.

Après cela j'ai été encore davantage touché par l'enthousiasme avec lequel vous avez mis votre magnifique talent au service de notre cause et de tous ceux qui l'ont défendue.

Ma femme et moi vous adressons nos vœux les plus fervents de rapide et complète guérison.

En attendant l'honneur de vous revoir, je vous prie, chère Mademoiselle, d'agréer mes respectueux hommages auxquels ma femme me prie de joindre son très sympathique souvenir[2].

C. de Gaulle

Magnifique témoignage provenant de l'homme à qui elle a donné, une fois pour toutes, son admiration enthousiaste.

Cependant, on peut considérer que la République s'est montrée quelque peu avare à l'égard de Joséphine. C'est l'avis qu'Alla Dumesnil-Gillet, commandant du corps féminin des transmissions (CFT) de l'air, exprime dans une lettre du 3 octobre 1946, adressée au général Bouscat et portée à la connaissance du ministre des Armées, le 9 octobre.

Mon général,

Lorsque j'ai quitté l'Armée de l'air, vous m'aviez chargée de mettre à jour un travail de sanctions concernant mes « Filles de l'air ». Parmi les quatre propositions pour la croix de la Légion d'honneur, j'avais donné le nom de Mlle Joséphine Baker ; votre chancellerie a retiré ce dossier disant que Mlle Baker avait déjà fait l'objet d'une proposition. J'apprends aujourd'hui que la croix lui a été refusée.

J'ignore si la couleur et la forme ont influencé ce refus, mais je tiens à vous redire mon général, en toute impartialité et en vous demandant que cette lettre serve de nouvelle proposition, que Joséphine Baker a été une admirable et grande patriote française. Son action au Maroc pendant la période trouble fin 1943-début 1944 a été officiellement reconnue comme ayant puissamment étayé la situation très précaire de la France.

Pendant un an, le général Billotte (alors chef de l'état-major particulier du général de Gaulle) a chargé « Joséphine » de missions particulièrement délicates qu'elle a toujours remplies avec une intelligence et un dévouement qui ont surpris nos brevetés d'état-major ! Je puis parler à qui de droit du détail de ses missions. [...] Essayez, mon général, de faire rectifier cette erreur de préjugé, c'est une action honnête et juste à accomplir ; croyez mon général, à mon dévouement fidèle et à ma respectueuse amitié,

Alla Dumesnil-Gillet

P.S. Il y a bien eu les croix de Raquel Meller, Maurice Chevallier [*sic*], ont-ils fait autre chose que nous distraire ?

Et Mme Dumesnil-Gillet insiste sur le fait que Baker, par ses galas de bienfaisance, a rapporté des sommes considérables versées au profit de la Résistance, qu'elle a parcouru des dizaines de milliers de kilomètres en Jeep à travers les déserts et qu'en somme la France lui doit beaucoup, alors qu'elle doit à la France le délabrement presque irrémédiable de sa santé. Finalement, Joséphine ne la recevra que le 19 août 1961, aux Milandes, des mains du général Martial Valin. Tout le monde n'est pas aussi admiratif. Son attitude lui vaudra même quelques quolibets de la part de certains amis du music-hall. Comme celui-ci : « C'est bien gentil à toi d'avoir sauvé la France pour nous, Joséphine[3]. »

Le 3 juin 1947, un tapis de feuilles de châtaigniers, sur lesquelles ont été semés des pétales de fleurs, recouvre l'allée qui mène du château des Milandes à sa chapelle. Joséphine Baker épouse Jo Bouillon. Depuis le matin, des enfants du voisinage montent la garde, pour empêcher quiconque de fouler ce chemin végétal avant la cérémonie. Un problème : ni orgue ni harmonium dans la chapelle. Une chanteuse et un chef d'orchestre peuvent-ils se marier sans musique ? Le curé d'un village voisin, sollicité, prêtera son petit orgue sur lequel jouera George, frère de Jo. Que Gabriel, deuxième frère de Jo, accompagnera au violon (les frères Bouillon sont tous les trois premier prix de violon du Conservatoire supérieur de musique de Paris ; Jo ayant en outre étudié la direction d'orchestre).

Sous son chapeau de paille emplumé, au bord relevé, foulant les feuilles de châtaignier, Joséphine rejoint la chapelle des Milandes, d'où elle ressortira au bras de Jo. Maintenant, on sait partout que Joséphine Baker est bien vivante. Et bien décidée à reprendre sa carrière. Mais auparavant elle veut entreprendre une grande campagne de travaux aux Milandes – à commencer par l'installation de l'eau courante, de l'électricité et du téléphone – avant de créer un important complexe touristique avec restaurants, hôtels, piscine, terrain de sport, golf miniature, musée de cire évoquant les grandes étapes de sa vie… À cet effet elle met en vente sa propriété du Vésinet ainsi que l'immeuble de l'avenue Bugeaud.

Et on la retrouve à l'affiche des Folies Bergère dès le mois de février 1949, menant la revue *Fééries & Folies*. Elle y apparaît, entre autres, sous les traits de la reine Marie Stuart marchant au supplice en chantant l'*Ave Maria* de Schubert ; tandis que se profile l'ombre de la hache, des vitraux tombent des cintres, transformant la scène des Folies en une sorte de cathédrale. Cette rentrée est largement saluée par la presse, et le public parisien se précipite rue Richer, ravi de retrouver « sa » Baker, devenue en outre une véritable héroïne nationale.

29

Scandale au Stork Club, New York

Une tournée va suivre : Baker, Jo Bouillon et son orchestre s'embarquent pour l'Amérique. Comme elle l'a fait une dizaine d'années plus tôt, elle profite de son passage aux États-Unis pour rendre visite à sa mère à Saint-Louis. Et la persuader de venir vivre en France aux Milandes. Elle fait la même proposition à sa sœur, Margaret Wallace. Les deux femmes acceptent, même si Carrie commence par résister vigoureusement, encouragée par celui qu'elle a épousé en secondes noces après la mort d'Arthur Martin. Richard, le frère, les rejoindra quelques mois plus tard aux Milandes, accompagné de son épouse. Il sera d'abord le chauffeur de sa sœur, avant de se voir confier la gestion du poste à essence ouvert sur le domaine.

De retour aux États-Unis, Joséphine peut juger par elle-même que rien ici ne s'est vraiment amélioré dans la situation des Noirs. Le grand espoir qu'a soulevé la guerre à ce sujet est retombé. Jo Bouillon raconte qu'à New York trente-six hôtels ont refusé de les loger – parce que Joséphine est noire. C'est finalement au Gladstone Hotel, au 114 de la 52e Rue Est, qu'ils ont trouvé refuge. Court séjour, mais qui lui ouvre les yeux. À peine rentrée en France, Joséphine projette de repartir bientôt afin de lutter sur place contre la discrimination, animée de cette énergie qui ne l'a jamais vraiment quittée, même aux pires moments. Ce qu'elle fait en 1950, en commençant par se produire à La Havane avec un tel succès que l'écho s'en propage jusqu'à Miami. Le grand établissement de la ville, le Copa City Miami Beach, se décide alors à l'engager. Elle y débute en janvier 1951. Dans son contrat, elle obtient, après de longues négociations, que le spectacle soit accessible à tous, Blancs et Noirs, sans discrimination. Ce qu'elle exigera partout désormais. Le succès appelle le succès. En mars elle est au Strand, une salle de cinéma new-yorkaise qui présente quatre fois par jour des numéros de cabaret avant le film (elle gagne 7 500 dollars par semaine). Les tenues qu'elle porte en scène, d'une valeur de 250 000 dollars (comme le fait savoir la publicité), sont signées Christian Dior, Pierre Balmain, Jacques Griffe, Balenciaga, Rochas – la fine fleur de la haute couture parisienne. Chaque représentation fait salle comble. Et l'on peut voir certains soirs, parmi les spectateurs, des dessinateurs appointés par les grandes maisons de la Septième Avenue, occupés à copier les modèles.

Dans la presse, le ton a changé. On reconnaît maintenant à l'artiste le grand talent que lui chicanaient les critiques de 1936. Commentaire de *Variety* : « L'art de Joséphine Baker, tel qu'on peut l'apprécier au Strand, n'est pas quelque chose qui s'acquiert en bloc ni d'un jour à l'autre. Il relève de la tradition qui explique la longévité de presque tout ce qui, dans le monde du spectacle, continue d'occuper la première place après de nombreuses années[1]. » À Chicago, on lui offre 11 000 dollars par semaine. Elle se produit aussi à Las Vegas, Los Angeles, Hollywood, Boston, chantant aussi bien en français qu'en anglais, en italien, en portugais ou en yiddish.

Elle est devenue dans tout le pays une sorte d'icône de la cause des Noirs, prenant la parole dès qu'elle le peut. À ce titre, le 22 mai 1951, elle est reçue par le docteur Ralph Bunche en personne, prix Nobel de la paix 1950, sur la scène du Golden Gate, un grand dancing de Harlem où vont se produire plusieurs chanteurs noirs devant trois mille personnes. Assise sur le plateau, dans un fauteuil doré à haut dossier qui ressemble à un trône, elle accueille les artistes qui, avant de commencer leur tour de chant, viennent lui serrer la main. Le 9 octobre, elle ouvre avec succès, en plein Broadway, un cabaret Chez Joséphine.

Il n'empêche : le 16 octobre de cette même année 1951, elle se trouve prise, au Stork Club de New York, un cabaret très en vogue de la 53e Rue Est dirigé par Sherman Billingsley, dans une affaire qui illustre bien la ségrégation dont souffrent à New York les Noirs, célèbres ou anonymes. Ce soir-là, Joséphine y retrouve quelques amis – Shirley Eder, chroniqueuse mondaine, Roger Rico, un chanteur français qui tient momentanément le rôle principal dans la comédie musicale *South Pacific*, son épouse et Bessie Buchanan, qui a dansé naguère avec elle au Plantation Club. Le petit groupe, qui ne passe pas inaperçu, s'installe à une table – on voit rarement des

Noirs, même connus, au Stork, Billingsley ne cachant pas son antipathie à leur égard. Joséphine est la seule à commander un souper, les autres se contentent de boire. Ce souper ne sera jamais servi, malgré les rappels adressés plusieurs fois aux serveurs. Excédée, humiliée, Joséphine gagne la cabine téléphonique d'où elle appelle William Rowe, préfet de police noir et ensuite son avocat. Aux deux, elle explique que le Stork Club refuse de la servir en raison de sa couleur de peau. Ce qui va provoquer un scandale. D'autant qu'en quittant le lieu elle croise le puissant journaliste Walter Winchell, proche de Billingsley, qui a tenu sur elle, il y a peu, des propos flatteurs. Elle lui reproche de ne pas l'avoir soutenue dans cette affaire. Lui déclarera à Herman Klurfeld, qui s'en fait l'écho dans son ouvrage *Winchell : his life and time*[2], que les griefs de Baker à son égard, au Stork, lui semblent le comble de l'injustice. Pourquoi ne lui a-t-elle pas dit tout simplement, estime-t-il, qu'elle se trouvait maltraitée ? Et la chronique qu'il publie alors est un ramassis des ragots qui traînent sur Joséphine. Par exemple qu'elle n'aurait lutté contre les nazis, pendant la guerre, qu'au moment où il devenait évident qu'ils avaient perdu la partie ; toute sa carrière, affirme-t-il, repose sur des incidents créés de toutes pièces… Il insiste sur le fait que Baker est proche des communistes (ce qui est faux), comme naguère des fascistes italiens (faux aussi), éveillant ainsi la suspicion du FBI. Winchell est célèbre, ses articles sont repris par de nombreux journaux et possèdent un fort pouvoir de nuisance, Joséphine ne peut pas le laisser la salir de la sorte. Elle réclame, par la voix de son avocat, Arthur

Garfield Hays, une somme de 400 000 dollars de dommages et intérêts aux deux groupes de presse qui publient Winchell : Hearst Corporation et King Features. Mais l'affaire est classée avant même qu'il n'y ait procès. D'ailleurs, Winchell a d'autres rivaux de taille qui lui mènent la vie dure. Comme Ed Sullivan, vedette incontestée de la télévision avec son *Ed Sullivan Show* du dimanche soir, qui lui reproche d'être très mal renseigné et d'avoir voulu ruiner la réputation de Joséphine à partir de fausses informations. Ou le champion du monde de boxe Sugar Ray Robinson, qui prend lui aussi le parti de Joséphine.

Finalement, l'affaire du Stork aura coûté à Joséphine sa carrière américaine. Et cela à un moment où elle a besoin d'argent pour mener à bien tous les travaux des Milandes. Et comme si cela n'était pas assez, elle va encore aggraver son cas par les discours antiaméricains qu'elle prononce en Argentine, en 1952, lorsqu'elle se produit à Buenos Aires, reçue par le président Juan Perón. Tant et si bien qu'elle se voit menacée par les services d'immigration de ne plus pouvoir entrer aux États-Unis. Sa réponse est toute trouvée : être chassée des États-Unis, affirme-t-elle, serait pour elle un honneur.

Comme elle le confiera à Bruno Coquatrix, le directeur de l'Olympia, à Paris, sa carrière d'artiste passe désormais au second plan derrière la lutte contre le racisme et pour les droits civiques.

Elle chante à Mexico le 10 avril 1952, pour les détenus de la prison centrale. Le 4 mars 1953, une interview où elle parle de ses activités antiracistes paraît dans le journal *Combat*. Le 28 décembre, devant la salle comble de la

Mutualité, elle prend la parole au meeting organisé par la LICA (Ligue internationale contre l'antisémitisme, qui prendra le nom de LICRA en 1979) :

> Cette haine a été créée par ceux qui n'ont pas pris le temps de considérer leurs semblables à leur juste valeur. Je refuse de croire à la théorie d'infériorité entre les êtres humains. Je ne crois pas non plus à la supériorité de la race blanche, pas plus d'ailleurs que je crois à la supériorité de la race de couleur car, pour moi, il n'y a qu'une seule race : et c'est la race humaine. [...] Je combats la discrimination raciale, religieuse et sociale n'importe où je la trouve, car je suis profondément contre et je ne puis rester insensible aux malheurs de celui qui ne peut pas se défendre dans ce domaine, même si je la trouve en France. Du reste, je suis navrée d'être obligée de combattre car, à l'époque où nous vivons, de telles situations ne devraient pas exister. Je lutte de toutes mes forces pour faire abolir les lois existantes dans différents pays qui soutiennent la discrimination raciale et religieuse parce que ces lois font croire à ces citoyens qu'ils ont raison d'élever leurs enfants dans cet esprit. Quelle importance y a-t-il à ce que je sois noire, blanche, jaune ou rouge[3] ?

Sous l'égide de la LICA, dont elle est l'ambassadrice internationale depuis la fin de la guerre, elle entreprend durant toute l'année 1957 une tournée de conférences en France et en Europe. « L'ardent lutteur que je suis, disait-elle, ne cessera jamais de dénoncer la discrimination raciale. »

30

Une famille arc-en-ciel

C'est en 1954 qu'elle entreprend de fonder la famille dont elle a toujours rêvé. Le projet est simple, elle et Jo Bouillon adopteront quatre enfants : un Noir, un Blanc, un Jaune, un Rouge. Le premier sera le petit Coréen Akio. Mais Joséphine ne s'arrêtera pas au quatrième enfant, comme prévu, constamment sur les routes des tournées, elle commence à ramener des enfants de ses voyages. Luis, Jeannot (Teruya), Jari, Jean-Claude, Brian (Brahim), Marianne, Moïse, Koffi, Mara, Noël, Stellina… Douze au total, dix garçons, deux filles. Jo Bouillon trouve que c'est beaucoup trop. Depuis longtemps, il démontre à son épouse que cette fratrie coûte cher, pèse d'un poids trop lourd sur leur budget. Mais Joséphine ne veut rien entendre. Qui d'ailleurs pourrait raisonner Joséphine Baker ? Ce qu'elle veut prouver au monde, c'est que les hommes de toutes les races peuvent vivre ensemble comme des frères.

La tribu arc-en-ciel est maintenant au complet. Quand on lui demande si des enfants d'origines si différentes s'entendent aussi bien que d'autres frères et sœurs d'une même fratrie, Joséphine répond : « Si vous prenez de tout petits enfants de couleurs différentes et que vous les faites grandir ensemble dès leur plus jeune âge, ni les gens ni le temps ne pourront, plus tard, les faire changer. » Ce qu'elle voudrait maintenant c'est créer aux Milandes un « collège de la fraternité ».

Joséphine est une mère très tendre, un peu possessive, bien sûr – caresses, baisers, câlins –, tout ce qu'elle-même n'a pas eu dans son enfance. Les enfants iront tous à l'école du village. Il y aura même un précepteur aux Milandes pendant un certain temps. Ce qui n'empêche pas Joséphine, le moment venu, de choisir pour ses enfants les meilleurs établissements scolaires. C'est ainsi que Jean-Claude ira étudier à la Chataigneraie, une école internationale située à proximité de Genève.

Lassé, Jo Bouillon, qui a abandonné son activité de chef d'orchestre pour suivre le rêve utopique de sa femme, finira par quitter Les Milandes, renonçant à lui faire entendre raison.

Comme l'explique Michèle Barbier, qui fut la dernière secrétaire de Joséphine, celle-ci étant la plupart du temps en tournée, c'est Jo Bouillon qui, dans les premières années, prit soin des petits. C'est en vain qu'il donne l'alerte lorsqu'il constate l'apparition de graves problèmes financiers. Bien que l'exploitation des trois cents hectares du domaine ait été organisée de manière à permettre à la tribu de vivre en autonomie, le passif ne cesse de croître – 52 millions de dettes en 1952, 83 millions cinq ans plus tard (il s'agit d'anciens francs)[1].

En outre, le couple connaît des problèmes, comme le montrent deux lettres de Joséphine à Cristina, la sœur de Pepito, en qui elle a définitivement placé sa confiance et son affection. La première envoyée de Bruxelles le 24 février 1950 dans laquelle elle regrette que Jo la « ridiculise avec des hommes ». Elle a retrouvé dans la comptabilité la facture d'un hôtel de luxe pour une chambre et deux repas : « Il fait ce qu'il veut, mais je n'aime pas devoir payer ses rendez-vous galants[2]. » La seconde de Rome, le 5 mai 1950, confirme qu'elle a compris que son mari avait des relations homosexuelles, ce qui n'est un secret pour personne à Paris, dans le milieu du music-hall, où l'on s'est plutôt étonné de leur union. « Un homme du genre de Bouillon ne peut pas être un bon mari pour une femme comme Joséphine », s'était écrié un musicien qui le connaissait bien à l'annonce du mariage. Dans ses lettres, elle souligne l'attitude sarcastique de son mari, qui joue les époux délaissés et incompris en se moquant d'elle[3].

Bouillon quittera la France pour l'Argentine, où il ouvrira un restaurant à Buenos Aires. Les enfants iront régulièrement lui rendre visite.

1956, retour triomphal sur scène à l'Olympia, à Paris. Retour encore en 1959 pour une série d'adieux, de nouveau sur la scène de l'Olympia, avec une nouvelle revue, *Paris, mes amours*. L'Olympia, qu'elle retrouve en 1962, du 14 au 25 septembre, avec *L'Arlésienne* de Daudet. « Joséphine Baker dans le rôle de Rose Mamaï, c'est une chose à ne pas manquer », écrit le journal *Le Monde*. En effet, un rôle qui semble fait pour elle. Rose Mamaï dont la réplique la plus célèbre est : « Être mère c'est l'enfer. »

Malgré ses soucis privés, elle ne renonce pas à sa lutte contre la discrimination raciale aux États-Unis. Le 28 août 1963, au milieu de plus de 200 000 personnes, elle participe à la marche « sur Washington pour l'emploi et la liberté », apogée du mouvement non violent pour les droits civiques des Noirs, aux côtés de Martin Luther King. Quarante-cinq bus spécialement affrétés sont partis de Harlem pour Washington, à 4 heures du matin, tandis que quatorze trains quittaient Penn Station. Beaucoup de manifestants arrivent par avion dans la capitale. En attendant les discours, des artistes parmi lesquels Bob Dylan, Joan Baez ou Peter, Paul and Mary chauffent la foule.

Joséphine a revêtu pour la circonstance son uniforme français d'auxiliaire de l'air. Elle sera la seule femme à prendre la parole à la tribune. Et sur les bandes d'actualités on la voit écouter attentivement le discours de Martin Luther King devant le Lincoln Memorial. *« I have a dream… »*

> J'ai un rêve. Un jour ce pays s'éveillera. Il y a cent ans, un grand Américain, qui jette sur nous aujourd'hui son ombre symbolique, a signé la Proclamation d'émancipation. Cet arrêté d'une importance capitale venait porter lumière, comme un phare d'espoir, aux millions d'esclaves Noirs marqués par les flammes d'une injustice foudroyante, et annonçait l'aube joyeuse qui allait mettre fin à la longue nuit de la captivité.

Mais un siècle plus tard, nous devons faire le constat tragique que les Noirs ne sont pas encore libres. Un siècle plus tard, la vie des Noirs reste entravée par la ségrégation et enchaînée par la discrimination. Un siècle plus tard, les Noirs représentent un îlot de pauvreté au milieu d'un vaste océan de prospérité matérielle. Un siècle plus tard, les Noirs languissent toujours dans les marges de la société américaine, des exilés dans leur propre terre. Alors nous venons ici aujourd'hui pour rendre manifeste notre condition effroyable. [...]

31

« Je finirai ma vie sur les planches… »

Au mois de février 1964 on apprend que Les Milandes vont être vendues aux enchères, afin de rembourser les dettes colossales accumulées depuis des années. Brigitte Bardot, émue par la situation financière dramatique de Baker, lance un appel à la télévision pour demander aux téléspectateurs de lui venir en aide. Elle-même d'ailleurs signe un très gros chèque. La vente est ainsi suspendue provisoirement. Au mois de juillet, Joséphine a une crise cardiaque, et une petite attaque en octobre. Mais elle tient bon. En 1965, elle sollicite le roi du Maroc, Hassan II. Celui-ci lui remet un chèque de 6 000 dollars et lui propose un terrain au Maroc. Le général de Gaulle, de son côté, lui offre d'intervenir afin qu'un domaine situé dans l'Allier lui soit attribué. Gilbert Trigano se déclare prêt à racheter le château et le parc tout en lui laissant l'opportunité d'y vivre. Sylvain Floirac, enfin, propriétaire d'Europe 1, s'offre à régler la totalité des dettes et à lui octroyer l'usufruit du domaine. Mais elle repousse toutes ces propositions. Peut-être ne supporte-t-elle pas l'idée de ne plus être la patronne absolue des Milandes.

En 1968, elle est à nouveau sur la scène de l'Olympia pour tenter, une fois de plus, de sauver le château. En vain. Cependant, Coquatrix parvient à faire reculer la vente jusqu'en mai, laissant ainsi un peu de temps pour réunir le demi-million de dollars, montant des dettes. La somme n'ayant pas été trouvée, une vente a lieu en mai qui rapporte beaucoup moins que ne vaut le domaine. Joséphine est autorisée à y rester jusqu'au printemps 1969. Le 30 mai 1968, elle participe, sur les Champs-Élysées, à la manifestation de soutien au général de Gaulle. Ce qui fera dire à l'humoriste Jean Yanne : « Elle a commencé avec des bananes, elle continue avec le régime. »

Aux Milandes, elle vit cloîtrée dans sa cuisine, où elle dort sur un lit de camp. Ce qui n'empêche pas les nervis du nouveau propriétaire de profiter de l'absence des enfants, qui séjournent à Paris, pour s'introduire dans la maison et jeter violemment Joséphine dehors sous la pluie. Elle se réfugie, en robe de chambre, sur le perron de cette cuisine. Coiffée d'une sorte de bonnet qui cache mal son crâne dégarni dont les cheveux ont été définitivement brûlés par le Bakerfix, elle sera hospitalisée. Secourue par Jean-Claude Brialy, elle se produit dans son restaurant-cabaret, La Goulue, rue des Petits-Champs. Le lundi, jour de fermeture de l'établissement, elle court le cachet à travers l'Europe – Bruxelles, Copenhague, Amsterdam, Berlin…

Cette même année 1969, elle est choisie par la Société des bains de mer de Monte-Carlo pour être la vedette, au mois d'août, du bal de la Croix-Rouge monégasque, important événement de la principauté. La princesse Grace est une grande admiratrice de Baker. Elle s'arrange pour que la section locale de la Croix-Rouge, dont elle est la présidente, consente à l'artiste un prêt de 100 000 francs, acompte sur l'achat d'une maison située à Roquebrune, entre Monaco et Menton. Ce sera la villa Maryvonne, refuge de la tribu arc-en-ciel. Logée à proximité, Margaret Wallace veille encore sur la vie quotidienne des enfants.

En juin 1973, de retour à New York, Joséphine triomphe quatre soirs de suite au Carnegie Hall. Présentée par Bricktop, elle fait son entrée sanglée dans un maillot pailleté qui met en valeur sa ligne toujours superbe, coiffée de plumes orange. Puis commence une tournée à travers tout le pays – Los Angeles et dix-sept villes au total.

Cette année-là, elle renoue avec un ami depuis longtemps perdu de vue, Robert Brady, un artiste américain installé à Cuernavaca, au Mexique. Brady dessine des tapisseries qu'exécutent ensuite des artisans locaux. Et il ne tarde pas à lui proposer le mariage. Une sorte de mariage blanc, sans sexe, qui laissera sa liberté à chacun. Des noces spirituelles. Un baume pour ce cœur qui a tant battu. Profitant de son séjour aux États-Unis, elle fait un saut à Cuernavaca, où ils échangent leurs vœux dans une chapelle, sans l'aide d'un prêtre. Des vœux précaires, car Robert Brady, non dénué de snobisme, entend montrer Joséphine à tous ses voisins. Ce qu'elle ne supporte pas longtemps. Elle le quitte, laissant sur place la bague et la chaîne qu'il lui avait offertes. Malgré cette dispute, ils resteront en contact jusqu'au décès de Joséphine. Lui-même disparaîtra en 1986.

Elle rentre alors à Monaco pour apprendre que la toute-puissante Société des bains de mer envisage de monter une revue, *Joséphine*, racontant sa vie. Projet mené par André Levasseur, célèbre et talentueux décorateur de théâtre. Présentée au Sporting-Club de Monte-Carlo en août 1974, la revue est un succès total. À un tel point que les organisateurs décident de la présenter à Paris. Mais où ? Le Casino de Paris, dont la vedette est Zizi Jeanmaire, dirigé par Roland Petit, refuse d'accueillir Joséphine. Tout comme les Folies Bergère ou l'Olympia. D'ailleurs aucune compagnie d'assurances n'accepte de couvrir le risque ; toutes savent qu'elle a eu deux petits accidents vasculaires en 1973 et 1974. C'est finalement à Bobino, un music-hall de la rue de la Gaîté, que la revue s'installe. Ce qu'elle considère comme un retour par la petite porte[1].

Après plusieurs représentations publiques à partir du 24 mars 1975, les critiques sont invités le 2 avril, tandis que la soirée de gala est fixée au 8 avril. Soigneusement maquillée – depuis quelques années, en scène, elle porte d'immenses faux cils et des paillettes collées autour des yeux qui scintillent sous les projecteurs, cachant ainsi sous les reflets cernes, poches et rides ; elle est coiffée de magnifiques perruques, vêtue de costumes luxueusement extravagants.

Voilà un demi-siècle que la petite danseuse de Saint-Louis a conquis Paris en une soirée. Aujourd'hui, pour fêter son jubilé, il lui faut recommencer, séduire à nouveau Paris. C'est donc sa vie que la revue raconte – « Joséphine Baker, 50 ans de music-hall » –, découpée en épisodes : l'enfance à Saint-Louis, *La Revue nègre*, les Folies Bergère, le Casino de Paris, la guerre… Le président Valéry Giscard d'Estaing lui fait porter un message de soutien et de félicitations que Jean-Claude Brialy lira en scène : « En rendant hommage à votre talent universel et en vous exprimant la reconnaissance de la France dont le cœur a si souvent battu avec le vôtre, je vous adresse, chère Joséphine, mes vœux les plus amicaux à l'occasion des noces d'or que Paris célèbre avec vous. »

Un magnifique programme est publié, où sont recueillis les hommages autographes de personnalités : Françoise Sagan, Christine de Rivoyre, Tino Rossi, Francis Veber, André Roussin, François Billetdoux, Eugène Ionesco, qui écrit : « J'ai deux amours, Joséphine et Paris »… Sur la couverture, une Joséphine triomphante, dans ce collant pailleté qui lui fait une silhouette de jeune femme – la Joséphine éternelle. Sa voix surprend, ce n'est plus la voix haute de naguère, aiguë, qui volait de vocalise en tireli, comme disait Colette. C'est une voix bronzée, ample, assurée, plus basse. Elle commence avec une nouvelle chanson, bien adaptée à la situation, *Me revoilà Paris*.

Me revoilà Paris
Avec mes musiques et mes danses,
Me revoilà Paris
Ça fait longtemps qu'on ne s'est vus,
Me revoilà Paris,

Dis-moi comment me trouves-tu ?
Peut-être vieillie,
Mais il n'est pas dit
Que moi je flanche
Et peut-être qui sait ? Je finirai ma vie sur les planches[2]...

Lorsqu'elle achève le dernier couplet, elle a gagné ; le public est déjà envoûté. Sa sincérité a gagné tous les cœurs, comme autrefois. Qui pourrait imaginer, en la voyant mener sa revue aussi énergiquement, qu'elle vit là ses derniers jours. Et que, contrairement à ce que dit la chanson, elle va flancher pour de bon. Dans la salle, au milieu d'un parterre mondain, on remarque la princesse Grace de Monaco, Alain Delon et Mireille Darc, Sophia Loren, Jeanne Moreau, Jean-Claude Brialy. Et tant d'autres. Mais le 10 avril elle est victime, l'après-midi, pendant sa sieste quotidienne, d'une hémorragie cérébrale[3]. Grave, très grave, si l'on en croit le bulletin de santé établi par ses médecins – les docteurs Thiroloix, Brunet, Castaigne – qui laisse peu d'espoir. « Joséphine Baker, porteuse d'une cardiopathie sévère, a eu, le 10 avril, une atteinte neurologique grave. » Elle ne reprendra pas connaissance et meurt à l'hôpital de la Pitié-Salpêtrière le samedi 12 avril, à 5 heures du matin. Cette lutte contre la mort, c'est le premier combat qu'elle perd. Elle qui confiait à Marcel Berger, dans sa jeunesse : « J'aimerais mourir à la fin d'une danse** », aura été exaucée.

La France ne la laissera pas partir seule. À l'annonce de son décès, une vague d'émotion submerge le pays. Des funérailles nationales ont été décrétées en haut lieu pour l'héroïne de la Résistance. Elle est la deuxième femme, après Colette, à être ainsi célébrée. Vingt et un coups de canon, le cercueil recouvert du drapeau tricolore. Le 15 avril 1975, le convoi funéraire remonte la rue de la Gaîté, où il s'arrête un long moment devant le théâtre Bobino, dont le fronton porte encore le titre de la revue : « Joséphine. » Puis il se dirige vers l'église de la Madeleine où la cérémonie religieuse aura lieu à midi. Tout le long du trajet, une immense foule parisienne – des dizaines de milliers de personnes en larmes – se presse sur les trottoirs, derrière les barrières, pour un dernier hommage à celle qui n'a cessé de chanter Paris. Le cercueil est applaudi à la sortie de l'église. La princesse Grace de Monaco, qui a recueilli Joséphine et ses enfants à Monaco, est présente.

C'est d'ailleurs à Monte-Carlo que Joséphine sera inhumée, le 19 avril, dans le cimetière de la principauté, après une cérémonie fort simple en l'église Saint-Charles de Monaco à laquelle assistent tous ses enfants. Le cercueil est d'abord placé dans une sépulture provisoire en attendant un emplacement définitif. Marquée par une dalle noire de granit africain, la tombe de Baker, qui surplombe la Méditerranée, est entourée de mimosas et de lauriers. Là, face au large, elle peut paisiblement commencer son éternité...

Et nous apprendre, comme l'écrivait Régis Debray, lorsqu'il demandait son entrée au Panthéon, que la « légèreté peut rimer avec la liberté, et la fantaisie donner au courage une sorte de pudeur. [...] Joséphine Baker n'a pas l'aspect d'une héroïne. C'est une irrégulière. Ce n'est pas un mythe. C'est un exemple. De quoi ? D'un affranchissement, qui a bousculé les conformismes et dérangé les lignes. [...] Cette sirène des rues pourrait bien nous aider à dégeler les urnes et les statues, à mettre un peu de turbulence et de soleil dans cette crypte froide et tristement guindée. [...] "De l'audace, encore de l'audace, toujours de l'audace." Voir reposer côte à côte la chair et la science, la fantasque et le supplicié, Orphée et Jean Moulin, ne serait pas la pire façon de faire remonter de la vie au sommet de la colline, de fermer les portes de la guerre et d'accorder la République aux temps nouveaux, polyphoniques, frondeurs et bon enfant[4] ». Rien qui ne puisse déplaire à Joséphine.

Notes

Note de l'avant-propos, p. 7

1. Texte repris dans Colette, *La Jumelle noire*, Paris, Robert Laffont, coll. « Bouquins », 1989.

Notes du chapitre 1, p. 11

1. Pierre de Régnier, « La Revue nègre », *Candide*, 12 novembre 1925.

2. Janet Flanner, *Chroniques d'une Américaine à Paris, 1925-1939*, Paris, Tallandier, coll. « Texto », 2011. Janet Flanner signe ses « lettres de Paris » sous le pseudonyme de Genêt.

3. *Ibid.*

4. André Levinson, « Paris ou New York ? Douglas et la Vénus noire », *Comœdia*, 12 octobre 1925.

5. *Ibid.*

6. *Le Figaro*, 16 novembre 1925.

7. André Levinson, *op. cit.*

8. Notes reprises dans Joséphine Baker et Jo Bouillon, avec la collaboration de Jacqueline Cartier, *Joséphine*, Paris, coédition Robert Laffont-Opera Mundi, 1976. [Toutes les citations issues de cet ouvrage seront signalées par un astérisque (NdE).]

9. Paul Brach, « La nuit noire », *Comœdia*, 12 novembre 1925.

Notes du chapitre 2, p. 19

1. Gustave Doret, « Lettre de Paris », *La Gazette de Lausanne*, mai 1913. Repris dans *Musique et musiciens*, Lausanne, éditions Foetisch, 1915.

2. Musique de Darius Milhaud, chorégraphie de Jean Börlin.

3. Rapporté par Lynn Haney, sans indication de source, *Joséphine Baker*, Paris, JC Lattès, 1982.

4. Edith Wharton, *Voyages au front*, « II, En Argonne », Paris, Plon, 1916.

5. André Malraux, *La Tête d'obsidienne*, Paris, Gallimard, 1974.

6. Cité dans les *Mémoires de Joséphine Baker*, recueillis et adaptés par Marcel Sauvage, Paris, éditions Kra, 1927, repris en 1949 aux éditions Corrêa. [Toutes les citations issues de cet ouvrage seront signalées par deux astérisques (NdE).]

7. André Levinson, *op. cit.*

8. Plus tard, cirque Medrano.

9. Dieudonné Gnammankou, « 1848-1889 : sauvages. De l'affranchi au sujet colonial », in *La France noire*, Paris, La Découverte, 2012.

Notes du chapitre 3, p. 29

1. Citée par Lynn Haney, sans indication de source, in *op. cit.* Booker Taliaferro Washington, né esclave en 1856, milite pour l'émancipation du peuple noir. Il sera le premier Afro-Américain invité officiellement à un dîner à la Maison-Blanche.

2. Citée par Lynn Haney, sans indication de source, in *ibid.*

3. Entretien de Firmin Gémier publié dans *Comœdia*, 26 septembre 1925.

4. Cité par Lynn Haney, *op. cit.*

5. Joséphine Baker, *Une vie de toutes les couleurs*, souvenirs présentés par André Rivollet, Grenoble, Arthaud, 1935.

6. Richard McDonald, frère de Joséphine, cité par Lynn Haney, *op. cit.*

7. Cité par Lynn Haney, in *ibid*, sans indication de source.

8. Ouvert en 1914, l'établissement a été fermé en 1941. Et démoli en 1957.

9. *Chocolate Dandies*, créé au Lyceum Theater de Rochester, dans l'État de New York, s'est d'abord appelé *In Bamville*. Ce n'est qu'à Broadway et sous son nouveau titre que le show connaîtra le succès.

Notes du chapitre 4, p. 39

1. Les décors sont de Miguel Covarrubias, un peintre mexicain, ami de Caroline Dudley. Les costumes ont été exécutés par les deux sœurs de Caroline, Dorothy et Katherine Dudley.

2. Lynn Haney, *op. cit.*

3. Tumpie est une déformation de Humpty Dumpty, le personnage de Lewis Carroll, qui apparaît dans *Through the Looking-Glass, and What Alice Found There* (en français, *De l'autre côté du miroir, dialogue avec Alice*).

4. André Daven, *Les Nouvelles littéraires*, 28 mai 1959.

5. *Ibid.*

Notes du chapitre 5, p. 49

1. Maurice Sachs, *Au temps du Bœuf sur le toit*, Paris, Éd. de la Nouvelle Revue critique, 1939. Repris en 1987, Paris, Grasset, coll. « Les Cahiers rouges ».

2. Jacques-Charles, *La Revue de ma vie*, Paris, Librairie Arthème Fayard, 1958.

3. Au cours de la première partie, les spectateurs peuvent applaudir un authentique spectacle de music-hall : les Jenkins Bros, numéro d'excentriques déjà présenté à Paris au cirque Rancy ; The Klein Family, gymnastes et trapézistes ; Louis Vasseur, un athlète qui soulève d'une seule main des poids de plus de cent kilos ; Saint-Granier enfin, dans son tour de chant et ses imitations.

4. Littéralement, « ménestrel noir ». Une tradition burlesque née au XIXe siècle où des Blancs se grimaient en Noirs pour imiter les danses des esclaves au cours de *minstrels shows*. Dès la fin du siècle, à l'issue de la guerre de Sécession, ces spectacles seront repris par les Noirs eux-mêmes, maquillés de manière caricaturale de façon à exagérer leurs caractéristiques physiques. Ce qui changera complètement, Dieu merci, le sens de ces shows…

5. Paul Colin, *La Croûte. Souvenirs*, Paris, La Table ronde, 1957.

Notes du chapitre 6, p. 59

1. Paul Derval, *Folies-Bergère*, Paris, Éditions de Paris, 1954.

2. *Ibid.*

Notes du chapitre 7, p. 65

1. Féral Benga, Sénégalais né en 1906, se fait engager comme boy aux Folies Bergère, tout en posant pour les peintres et les photographes. Il apparaît dans *Le Sang d'un poète*, le film de Jean Cocteau.

2. Maurice Verne, « La Savane en exil de Joséphine Baker », *Les Usines du plaisir*, Paris, éditions des Portiques, 1929.

3. Paul Derval, *op. cit.*

4. Colette, *Nudité*, Paris, Robert Laffont, coll. « Bouquins », 1989.

5. Paul Derval, *op. cit.*

6. Louis Léon-Martin, « La Revue des Folies-Bergère », *Paris-Midi*, 1er mai 1926.

7. Gustave Fréjaville, « Aux Folies Bergère, *La Folie du jour*, hyper revue à grand spectacle de M. Louis Lemarchand », *Comœdia*, 30 avril 1926.

8. André Rouveyre, « Joséphine Baker aux Folies-Bergère », *Mercure de France*, 1er septembre 1926.

9. Cité par Ean Wood, *La Folie Joséphine Baker*, Paris, Le Serpent à plumes, 2001.

10. Paul Derval, *op. cit.*

Notes du chapitre 8, p. 75

1. Aaron Edward Hotchner, *Papa Hemingway*, Paris, Calmann-Lévy, 1999.

2. Bricktop et James Haskins, *Bricktop*, New York, Atheneum, 1983.

3. La maison Jane, 75, rue du Faubourg-Saint-Honoré.

4. Madame Agnès, modiste, rue du Faubourg-Saint-Honoré depuis 1917. Formée chez Caroline Reboux, elle était célèbre pour sa manière de finir ses créations sur la tête des clientes.

5. Une vogue inépuisable qui se poursuivra pendant de longues années. Marcel Rochas dessine pour elle, en 1934, une robe nommée « Zouzou », du nom de l'héroïne du film dont elle est la vedette. Tandis que « La Créole », création ainsi baptisée en l'honneur de Joséphine qui interprète alors l'opérette d'Offenbach sur la scène du théâtre Marigny, apparaît dans les défilés de haute couture. Le chausseur André Perugia lance un modèle « Joséphine Baker » en peau de lézard : « Perugia m'a fait des chaussures splendides… » Lettre à Cristina Abatino, 1935, collection particulière.

6. Maurice Sachs, « 1926 », *op. cit.*

7. Bricktop et James Haskins, *op. cit.*

Notes du chapitre 9, p. 85

1. Carlo Rim, *Mémoires d'une vieille vague*, Paris, Gallimard, « L'air du temps », 1961.

2. Scuola Militare, Annuario per il « VIe corso pratico degli allievi ufficiali di complemente », Modène, 1916.

3. Propos rapportés par Antonio Fiasconaro, « Il conte siciliano che scoprì la cantante-ballerina Joséphine Baker », *La Sicilia*, 1er décembre 2014. Arys Nissotti a produit deux films dans lesquels joue Joséphine : *Zouzou* et *Princesse Tam-Tam.*

4. Bricktop citée par Lynn Haney, *op. cit.*

5. Elsa Maxwell, chroniqueuse « people » avant l'heure, organisatrice d'événements mondains, sera dans les années 1950 une des plus célèbres « commères » d'Hollywood.

6. Maurice Sachs, *op. cit.*

7. Collection particulière (nous avons parfois rétabli l'orthographe et la syntaxe des lettres).

Notes du chapitre 10, p. 95

1. Pierre Lazareff, « Joséphine Baker devenue sage est revenue à Paris », *Paris-Midi*, 20 avril 1929.

2. Il est difficile de donner un équivalent en euros à ces prix, compte tenu de l'évolution des monnaies et de l'inflation. Toutefois, dans ces années, un repas complet dans un très bon restaurant parisien coûte en moyenne 25 francs. *Cf.* Évelyne Cohen, *Paris dans l'imaginaire national de l'entre-deux-guerres*, Paris, Publications de la Sorbonne, 1999.

3. Maurice Verne, *op. cit.*

4. Il a lui-même raconté, à ce sujet, ses fructueux démêlés avec Colette, alors directrice littéraire du quotidien *Le Matin*, à qui il proposait de la copie pour sa rubrique « Contes des mille et un matins » : « Vous savez, j'ai lu votre dernier conte, lui dit-elle. C'est presque ça, mais ce n'est pas ça. C'est trop littéraire. Il ne faut pas faire de littérature et ça ira. » Et Simenon conclut : « C'est le conseil qui m'a le plus servi dans la vie. » Georges Simenon, entretien avec Roger Stéphane, « Simenon à l'ombre de Balzac », *Le Monde*, 11 mars 1988.

5. Jean-Marc Parisis, « Il était une fois… Georges Simenon », *Le Figaro*, 5 septembre 2009.

6. Entretien de Georges Simenon avec Federico Fellini, à l'occasion de la sortie du film de ce dernier, *Casanova*, *Paris Match*, 1977.

7. Frédéric Rey, qui fut pendant des lustres « danseur nu » aux Folies Bergère, racontait à Lynn Haney, à plus de soixante-dix ans, sa courte liaison avec Baker en 1936, sans s'encombrer d'excessives précautions de langage. Ni douce ni caressante, plus gymnaste que sensuelle, voilà comme il la présente : « C'était comme de faire l'amour avec un garçon. » Et il conclut : « Elle ne pouvait pas avoir de relations avec un homme sans coucher avec lui. »

8. Lettre datée de 1927, citée *in extenso* par Antonio Fiasconaro, *op. cit.*

9. D'autres fois, ils affirment que la cérémonie s'est déroulée dans une mairie parisienne, mais lorsqu'on leur demande laquelle, ils répondent qu'ils ont oublié…

10. *New York Herald Tribune*, édition parisienne, juillet 1927.

11. *The Chicago Defender*, 7 février 1927. Cité par Phyllis Rose, *Joséphine Baker, une Américaine à Paris*, Paris, Fayard, 1990.

12. Bobby Short, cité par Ean Wood, *op. cit.*

13. C'est bien sûr Simenon qui tient la plume.

14. C'est cette voix que saluera Colette quelques années plus tard : « Sa voix aiguë, émue, juste, nous l'aimons haut perchée, volant de vocalise en tireli et nous ne nous fatiguons pas d'une gentillesse, d'un désir affectueux de plaire qui, chez Joséphine, nous touchent bien mieux que ne ferait la coquetterie. » Colette, rubrique « Spectacles de Paris », « La Revue, avec Joséphine Baker, aux Folies-Bergère », *Le Journal*, 12 octobre 1936. Texte repris dans *La Jumelle noire, op. cit.*

Notes du chapitre 11, p. 107

1. Gustave Fréjaville, « Aux Folies-Bergère : *Un Vent de Folie*, hyper revue en deux actes de M. Louis Lemarchand », *Comœdia*, 31 mars 1927.

2. C'est l'expression qu'elle utilise dans *Joséphine*, *op. cit.*

3. La chanteuse Jeanne Aubert prendra la relève.

Notes du chapitre 12, p. 115

1. *Die Stunde*, 2 février 1928.

2. *Ibid.*

3. *Die Stunde*, 5 février 1928.

4. *Die Stunde*, 7 février 1928.

5. Cité sans indication de source par Ean Wood, *op. cit.*

6. *Der Tag*, 2 mars 1928.

7. *Badener Deutsch*, 19 septembre 1928.

8. Pierre Lazareff, « Joséphine Baker devenue sage est revenue à Paris », *op. cit.* Dans l'édition de 1949 de ses *Mémoires*, Joséphine Baker explique : « L'administration me demanda, sur parole, une prolongation de raccord de sept jours, à 1 000 marks par jour. Le premier soir de prolongation, j'étais en train de me maquiller quand, brusquement, Pepito entra dans ma loge. “Halte, crie-t-il. Une fois de plus le directeur nous a trompés. On commence à jouer ici, dès demain, une opérette. Notre prolongation sans contrat est un guet-apens…” »

9. Stephen Papich réglera la chorégraphie du spectacle dont il est le producteur, lors d'une tournée de Joséphine Baker aux États-Unis en 1960.

Notes du chapitre 13, p. 125

1. Georges Schmitt, « Joséphine Baker passant à Paris nous dit », *Volonté*, 9 avril 1929.
2. Pierre Lazareff, « Joséphine Baker devenue sage est revenue à Paris », *op. cit.*
3. Farceur.
4. Avec des illustrations de l'artiste russe Georges de Pogedaieff.
5. Cité par Lynn Haney, *op. cit.*, sans indication de source.
6. Une traduction américaine du texte paraît le 10 octobre 1931 dans *The Defender*, le quotidien noir de Chicago.
7. Ce n'est pas l'avis de ses contemporains. Joséphine, au contraire, dépense des fortunes. Notamment chez les couturiers et les modistes. À diverses reprises, Pepito est obligé de lui faire des remontrances.

Notes du chapitre 14, p. 137

1. *Marseille-Matin*, 21 novembre 1931.
2. Jean Guyon-Cesbron, « Une soirée avec Joséphine Baker », *Européen*, 30 juillet 1931.
3. Carlo Rim, *Mémoires d'une vieille vague*, *op. cit.*
4. Bricktop et James Haskins, *op. cit.*

5. André Rivollet, introduction à *Joséphine Baker, Une vie de toutes les couleurs, op. cit.*

Notes du chapitre 15, p. 147

1. Oscar Dufrenne sera retrouvé assassiné dans son bureau du Palace le 24 septembre 1933. C'est une des plus grandes affaires criminelles des années 1930 ; elle ne sera jamais vraiment élucidée. Henri Varna poursuivra seul l'exploitation des différentes salles.

2. Karine Ciupa, *Yvonne Printemps, l'heure bleue*, Paris, Robert Laffont, 1989.

3. François Sureau, *L'Or du temps*, Paris, Gallimard, 2020.

4. L'Exposition coloniale inspire les entrepreneurs de spectacle. Le théâtre du Châtelet propose, à partir du 12 février 1930, une opérette à grand spectacle en deux actes, *Sidonie Panache*, livret d'Albert Willemetz et André Mouëzy-Eon, musique de Joseph Szulc, avec Edmée Favart dans le rôle-titre. Un des clous du spectacle est la prise de la smala d'Abd el-Kader…

5. Gustave Fréjaville, « Au Casino de Paris, *Paris qui remue*, revue en deux actes de MM. Henri Varna et Earl Leslie », *Comœdia*, 9 octobre 1930.

6. *New York World-Telegram*, 4 mars 1931.

7. Marcel Olivier, gouverneur général, délégué général de l'Exposition, « L'Exposition coloniale, œuvre de paix », *L'Illustration*, hors-série, juillet 1931.

Notes du chapitre 16, p. 155

1. « Chérie, on me téléphone de la part de Joséphine Baker qu'il y aura une loge demain soir pour moi au Casino. Tu penses si je t'invite ! On ne s'habille pas beaucoup, naturellement. Ton manteau noir et le petit truc avec de l'astrakan sur la tête, ce sera bien. » Colette, *Lettres à sa fille*, Paris, Gallimard, 2003. Sans date [25 septembre 1930 ?].

2. André Antoine, *L'Information*, 14 octobre 1930.

3. Pierre Varenne, « La Revue du Casino de Paris », *Paris-Soir*, 10 octobre 1930.

4. Bien qu'elle semble avoir été écrite spécialement pour la revue, *La Petite Tonkinoise* a été créée en 1905 par le comique troupier Polin. Avec d'autres paroles, il est vrai.

5. Dès le 12 juillet, Baker enregistre en studio pour la firme Columbia les quatre chansons qu'elle interprète dans la revue : *J'ai deux amours* (en duo avec son partenaire Adrien Lamy), *La Petite Tonkinoise, Voulez-vous de la canne à sucre ?, Dis-nous Joséphine*. Elle enregistre également *Pretty Little Baby* et *Suppose.*

6. Gustave Fréjaville, *op. cit.*

7. Paul Brach, « La Nuit noire », *Comœdia*, 12 novembre 1925.

8. Janet Flanner, *op. cit.*

Notes du chapitre 17, p. 163

1. Il s'agit d'un polygone d'artillerie aménagé dans le bois de Vincennes. Le Bois a souffert de longue date d'aménagements militaires importants.

2. L'Exposition coloniale, *L'Illustration*, album hors-série, juillet 1931.

3. Cité par François Sureau, *op. cit.*

4. Le musée des Colonies, aujourd'hui rebaptisé musée national de l'Histoire de l'immigration, est le seul vestige intact de l'Exposition.

5. À l'issue de l'Exposition coloniale, la statue sera déplacée sur le terre-plein central de la place Édouard-Renard – square des Anciens-Combattants-d'Indochine –, surplombant ainsi une pièce d'eau en cascade, la fontaine de la porte Dorée.

6. L'actuelle ligne 8.

7. C'est en 1934 que sera inauguré le grand parc zoologique actuel, rouvert en 2014, après deux ans et demi de travaux de rénovation.

8. Blaise Diagne, premier député africain à la Chambre des députés. Partisan d'une politique assimilationniste, il veut faire participer les Africains à la vie politique française. Ce qui lui vaut nombre d'inimitiés, entre autres celle des communistes.

9. Louis Aragon, « Mars à Vincennes », in *Persécuté Persécuteur*, Paris, Denoël et Steele, 1931.

10. André Breton, Paul Éluard, Benjamin Péret, Georges Sadoul, Pierre Unik, André Thirion, René Crevel, Louis Aragon, René Char, Maxime Alexandre, Yves Tanguy, Georges Malkine.

Notes du chapitre 18, p. 171

1. « Joséphine Baker ne cesse, par ses danses, d'acquiescer à l'idée que le public blanc se fait des Noirs », Arnold Haskell. Voir *supra*.

2. Colette ne datait jamais ses lettres, mais celle-ci, par son contenu, peut être située à la fin de l'année 1932, sans risque d'erreur.

3. C'est Colette qui souligne.

4. Lettre inédite, collection particulière. La plupart des lettres de Colette à Joséphine Baker ont été dispersées par des mains mal intentionnées, après la disparition de celle-ci. Information communiquée par son fils Jean-Claude Bouillon-Baker.

5. Pills épousera la chanteuse Lucienne Boyer en 1939, puis Édith Piaf au début des années 1950.

6. Déclaration reprise dans *Joséphine*, *op. cit.*

7. Collection particulière.

8. L'avocat de Joséphine Baker.

9. Collection particulière.

10. Ean Wood, *op. cit.*

11. Et Joséphine treize ans.

12. Lynn Haney, *op. cit.*

13. Collection particulière.

Notes du chapitre 19, p. 181

1. Adaptation Carlo Rim, dialogues Carlo Rim et Albert Willemetz, directeur de production Arys Nissotti.

2. Carlo Rim, *Le Grenier d'Arlequin*, Paris, Denoël, 1981.

3. Plus près de nous, les parfums Chanel reprendront pour leur publicité cette idée de l'oiseau exotique dans sa cage, avec la jeune Vanessa Paradis.

4. Madeleine Portier, « La reprise de *La Créole* », *Comœdia*, 18 décembre 1934.

5. Le film sortira sur les écrans parisiens le 2 novembre 1935.

6. Collection particulière.

Notes du chapitre 20, p. 191

1. Joséphine Baker, citée par Ean Wood, *op. cit.*

2. *Joséphine, op. cit.* Barbra Streisand incarnera Fanny Brice dans la comédie musicale *Funny Girl* créée à Broadway en 1964, adaptée au cinéma en 1968.

3. *The Ziegfeld Follies of 1936*. Coupures de presse, collection Billy Rose, Bibliothèque publique de New York, Lincoln Center.

4. Vincente Minnelli, *I Remember it Well*, Melbourne, Angus & Robertson, 1975.

5. Carlo Rim, *Le Grenier d'Arlequin*, *op. cit.*, à la date du 8 juillet 1936.

6. Traduit en français en 1990 aux éditions Fayard sous le titre *Joséphine Baker, une Américaine à Paris.*

7. Paul Derval, *op. cit.*

Notes du chapitre 21, p. 205

1. Collection particulière.

2. Un de ces méharistes est joué par Frédéric Rey.

3. Colette, « La Revue, avec Joséphine Baker, aux Folies-Bergère », *Le Journal*, rubrique « Spectacles de Paris », 12 octobre 1936. Texte repris dans *La Jumelle noire, op. cit.*

Notes du chapitre 23, p. 217

1. Commandant Jacques Abtey, *La Guerre secrète de Joséphine Baker*, Paris, La Havane, Siboney, 1948.

2. Gérard Bonal, *Les Renaud-Barrault*, Paris, Seuil, 2000.

3. Commandant Jacques Abtey, *op. cit.*

4. L'expression est de Colette, *Candide*, 18 septembre 1940. Texte repris dans *Journal à rebours*, Paris, Gallimard, coll. « La Pléiade », t. IV, 2001.

5. Commandant Abtey, *op. cit.*

6. *Ibid.*

Notes du chapitre 24, p. 227

1. *Ibid.*

2. *Ibid.*

3. Propos rapportés par le commandant Abtey, in *ibid.*

4. Edmonde Charles-Roux, préface à Mary Jayne Gold, *Marseille, année 40*, Paris, Phébus, 2001.

5. De nationalité autrichienne, Frédéric Rey est arrivé en France sans papiers à l'âge de dix-sept ans, en 1933, caché par Mistinguett, qui se produisait alors à Vienne, au fond d'une malle à costumes… On comprend qu'il cherche à fuir les contrôles allemands.

6. Commandant Abtey, *op. cit.*

7. *Mémoires de Joséphine Baker*, *op. cit.* C'est l'officier de marine Emmanuel Bayonne qui se charge du transfert des bêtes.

Notes du chapitre 25, p. 237

1. Note du commandant Abtey, *op. cit.* : « Cette affaire vint en justice en 1942 et Joséphine fut condamnée à verser une indemnité de 100 000 francs aux deux directeurs qui, s'appuyant sur le caractère municipal de leur mandat, eurent partiellement gain de cause, malgré la

présentation, par la défense, d'une documentation médicale irréfutable (radios, certificats, etc.). »

2. *Ibid.*

3. *Ibid.*

4. *New York Times*, 1er juin 1941 : « US vice consuls off to Morocco. » Ces vice-consuls n'appartiennent pas au monde diplomatique. Officiellement chargés de surveiller l'acheminement de l'aide alimentaire convoyée en Afrique du Nord en vertu des accords Weygand-Murphy signés le 26 février 1941, ils viennent en fait organiser un service de renseignements en prévision d'un débarquement américain en Afrique du Nord. Celui qui aura lieu le 8 novembre 1942.

5. Après l'armistice, signé le 24 juin 1940 par la France et l'Italie fasciste à la villa Incisa, près de Rome, une Commission d'armistice fut installée à Turin pour en contrôler l'exécution. Cependant, afin de surveiller au plus près les opérations de démilitarisation – livraison de matériel militaire, libération des Italiens emprisonnés, etc. –, de nombreuses autres commissions furent créées dans le sud-est de la France, en Corse et en Afrique du Nord.

6. Cité par le commandant Abtey, *op. cit.*

Notes du chapitre 26, p. 253

1. Ce chapitre doit l'essentiel de son contenu à l'ouvrage du commandant Jacques Abtey, *op. cit.*

2. *Le Petit Parisien*, 15 septembre 1941. Chevalier dira qu'il a été abusé par le journal et fera paraître un démenti dans *Comœdia.*

3. Ancien nom de la rue Ibn-Battuta.

4. Le général Charles Noguès, résident général du protectorat au Maroc, aux ordres de Vichy.

Notes du chapitre 27, p. 259

1. Le témoignage de Maurice Chevalier n'y est pas pour rien…

2. Le même jour est inauguré un foyer pour les Blancs.

3. Kenneth Crawford, *Report on North Africa*, New York, Farrar, 1943. Traduction de l'auteur.

4. *Ibid.*

5. Le *Dictionnaire* de l'Académie française définit la gommeuse comme une « chanteuse de café-concert au répertoire parfois grivois ». Elle a eu sa vogue à la fin du XIXe siècle.

6. Frédéric Rey, cité in *Joséphine*, *op. cit.*

7. Les Anglais, par dérision, ont surnommé cet arc de triomphe « Marble Arch », du nom du monument londonien.

8. Signée le 14 août 1941 par Roosevelt et Churchill, elle pose les bases d'une nouvelle politique internationale.

9. Le colonel Lionel de Marmier, rallié à de Gaulle dès juin 1940, a reconstitué les lignes aériennes désorganisées par la défaite. D'où le nom donné à celle-ci.

10. Commandant Abtey, *op. cit.*

Notes du chapitre 28, p. 273

1. Rosette attribuée par décret du 5 octobre 1946. Elle est soignée par les docteurs Thiroloix et Funck-Brentano.

2. L'événement est rapporté par la revue *Ambiance*, le 16 octobre.

3. Lynn Haney, *op. cit.*, sans indication de source.

Notes du chapitre 29, p. 279

1. *Variety*, 7 mars 1951. Cité par Phyllis Rose, *op. cit.*

2. New York, Éditions Praeger, 1976.

3. Site de la Licra, archives.licra.org, *Le Droit de vivre*, janvier 1954.

Notes du chapitre 30, p. 285

1. Michèle Barbier, *Joséphine Baker, une étoile se relève*, éditions Riveneuve (à paraître 2022).

2. Collection particulière.
3. *Ibid.*

Notes du chapitre 31, p. 291

1. C'est toutefois le président-directeur général de la société anonyme Bobino, Jean Bodson, qui assumera les frais entraînés par le décès de Joséphine et l'interruption du spectacle pour lequel de très nombreuses réservations avaient été effectuées.
2. Auteur, Dany Revel.
3. Certains affirmeront qu'elle est morte de joie. D'autres que la cure d'amaigrissement qu'elle a suivie avant de remonter sur scène lui a été fatale.
4. « Et si Joséphine Baker entrait au Panthéon ? », *Le Monde*, 16 décembre 2013.

Bibliographie

Sources imprimées

Candide
Comœdia
L'Européen
L'Illustration
L'Information
La Gazette de Lausanne
La Sicilia
Le Droit de vivre, site de la Licra, archives.licra.org
Le Figaro
Le Journal
Le Monde
Les Nouvelles littéraires
Mercure de France
Paris-Midi
Paris-Soir
Volonté

Ouvrages consultés

Abtey, Jacques, *La Guerre secrète de Joséphine Baker*, Paris, La Havane, Siboney, 1948.

Aragon, Louis, *Persécuté Persécuteur*, Paris, Denoël et Steele, 1931.

JOSÉPHINE BAKER

BAKER, Joséphine et BOUILLON, Jo, avec la collaboration de Jacqueline Cartier, *Joséphine*, Paris, coédition Robert Laffont-Opera Mundi, 1976.

BAKER, Joséphine, *Une vie de toutes les couleurs*, souvenirs présentés par André Rivollet, Grenoble, Arthaud, 1935.

BONAL, Gérard, *Les Renaud-Barrault*, Paris, Seuil, 2000.

BRICKTOP et HASKINS, James, *Bricktop*, New York, Atheneum, 1983.

CIUPA, Karine, *Yvonne Printemps, l'heure bleue*, Paris, Robert Laffont, 1989.

COHEN, Évelyne, *Paris dans l'imaginaire national de l'entre-deux-guerres*, Paris, Publications de la Sorbonne, 1999.

COLETTE, *Journal à rebours*, Paris, Gallimard, coll. « La Pléiade », t. IV, 2001.

COLETTE, *La Jumelle noire*, Paris, Robert Laffont, coll. « Bouquins », 1989.

COLETTE, *Lettres à sa fille*, Paris, Gallimard, 2003.

COLIN, Paul, *La Croûte. Souvenirs*, Paris, La Table ronde, 1957.

CRAWFORD, Kenneth, *Report on North Africa*, New York, Farrar, 1943.

DERVAL, Paul, *Folies-Bergère*, Paris, Éditions de Paris, 1954.

DORET, Gustave, *Musique et musiciens*, Lausanne, éditions Foetisch, 1915.

FLANNER, Janet, *Chroniques d'une Américaine à Paris, 1925-1939*, Paris, Tallandier, coll. « Texto », 2011.

GNAMMANKOU, Dieudonné, « 1848-1889 : sauvages. De l'affranchi au sujet colonial », in *La France noire*, Paris, La Découverte, 2012.

GOLD, Mary Jayne, *Marseille, année 40*, Paris, Phébus, 2001.

HANEY, Lynn, *Joséphine Baker*, Paris, JC Lattès, 1982.

HOTCHNER, Aaron Edward, *Papa Hemingway*, Paris, Calmann-Lévy, 1999.

JACQUES-CHARLES, *La Revue de ma vie*, Paris, Librairie Arthème Fayard, 1958.

KLURFELD, Herman, *Winchell : his life and time*, New York, Éditions Praeger, 1976.

MALRAUX, André, *La Tête d'obsidienne*, Paris, Gallimard, 1974.

Mémoires de Joséphine Baker, recueillis et adaptés par Marcel Sauvage, Paris, éditions Kra, 1927, repris en 1949 aux éditions Corrêa.

MINNELLI, Vincente, *I Remember it Well*, Melbourne, Angus & Robertson, 1975.

RIM, Carlo, *Le Grenier d'Arlequin*, Paris, Denoël, 1981.

RIM, Carlo, *Mémoires d'une vieille vague*, Paris, Gallimard, « L'air du temps », 1961.

ROSE, Phyllis, *Joséphine Baker, une Américaine à Paris*, Paris, Fayard, 1990.

SACHS, Maurice, *Au temps du Bœuf sur le toit*, Paris, Éd. de la Nouvelle Revue critique, 1939. Repris en 1987, Paris, Grasset, coll. « Les Cahiers rouges ».

SUREAU, François, *L'Or du temps*, Paris, Gallimard, 2020.

VERNE, Maurice, « La Savane en exil de Joséphine Baker », *Les Usines du plaisir*, Paris, éditions des Portiques, 1929.

WHARTON, Edith, *Voyages au front*, « II, En Argonne », Paris, Plon, 1916.

WOOD, Ean, *La Folie Joséphine Baker*, Paris, Le Serpent à plumes, 2001.

Remerciements

Je remercie à des titres divers, pour leur généreuse contribution : Anette Rey, Françoise Cloarec, Véronique Meunier, adjointe au directeur du département des Arts du spectacle à la BnF, Philippe Jadin et Charles Langhendries, François Bellair-Dubas, Jean-Claude Bouillon-Baker, Brian Bouillon-Baker, Martin Pénet, Alain Venot, Jean-François Vidalie, Silvio Mini et Cristina Poni, Edoardo Vicariotto, Lucia Borghi, bibliothécaire de l'académie militaire de Modène.

Je salue ici la mémoire du commandant Jacques Abtey, dont l'ouvrage *La Guerre secrète de Joséphine Baker* m'a été d'un grand secours pour tout ce qui concerne les nombreuses activités de résistance de Joséphine Baker, en France, en Afrique du Nord et au Moyen-Orient pendant la Seconde Guerre mondiale.

Index des noms de personnes

Table

Réalisation : Nord Compo à Villeneuve-d'Ascq
Achevé d'imprimer par Corlet Imprimeur
N° d'imprimeur : 21090671
Dépôt légal : novembre 2021
ISBN : 979-10-210-4140-0
Numéro d'édition : 4691
Imprimé en France